He Kupu Tuku Iho

He Kupu Tuku Iho

Ko te Reo Māori te Tatau ki te Ao

Nā Tīmoti Kāretu rāua
ko Wharehuia Milroy

I tāia tuatahitia i te tau 2018
Tānga hou 2018, 2019, 2021, 2025

Auckland University Press
Te Whare Wānanga o Tāmaki Makaurau
Pouaka Motuhake 92019
Tāmaki-makau-rau 1142
Aotearoa
www.press.auckland.ac.nz

© Nā Timoti Kāretu rāua ko Wharehuia Milroy, 2018

Te kaiurungi i te kaupapa: Tania Ka'ai
Ngā ētita: Rachael Ka'ai-Mahuta, Dean Mahuta, John Moorfield,
Hēmi Kelly, Te Haumihiata Mason
Ngā kaitirotiro motuhake: Hēni Jacob, Jane McRae
Te kaiāwhina i te kaupapa: Tania Smith

ISBN 978 1 86940 880 0

I āwhinatia te tānga e Creative New Zealand

E wātea ana tētahi pūrongo whakarārangi mō tēnei
pukapuka i Te Puna Mātauranga o Aotearoa

Kei raro tēnei pukapuka i te here manatā. Atu i ngā take whakamātau tūmataiti, take rangahau, take whakawā, take arotake rānei, i raro i ngā here o te Ture Manatā, me kaua tētahi wāhanga o tēnei pukapuka e tāruatia, ahakoa pēhea te whakaputa, kia āta whakaaetia rā anō e te kaitā o te pukapuka nei. Kei ngā kaituhi te manatika e pupuri ana.

He mea hoahoa tēnei pukapuka nā Katrina Duncan
Nā Carolyn Lewis te uhi
Nā Sandy Adsett te toi uhi. Kohinga *Koiri*, 1981,
kiriaku ki runga papamārō, 1000 x 1000mm

I tāia e Everbest Printing Investment Ltd, China

First published 2018
Reprinted 2018, 2019, 2021, 2025

Auckland University Press
University of Auckland
Private Bag 92019
Auckland 1142
New Zealand
www.press.auckland.ac.nz

© Timoti Kāretu and Wharehuia Milroy, 2018

Project coordinator: Tania Ka'ai
Editors: Rachael Ka'ai-Mahuta, Dean Mahuta, John Moorfield,
Hēmi Kelly, Te Haumihiata Mason
Copy editors: Hēni Jacob, Jane McRae
Project assistant: Tania Smith

ISBN 978 1 86940 880 0

Published with the assistance of Creative New Zealand

A catalogue record for this book is available
from the National Library of New Zealand

This book is copyright. Apart from fair dealing for the purpose of private
study, research, criticism or review, as permitted under the Copyright Act,
no part may be reproduced by any process without prior permission of
the publisher. The moral rights of the authors have been asserted.

Book design by Katrina Duncan
Jacket design by Carolyn Lewis
Front cover artwork by Sandy Adsett. *Koiri Series*, 1981,
acrylic on hardboard, 1000 x 1000mm

Printed in China by Everbest Printing Investment Ltd

Te Rārangi Upoko

Ngā Whakaahua   ix
He Kupu Takamua   Nā Te Haumihiata Mason   x
He Mihi   Nā Tīmoti Kāretu rāua ko Wharehuia Milroy   xiii
He Kupu Whakataki   Nā Te Ihorei (Tania Ka'ai)
   rāua ko Te Murumāra (John Moorfield)   xv

Te wāhanga tuatahi
Ko te reo Māori te tatau ki te ao   1

Te wāhanga tuarua
Te mana   9

Te wāhanga tuatoru
Te tapu   17

Te wāhanga tuawhā
Te wairua   29

Te wāhanga tuarima
Te kawanga whare   42

Te wāhanga tuaono
Te whakapapa   49

Te wāhanga tuawhitu
Te poroporoaki   74

Te wāhanga tuawaru
Takahia te tikanga, kia ora ai te tikanga   84

Te wāhanga tuaiwa
He kōrero ngahau   103

Te wāhanga tekau
Iti te kupu, nui te kōrero   115

Te wāhanga tekau mā tahi
'A' me 'O' – Tā te Māori titiro ki tōna ao   128

Te wāhanga tekau mā rua
Ngā taumata o te reo   135

Te wāhanga tekau mā toru
Ngā reo ā-iwi   143

Te wāhanga tekau mā whā
Te reo me te waiata, te whakaoho mōteatea   159

Te wāhanga tekau mā rima
He ao hou, he reo hou   175

Te wāhanga tekau mā ono
Ko te reo kia tika   185

Te wāhanga tekau mā whitu
Te oranga o te reo   188

Te wāhanga tekau mā waru
Te ruri a Te Wharehuia   204

Index   209

Ngā Whakaahua

Ko James Te Wharehuia Milroy CNZM, QSO — xviii

Ko Tā Tīmoti Samuel Kāretu KNZM, QSO — xix

Ko Hoani Te Rangiāniwaniwa Rangihau (1919–1987) — 13

Ko Te Wharehuia i te wā e tamariki tonu ana ia — 19

Ko Te Rongomaiāniwaniwa rāua ko Te Wharehuia Milroy — 37

Ko Te Wharehuia e whaikōrero ana — 96

Ko Tīmoti i te tau 1961 i te hākari hei poroporoaki i a ia — 130

Ko Hirini Melbourne (1949–2003) me tana pūtōrino — 164

Ko Tīmoti i te wā i ūhia ia ki te tākutatanga hōnore nei i te tau 2008 — 184

Ko Tame Kāretu, te tipuna me te matua whāngai o Tīmoti — 193

He Kupu Takamua

Ko ngā kai o tēnei pukapuka he oha nā ngā mōrehu koroua tokorua nei ki te hunga e matekai ana, e kaingākau ana ki te ao Māori, reo mai, tikanga mai, whakapapa mai, mōteatea mai, tae atu ki te kōrero kēhua, ki te kōrero ngahau. I te whānui o ā rāua kaupapa kōrero, e taea ana te whātare atu ki tō rāua nā ao, otiia ki te ao i whakatipuria ai rāua, i whāngaihia ai rāua e ngā tīpuna ki ngā mātauranga tuku iho kua whāngaihia nei e rāua ki te motu, otiia ki te ao. Kei konei anō hoki ōna anō kupu whakatūpato, kupu ārahi i te hunga toro te ringa ki ērā mātauranga, kia āta whakaaro anō ki tāna i toro atu ai, kia toro atu i runga i te ngākau pono, kia whāia hoki hei painga mō te katoa, kaua mō te tangata takitahi.

Ko tētahi āhuatanga papai o te pukapuka nei ko te māmā, ko te mārama o ngā kōrero me te hōhonu anō o te whakaaro. Nō reira ehara i te mea me eke rawa te reo o te hunga pānui ki ngā rangi tūhāhā e taea ai te ngako o te kōrero, e kāo, ka mārama tonu ki te hunga kāore i auroa te whai i te reo me te ao Māori. Ko tētahi atu ko te tino mārama o ngā koroua nei ki te huri tonu o te ao. Inā rā, he ao kē anō te ao i whakatipuria ai rāua, he ao kē noa atu tēnei e noho nei tātou. Nō reira e mihi ana ki ngā momo kōrero pērā i tā rāua whakahau i ngā reanga o muri nei kia takahi i te tikanga e ora ai te tikanga, kia whakatipu tonuhia hoki te reo e taea ai e ia te whakaahua te ao o ngā mokopuna kāore anō i whānau mai, otiia kia ora tonu ai hei reo kōrerorero mō rātou. Ko te wawata kē ia kia kaua e panonihia ngā taonga tuku iho o te ao Māori mō te panoni noa te take, kei kaha hanumi ki ao kē, nā wai, nā wai ko te whare ngaro tonu te otinga atu.

E mihi ana ki te whānui me te hōhonu o ngā mātauranga kei ngā whārangi nei, ko te mana, te tapu me te wairua tēnā, me te mōhio anō ehara i te mātauranga kapo noa, hanga noa, engari ia he mātauranga kua whakakaohia ki te hinengaro, ki te ngākau i tā te karu i kite ai, i tā te taringa i rongo ai, i ngā hīkoitanga ara kūiti, ara whānui, i te tini wheako, mai i te ohinga, ā koroua rawa nei. Ka mihi ki ngā mātauranga o te tautōhito.

Nō reira ka pupū ake te aroha i ngā kupu a ngā kāhu kōrako e rua nei, kua oke i roto i ngā tau kia ora tonu ai tō tātou reo rangatira me ā tātou tikanga. Me kōrero tō rāua kaha, tō rāua māia. Ka kaha kē atu te ākina mai o rāua e ngā hau pūkeri nui o te wā, ka kaha kē atu tā rāua whawhai mō ngā tikanga, ngā mātāpono me ngā uara a ō mua atu i a rāua, e mau tonu ai tō tātou māoritanga, e tū tangata Māori tonu ai tātou. Ahakoa whiua ki te kupu hahani, ki te kupu tāwai, ahakoa kohukohutia e te tūranga tiketike, e te tūranga hāhaka, heoi tā ngā koroua e mōhio ana ko te kakari tonu, ko te oke tonu. E mihi kau ana te ngākau i tēnei, nō te ao te whiwhi.

E Moti ē, e Whare ē, ngā kākākura o te reo me ngā tikanga o roto i te ngahurutanga tau, mai kore ake kōrua i kai ai te tini whāioio i te kai a te rangatira, i tū pakari ai, i tū tangata ai rātou mohoa nei, haere ake nei. Mai kore ake kōrua i paku kite ai ngā reanga o muri nei i te noho tahi a ō tātou tīpuna ki te taiao māori i noho ai rātou, me tō rātou mōhio ki te tiki atu i te iti a Tāne, i te iti a Tangaroa, a wai ake rānei hei whakaahua, hei kīnaki, hei kawe i te whakaaro Māori. Mai kore ake kōrua me tā kōrua kaupapa whakapūioio i te hunga āhua pakari tonu ki te reo me ngā tikanga, i whakapono ai te ngākau ki te oranga tonutanga o te reo me ngā tikanga i ngā marae maha huri i te motu ā ngā rā ki tua. Mokori anō hoki kua takoto mai ō kōrua mātauranga ki ngā whārangi o tā kōrua pukapuka nei hei pānui mā te hunga i whakaakona e kōrua, waihoki mā te hunga kāore i noho mai ki ō kōrua aroaro ki te ako. E harikoa ana te ngākau i tēnei. Heoi, e ea tonu ai ā kōrua hekenga werawera, ō kōrua wawata mō tō tātou reo me ngā tikanga, otiia mō te mau tonu o te whakaaro Māori, kia rite tonu te kaha me te māia o ēnei reanga nei ki tā kōrua kua whakatauira mai i roto i ngā tau, hei oranga tinana, oranga wairua mō ngā reanga o āpōpō.

Nō reira kei ngā pāpā, ngā whakaruruhau ki te tokomaha, aku hoa whakawhiti whakaaro, aku hoa mahi o roto i ngā tau, i ōna wā ruarua nei aku hoa kupukupu, tēnā kōrua i tā kōrua oha ki te ao, tēnā kōrua i ā kōrua kupu tuku iho.

Nā Te Haumihiata Mason

He Mihi

Ko ngā kupu i rangona e te taringa, me te whakatakotoranga o aua kupu rā i roto i te rerenga kōrero, tā te waha i whakapuaki ai, i whiu ai. I a māua ka pakeke ake nei, ka tae nei ki te ao o te ahungarua, o te mātāpuputu, āta noho ana māua ka wherawhera i ngā whārangi o tā māua pukapuka kohinga mahara. Ka whera, ka whera, ā, nāwai, nāwai kua tangi ko te mapu, kua matawaia ko te karu, kua mātāuru ko te tai aroha, kua pūkōnohinohi ko te ngākau i te whakaarotanga iho āe, he ao, he wā kē noa atu tērā i ahu mai ai māua me ō māua nā reo. Noho nei, noho nei ka mōhio ki tō māua tino waimarie nui. He waimarietanga me uaua, kore rawa atu rānei, ngā reanga o muri nei e whiwhi.

Ka noho rā i ngā hui huhua a te iwi mai i Te Wai Kaukau, ki Te Tuawhenua, ki roto o Ngāti Haka, Patuheuheu, ka tau atu ai ki Te Whārua, ki Te Waimana Kākū ka oti atu ki a Te Upokorehe. I ēnei wāhi ngā papa i matapakitia ai, i tohea ai ngā take nui, ngā take whai tikanga a te iwi. I aua nohonga katoa rā ko te reo tērā e rere rā, mai i te waha o te hunga taketake ake nō rātou taua reo rā. Ko te reo o te riri, ko te reo o te tohe, ko te reo o te whakahē, ko te reo o te whakaae, ko te reo o te whakamārie, ā, i te mutunga iho, ko te reo o te mihi ka tautoko ai ki tōna waiata e hāngai ana.

I te taha o ngā hui a te iwi ko ngā wānanga ako i ngā waiata, i ngā haka, i ngā manawa wera me te kawe i aua āhuatanga rā. Nō roto i te wā nei kua panoni haere ko te rangi me te taki engari mā te aha i te mau tonu, i te waiata tonutia. E kore te ao o te wā nei e rongo i ērā kawenga o te waiata a ngā koroua rā engari ko ēnei taringa e rongo tonu ana i ngā riritanga mai a tō mātou kuia, a Irihāpeti, me te whakangāwari haere a tō mātou koroua, a Te Karauna, i ngā rangi kia wawe ai te mau i ngā taringa kua waia kē nei ki tā te Pākehā taki. Ko rāua ēnā i ōna wā e tohe ana ki a rāua, te tungāne ki te tuahine, ko mātou ērā e tiaki rā kia kitea ko tā wai hei whāinga mā mātou.

Heoi anō, waiho atu ana e mātou ō mātou kaumātua ki konā tohe anō ai ki a rātou. Ko mātou ko te hunga rangatahi ēnā e whakarongo ana, e ako ana, e hopu ana i tēnā rerenga, i tēnā rerenga, ā, raua atu ana ki te kete kupu mō ā taihoa tiki atu ai. Kia hāngai rā ki te horopaki o te wā, hei reira nanao ai te ringa ki te kete kōrero a Tūroa, ki te onetū a Paetahi. Koia nei rā te tūāpapa o ngā kōrero katoa o roto i te pukapuka nei, arā, i takea mai i ngā wheako o roto i ngā tau i whai wāhi atu ai māua ki ō māua koroua, kuia, nā konei ka mihi nui ake ki aua koroua, kuia rā e moe mai nei i te moe te whita, te moe te au, engari e ora rawa atu nei i roto i te ngākau.

'Kapo atu koe i te kai i ngā ringaringa o ngā pakeke, e taea rānei e koe ngā tūranga o ō tīpuna te whai?'

Nā Tīmoti rāua ko Te Wharehuia

He Kupu Whakataki

I toko noa ake te whakaaro kia tuhia tēnei pukapuka i ā māua kōrerorero ki a Te Wharehuia rāua ko Tīmoti i ngā tau kua hipa. Hei hopu i ngā whakaaro, i ngā mātauranga o te ao Māori kei ēnei ruānuku te kaupapa whānui o tēnei pukapuka, ka mutu hei taonga tuku iho ā rāua kōrero mā ngā whakatipuranga kei te whai mai, ā, he matatiki anō hoki mā ngā kairangahau i te ao Māori. I whakatakotoria te mānuka ki mua i te aroaro o Te Wharehuia rāua ko Tīmoti i te tau 2013, ā, anei te hua. I taua wā anō hoki ka whakatakotoria atu e māua te kaupapa nei ki mua i te aroaro o Sam Elworthy, o te Kaitā o Te Whare Wānanga o Tāmaki-makau-rau, arā, o Auckland University Press, ā, ka hihiri rātou kia tāia tēnei pukapuka.

Nā te huhua o ngā mahi e kawea ana e Te Wharehuia rāua ko Tīmoti i taipurua ai te whakatutukitanga o tēnei wawata o mātou. Nō reira, i āta kimihia e mātou o Te Ipukarea he hātepe kia puāwaitia tā mātou i tōrere ai, arā, kia hopukina ō rāua mātauranga mō āke tonu atu. Ka whakatau ana mā rāua tētahi pukapuka e tuhi rūrua, ka āta noho mātou ko Te Wharehuia, ko Tīmoti ki te whiriwhiri i ngā kaupapa ka kōrerohia. Ko ētahi o aua kaupapa e hāngai pū ana ki a Tīmoti, ko ētahi he kaupapa e ngākaunuitia ana e Te Wharehuia, ā, ko ētahi he kaupapa mā rāua tahi e kōrero. Heoi anō, e hāngai pū ana ngā kaupapa katoa ki te reo Māori, ki ngā tikanga Māori anō hoki. Kātahi ka whakaahuatia rāua i a rāua e kōrero ana mō ia kaupapa, mō ia kaupapa, e ō mātou tāngata whakaahua kiriata, e REA Productions. Nō reira, tēnei te mihi atu ki a Toiroa Williams koutou ko John Pelasio, ko Storme Hitaua i tā koutou whakapau kaha ki te whakatutuki i tēnei wāhanga o ā mātou mahi, kei ngā ringa tārai ataata, tēnā koutou.

Kāore i ārikarika ngā kōrero i whakapuakina e Te Wharehuia rāua ko Tīmoti mō ngā mea kua kitea e rāua i roto i te ao Māori mai i tō rāua tamarikitanga tae noa mai ki ēnei rā, hei whakatauira i ō rāua whakaaro. Ka whakaahuatia rāua e kōrero ana mai i te marama o Haratua tae noa ki te marama o Here-turi-kōkā o te tau 2015. Mīharo ana mātou o Te Ipukarea i te maringi mai o ngā kupu a te tokorua nei mō ngā kaupapa kua whiriwhirihia, ā, kāore ā rāua tuhituhinga hei whai atu.

Ka oti ana te kapo i ngā kōrero a ngā mātanga mātāpuputu nei, ka tīmata mātou o Te Ipukarea ki te āta tuhituhi, ki te āta whakaraupapa haere i ērā kapohanga. I tonoa a Kimoro Taiepa e mātou o Te Ipukarea ngā kōrero a te tokorua nei kia tuhia i te tuatahi, kātahi ka whakatikatika ai a Rāhera Ka'ai Mahuta rātou ko Dean Mahuta, ko Hēmi Kelly, ko John Moorfield i aua kōrero kia rite ai mā ngā whatu o Te Wharehuia rāua ko Tīmoti. Ka oti ana terā, kua hui atu mātou o Te Ipukarea ki ō rāua taha ki te whakatikatika, ki te panoni, ki te tāpiri i ētahi kupu kia mārama ai, kia tika ai te rere o ngā kōrero. Ka whakatauria e mātou, e ngā ētita, kia māmā ā mātou panonitanga kia noho mai te wairua o ngā kupu i puta ā-waha nei. Nō reira, āhua roa tonu ētahi o ngā rerenga kōrero o te pukapuka nei, kia mau tonu ai te āhua o ngā kōrero i puta mai i ngā waha o ngā ruānuku nei. Kāore i ārikarika ngā hui i Rotorua i te taha o Te Wharehuia rāua ko Tīmoti kia tika ai ngā kōrero. I uru mai anō hoki a Te Haumihiata Mason me ōna pūkenga hei āwhina i a mātou i ētahi o aua wānanga.

E tika ana kia mihia a Te Hoe Ākau o Te Ipukarea, a Te Mete, arā, a Tania Smith, te kaiwhakarite o ā mātou hui me ētahi o ngā whakaritenga mō tēnei pukapuka. Me kī, ko ia te reo whakarāmemene o Te Ipukarea. Tae atu anō hoki ki a Tania Ka'ai, te kaikākāriki o tō mātou waka, nāna i akiaki mai, i whakakotahi mai ngā tāngata me ō rātou pūmanawa kia tutuki ai tā mātou kaupapa, arā, te whakapuāwaitanga o te pukapuka a te tokorua nei.

Nō mātou e hui ana ki te whakaoti i tēnei mahi, he nui ngā kōrero i puta mai mō te āhua o te whakatakoto i te reo Māori, mō ngā tikanga tuhi o te reo anō hoki. Hei tauira, me whakanoho atu te piko (arā, te ',') ki hea i te rerenga kōrero kia mārama ai te kōrero, kia rōnaki tonu te rere o ngā kōrero? Ka puta mai i aua kōrerorero te whakaaro kia tuhia he aratohu hei arataki i ngā kaituhi reo Māori, ā, hei taupuhipuhi i *Ngā Tikanga Tuhi a Te Taura Whiri i te Reo Māori* kua oti kē te tā, ā, i noho hei mahere tīmatanga mā mātou.

Ki a māua, he hātepe Māori tēnei e whāia nei e mātou, ā, tērā pea hei tauira anō hoki tēnei mā te iwi Māori, otirā, mā ngā iwi taketake o te ao hoki. Mā tēnei hātepe ka whai mana ai ngā kupu ā-waha, ā, he huarahi anō hoki hei hopu i ngā kōrero a ngā mātanga o ngā mātauranga o te iwi, kei ngaro. Kei ia tangata, kei ia tangata o te rōpū ngā pūmanawa hei whakatutuki i te mahi, nō reira mā te mahi ngātahi a te rōpū ka oti te kaupapa kia ea ai te kōrero a ngā tīpuna, 'Whakatepea te kō, kaua e pokapokaia.'

Hei whakakapi i ā māua kōrero, anei ētahi kupu nō tētahi waiata nā Ngoingoi Pēwhairangi o Te Whānau-a-Ruataupare i tito.

Whiua ki te ao
Whiua ki te rangi
Whiua ki ngā iwi katoa
Kaua rawatia e tukua e
Kia memeha e!

*Nā Te Ihorei (Tania Ka'ai) rāua
ko Te Murumāra (John Moorfield)*

Ko James Te Wharehuia Milroy CNZM, QSO. *Nā Wolf Photography te whakaahua nei, ā, nā te whānau Milroy i homai*

Ko Tā Tīmoti Samuel Kāretu KNZM, QSO.
Nā Wolf Photography te whakaahua nei

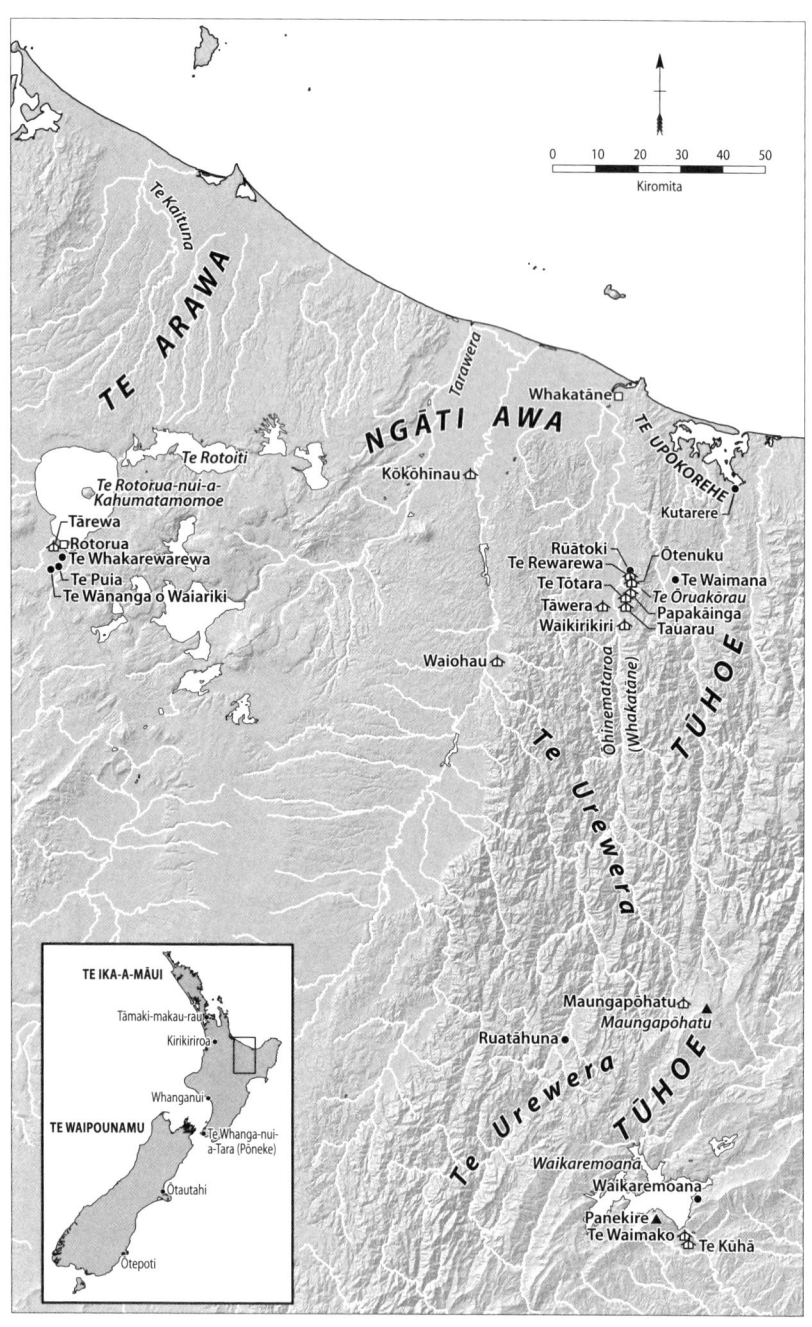

He Mahere. Ko ngā marae, ngā wāhi, ngā awa me ngā iwi o
Te Waiariki e kōrerohia nei e Te Wharehuia rāua ko Tīmoti

TE WĀHANGA TUATAHI

Ko te reo Māori te tatau ki te ao

Nā Tīmoti rāua ko Te Wharehuia

Te Wharehuia Mēnā kei te kōrero tātau i te reo, kei te kōrero ahau mō te reo e mōhio ana au, arā, ko te reo i tipu mai ai au i tōku ao. E rongo ana au i te reo Māori e kōrerotia ana i ēnei rā, engari he nui ngā rerekētanga o te reo o te rangatahi e rongo nei au e kōrero ana rātau ki a rātau anō, ā, kāore e taea ana e au te whai atu. Ehara i te mea kāore i te mārama ki a au, engari kei konā kua kuhuna mai e rātau ētahi whakatakotoranga rerekē. Engari mehemea tātau kei te kōrero mō te kounga o te reo Māori ka taea te kōrero rā te whakaae atu, koinei te huarahi atu mā te tangata ki te ao Māori, ā, ki te taha wairua, ki te taha tinana, ki te taha kikokiko rānei o te tangata Māori. Nā reira, ki a au me pērā pea te titiro āku ki tēnei pātai, ki tēnei kōrero rānei, 'Ko te reo te huarahi atu ki roto i te hōhonutanga o te ao Māori.' Mehemea kāore he kounga o te reo, kāore e taea ēnā kupu e au te tautoko. Engari mehemea he kounga kei roto i te reo, e mārama ai au he aha tā tētahi e kī mai ana ki a au, hei reira au whakaae ai ki tēnā kōrero.

Tīmoti I puta i a au te kōrero i ngā tau ki muri, e mōhio ai koe ki a au, me mōhio koe ki tōku reo. Nā, i roto i tērā whakaaro ko tāku e mea nei, e mōhio ai te tangata ki te ao Māori me āhua mōhio anō ki ngā whakaaro o roto i te reo e whakapuakina ana e te tangata kōrero Māori, pēnā i tā Te Wharehuia i kōrero nei. E ū tonu ana au ki tērā kōrero āku me taku tino whakapono ki tērā korero – e mōhio ai koe ki a au, me te ao i ahu mai ai au, me mātua mōhio koe ki tōku reo. Mā te mōhio ki tōku reo, ki ōku whakaaro, ngā whakaaro o te hunga i ahu mai ai au, arā, te mahi i te wā i a rātau, ā rātau waiata, ā rātau kōrero, ā rātau aha noa iho, koirā te huarahi mai ki a au, ko te reo. Nā reira, e tino whakapono ana au ki te kōrero, e tuwhera mai ai ngā kūwaha o te ao Māori ki te tangata, me mātua mōhio anō taua tangata rā ki te reo Māori. Ko tōna kounga me ērā āhuatanga katoa e kōrero nei a Te Wharehuia, āe, tino tautoko ana au i tērā kōrero, engari ko te reo o ēnei wā nei e kī nei a Te Wharehuia ko ētahi o ngā hua kei te rongo ia kāore i te pērā rawa te mārama. Me whakaae tātau ki ngā mātanga reo e kī nei i roto i te wā ko te reo ka panoni, engari kāore i pērā rawa te kaha o te panoni kia kore ai te tangata e mārama atu ki te kōrero.

Nā reira, me whakaae māua, ko te reo i pakeke mai ai māua, i rongo ai māua i te wā i a māua e tamariki ana, kua kore pea i rangona i ēnei wā nei, nā te mea ko ērā koroua, ko ērā kuia, kua ngaro, kua noho rātau ki te whakarongo ki ō māua reo. Ana, ko te reo i rongo ai māua, me te wawata o māua tahi ko taua reo rā, ko te reo i rongo ai māua mai i ō māua koroua, kuia, engari kāore e kore, i roto anō i ā māua kōrero kua rerekē haere te reo me te kī ake nei āku kāore e taea te aha. Koirā te āhuatanga o te wā me tēnei mea te reo, ka panoni i roto i ngā tau, engari ko tōna motuhaketanga ko te reo Māori tonu. Ko tōna 90 ōrau ki a au nei ka noho tonu ko taua reo, tōna 10 ōrau pea ka kotiti ki wīwī, ki wāwā, ki hea noa iho, engari ka pērā, me taku hoki ki taku kōrero, e mōhio mai ai koe ki a au, me mōhio ki tōku reo.

Te Wharehuia Hei whaiwhai noa ake i ngā kōrero a Tīmoti, tērā te wā kua hipa, tōna tekau tau nei pea, e whaiwhai ana māua i te āhua o te kaupapa e kīia nei ko Te Panekiretanga o Te Reo. Ko tētahi o ngā āhuatanga o tērā kaupapa he whakaara ake anō, he whakaoho ake anō i ētahi o ngā kupu Māori kua roa e moe ana. Nā reira, kei te whakaohohia ake ērā rerenga kōrero e mātau i Te Panekiretanga nā te mea kei roto i aua kupu rā e takoto ana ētahi āhuatanga o te ao Māori. Ki te kore e whakamahia aua rerenga, ka ngaro motuhake ake tērā wairua i roto i tō tātau reo e kōrero nei tātau. Nā reira koirā tētahi o ngā kaupapa i tīkina atu ai e mātau aua kōrero rā, ehara i te mea he mea waihanga noa e mātau ērā kupu, ko aua kupu kua roa e takoto ana i ngā pukapuka, i ngā pānuitanga a Te Kōti Whenua Māori, he aha atu anō rā ngā kohikohinga o te reo Māori i whakatakotoria ai e ngā koroua, e ngā kuia ō rātau whakaaro mā roto atu i tō rātau reo i aua wā. Nā, ka mahue ēnei kupu e takoto kau noa ana, ā, nā mātau i tikitiki atu ka whakaora ake anō, me te aha, kei te mōhio mātau kua tīmata te whaiwhai mai a te hunga tamariki me te koa o te ngākau kei te pērā rātau ki te whakamahi i ngā kupu nei hei whakapakari ake, hei whakanui ake i te kounga o ō rātau reo Māori.

Nā reira, e kī ana au, kaua e āwangawanga, kaua e māharahara ki te āhua o tā mātau nā mahi i a mātau e whakaoho ake nei i ētahi o ngā kupu nei. He whakahoki mai tērā i ētahi wāhanga o roto i tō tātau ao Māori kua ngarongaro haere nā te mea kei te whakaekea tātau e ētahi atu āhuatanga katoa o te ao hou nei, he ao hurihuri tēnei, engari ka nanaomia atu ngā kupu nei ka whakahokia mai, kua kitea anō e tātau ētahi āhuatanga o roto i te ao Māori i memeha haere he kore i whakamahia nō aua kupu rā.

Tīmoti Nā tērā mahi a mātau, mātau e kīia nei ki te whakatoatoa, ki te whakahīhī, ki te aha noa iho, ki te aha noa iho, engari mai i a au i Te Taura Whiri taku tīmata ki te whakaoho mai i ngā kupu nei. I whakaaro au, koinei tētahi o ngā mahi nui mā Te Taura Whiri i te wā i a au, he whakaora mai i te mahi a te kupu e takoto noa ana pēnei i tā Te Wharehuia e kī nei. Kei ngā waiata, kei ngā haka, kei hea noa iho, kei hea noa iho te mahi a te kupu hei whakamahi mā te ao kōrero Māori, ā, ko te mea kē he whakatauira atu ki tēnei reanga nei, ana ko tā rātau he whai mai i tā mātau i whakatauira atu ai, engari mā rātau e whakawhānui atu, e whakawhānui atu, e whakawhānui atu i te wā ki a rātau. Ko te mea nui kia whakatauirahia atu e mātau ko te rerenga o te kupu. He wā anō hoki tōna, kāore hoki mātau i

3

te mātau ki aua kupu rā, engari ko te mea kē, ko te kī atu, 'Anei, tamariki mā, he kupu mō tēnei āhua, he kupu mō tērā āhua, anei tōna whakamahinga, kia pai ai tā koutou whai mai.' Tino whakapono au, pēnei i tā Te Wharehuia nei, me whakaora mai ērā kupu i te wā e hiahiatia ana e ngā kaikōrero o ēnei wā, me whātoro pērā atu, ana, ka tō mai ki te reo o ēnei wā nei kei warea noa iho tātau ki te kimi kupu hou, arā kē ngā kupu e takoto mai rā. Pēnei i te kupu 'panoni' nei, ā, he kupu tērā nā rātau mā. Kua roa tātau e whakamahi ana i te kupu 'tīni', engari anō te kupu 'panoni', kua ora mai tērā kupu, ana, e whakamahia ana e te reanga kōrero o tēnei wā.

Ko tāku e whakapae nei e haere nei mātau i te motu me te whiua mai o mātau ki te kupu, ki te aha noa iho, he kore nō ēnei reanga i tahuri ki kupu kē atu ka noho tonu rātau ki tā rātau kete kupu kāore e pīrangi ki te puta ki waho mai i taua kete rā. Ka hoki atu, ka hoki atu, ā, nāwai rā, anei ngā whaikōrero, anei ngā karanga me ngā aha noa iho e kore nei e reka ki te taringa, ki ō māua taringa i ēnei wā nei. Engari arā te mahi a te kupu, heoi anō tā rātau he tiki atu ka whakamahi ki te horopaki e hiahiatia ana e rātau. Nā reira, ko taua kōrero anō rā, e mōhio ai koe ki a au, haramai ki taku reo, kei reira ngā āhuatanga ōku e mōhio mai ai koe ki a au, ki te Māori me tōku ao.

Te Wharehuia Me te aha, ko ēnei kōrero a māua mō te whakaora ake i ētahi o ngā kupu, o ngā rerenga kōrero rānei, kua roa e takoto ana, ā, kāore e whakamahia ana. Ahakoa ērā kōrero, ērā kupu hoki, i ētahi wā i roto i tēnei ao nei, ehara i te mea ka whātoro atu koe ki ngā kupu. He kupu whakanikoniko ēnei, engari hei ētahi wā, he kupu ruarua, torutoru noa iho nei, he rerenga, he kōrero e taea ai te whakaataata atu i roto i te hinengaro o te tangata. Ko ētahi whakaaro kāore pea tātau o tētahi reanga e mārama atu ana i tēnei wā, nā te mea ko tō tātau ao kua rerekē te āhua o te noho. I te wā i a māua e tipu ake ana i roto i te mātotorutanga o ngā koroua me ngā kuia, ngā pakeke e kōrero Māori ana, i a rātau ētahi rerenga kōrero kua kore e rangona i ēnei rā. Nā, tērā anō pea i ētahi wā kua noho māua ki te kōrero ki a māua anō, ā, kua taka i tētahi he rerenga kei te mārama ki a māua tahi. Hei ētahi wā, he ruarua, he torutoru noa iho nei ngā kupu, engari arā noa atu te whānuitanga o ngā mea e takoto ana i aua kupu rā. Nā reira, kei te ngaro haere ērā āhuatanga nā te mea kua kore tātau e noho tahi ki te kōrero pēnei i a tātau i tēnei wā tonu nei. I ērā rā e rere ana ngā kōrero i roto i ngā kāuta, i roto i ngā whare, ā, i waho, i runga i ngā marae, i ngā wāhi mahi katoa e rere ana te reo Māori, mai i te ata ki te pō, i te ata ki te pō.

Nā, i tēnei wā he nui ngā whakapōreareatanga ka kōkuhu mai ki te reo irirangi, te pouaka whakaata me ērā atu momo whakapōreareatanga i tō tātau ao, arā, kei te whakahenumitia ngā whakaaturanga o te ao Māori ki ērā o te ao whānui, otirā ki ōku whakaaro he tāmi tērā i ngā wā e taea ai te whakaatu mai ngā horopaki maha e rangona ai te reo Māori. Nā reira he tānga manawa i ētahi wā kia noho noa iho ko te reo Māori anake e rere ana. Kāore i te tukuna te reo Māori kia rewa ki tōna taumata e mōhio ai māua ko Tīmoti, ā, kua eke ki tā ngā koroua i kōrero ai, i mahi ai i tō rātau nā wā, kua kore i pērā. Me āta noho noa iho ko ngā mea tino kōrero Māori nei ki a rātau anō, hei reira kua tino rongo koe i te ora e hoki mai ana ki roto i te reo. Ko te ao hurihuri tēnei. Ka ngana tonu ahau nei, otirā māua, ki te whaiwhai tonu kia whakaputaina te reo, kia huaina i ngā wāhi e taea ana, e rite ana.

Tīmoti He nui ngā rerenga kōrero e hiahia ana māua ki te whāngai atu ki ēnei reanga. Kei te tika tāna, mā te āta noho ki te kōrero ki a māua anō ka maringi noa mai. Ki te noho koe ki konā rapirapi mai ai i tō māhunga kia kimi me pēhea te whakaako i ngā tamariki o tēnei wā nei kāore e puta mai he whakaaro, engari mā te kōrero tonu ki te hunga e rite mai ana te matatau ki tōu, ka maringi noa mai. Ka mutu, nā te mea nō te iwi kotahi, ko ngā kīwaha, ko ngā aha noa iho, nō roto i a māua anō, ā, koirā ngā mea kei te whāngaihia ki te rangatahi nā te mea koirā ngā mea kei te mōhio māua, me te akiaki i te rangatahi, tēnā, haere e hoki, kimihia mai ā tō iwi, ā tō iwi.

Nāku i whakaoho mai te kupu 'kokoraho', nā te mea kua roa e whakamahia ana te kupu 'kerēme'. Ka tūpono noa iho taku kite i te kupu 'kokoraho' i roto i ngā wherawheratanga i a Wiremu. Engari he nui ngā whakatoi mai a ngā mea o waho nā te mea ko te kupu 'raho' kei roto! Kei te pōhēhē kotahi noa iho te tikanga o te kupu 'raho', e hia nei ngā tikanga o te kupu 'raho'. Engari kua āhua hōrapa haere tērā kupu ināianei i te kōrero mō ngā take whawhai ki te kāwanatanga kia hoki mai te whenua, kia homai he moni mō ngā murunga o te whenua, ērā āhuatanga katoa. Nā reira, kei te tika tā tēnei, he wā tōna ka kite māua, me whiu tēnei kōrero, me whiu tērā kōrero ki tēnei reanga kōrero Māori, me te aha kei te hiakai mai tēnei reanga. Ko tēnei te reanga hiakai o ngā reanga katoa ki tāku titiro, engari he kaupapa kē anō hoki tērā.

Te Wharehuia Ko te tūmanako kei roto i a māua nei, kia riro mā tēnei reanga e kawe ngā mea e wawatatia nei e māua kia whakapuakina ki te reo Māori. He mate nui ki te tukua e tātau ngā kupu nei, moumou, moumou noa iho ki te takoto kau. Ka hoki ki te haka nā Tīmoti i tito mō te whakahoki mai i te reo mai i te mata o te pene ki te mata o te arero. Ka moumou ki te takoto mātaotao ki te pukapuka. Whakahokia mai ki te arero, ka whakamahi ai.

Tīmoti Nāna te kōrero, nāku noa iho i whānako, ka whakangeri. Kei te tika tāna, koirā ō mātau wawata nui ki tēnei reanga, mā konei e pupuri.

Kua rongo au i ētahi tāngata e kī ana, ka taea e te tangata te hōhonutanga o ngā tikanga te mōhio, ahakoa kāore i te tino mōhio ki te reo Māori. Ko tāku whakautu ki taua whakapae ko tēnei, ka taea te tangata te whakaako pēnei i te maki nei, i tēnei wā ka pēnei, i tērā wā ka pērā. He māmā tērā. Mō te taha ki te reo, e kore e pērā ki a au nei, engari ka taea e koe te tangata, te kararehe, te aha rānei te kī atu, 'Ka eke mai koe ki te marae, ka pēnei koe, ka haere koe ki kō, ka pērā koe.' Āe, e tino mōhio ana au ka taea, heoi anō, ākene te whakahētia mai ai. Engari ko tāku e mea noa iho nei ka taea te tangata te whakaako ki ngā āhuatanga o ētahi tikanga, nā te mea, kāore hoki taua tangata e whakaaro nui ana, heoi anō tāna, he whai mai i tāu i kī atu ai. Nā reira, ka āhua whakaae ahau ki tēnā kōrero.

Te Wharehuia Kia poto noa iho taku whakautu ki taua whakapae. Kia tangata whenua ai taua whakaaro rā ki roto i tētahi, me whai reo. Ka mutu kia roa tonu e kōrerotia ana te aronga o aua kupu rā kia mōhio ai ia, ki mua, ki muri, ki runga, ki raro, ki roto, ki waho. He wāhanga anō, he horopaki anō e whakamahia ai ētahi kupu. Mā tō noho noa iho i te horopaki Māori e mōhio ai koe ki ērā mea. Hei reira ngā mea mōhio ki te kōrero Māori, ki te whakarongo ki ngā kare ā-roto, ki ngā whakaaro e rere ana i roto i ērā kupu ka mōhio me pēhea te whakahoki, me pēhea rānei te pupuri i aua whakaaro rā. Ki te kore, kāti, kei te takiwā noa iho e teretere haere ana ngā kupu nei.

E kī ana ētahi o ngā mātanga reo, ko te reo e whakaata ana i te ahurea o te iwi. Mēnā i noho koe i roto i te whānau, i te hapū me te iwi, ka āmine atu au ki tēnā kōrero. Mēnā kua wehe mai koe i tērā āhuatanga, kāore koe e uru atu ana ki roto i te horopaki o te ao Māori me ōna āhuatanga katoa. Mēnā ia he mahi kai, mēnā ia he whai poaka, he whai tia, he ngakingaki i te māra, he whakairo, he raranga whāriki, he haka rānei, he aha rānei, ērā āhuatanga katoa o tō tātau ao Māori nei, Māori tonu nei te āhua o ēnei mea, hei reira, ka whakaae au ki te kōrero, ko ā tātau horopaki, ko ngā kupu e haere ngātahi ana i roto i te horopaki, mā reira e kitea ai mehemea kei te mau pū te whakaaro Māori i roto i taua āhuatanga rā. Tērā rānei, mēnā he whakaaro kē, nō wāhi kē kua uru mai ki te ahurea Māori ka mōhio tonu koe e tauhou kē ana tērā; kāore i te rite, kāore rānei i te pai te noho o aua whakaaro rā i te ahurea Māori.

Timoti He whanonga Māori hoki, ka titiro te Māori ki te whanonga o te tangata, kāore i Māori tērā āhuatanga. Mā te āhua tonu o te tangata e kitea atu ai, āe rānei, kāore rānei e mārama ana ki tā te Māori titiro, ki tō te Māori whakaaro. He nui ngā tamariki Māori o ēnei wā, ka titiro atu koe ahakoa te āhua i Māori, ko te noho mai, ko te titiro, ko te aha, mōhio tonu atu koe ehara kē i te Māori ā-wairua, ā-tikanga, ā-whakaaro rānei. Nā ētahi āhuatanga ōna me āna mahi i mahi ai, nā runga tonu pea i te korenga i whakaakona e wai ake nei, e ngā mātua rānei, kāore rānei i pakeke mai i te ao Māori, ērā āhuatanga katoa, engari kei reira ōna tohu.

Te Wharehuia Mēnā te tangata i pakeke mai i te ao Māori e mōhio nei māua, ka mōhio tonu koe i te rerekē o tērā tangata – ki te mea – he Māori ia. Engari he ahurea kē tōna i tipu ake ai ia. Ka kite tonu koe i ngā wāhi e hapa ana o roto i a ia, ā, kāore hoki e kore ko tāna titiro mai ki a māua nei, he wāhi e hapa ana i roto i a māua. Engari ko māua e mōhio ana ko te ao i tipu ake ai māua, he āhuatanga Māori katoa te whānuitanga. Mēnā ia i tipu ake i te tāone, arā, i ngā noho tahitanga a te Māori me te Pākehā i te tāone, kei konā anō ētahi whakarerekētanga o te titiro a te tangata ki a ia anō, nō te mea, ahakoa pēhea ka mau ētahi o ngā whanonga o roto i te noho tāone, o te noho rānei i roto i tētahi ahurea kē i taua tangata rā. Ki te whakaritea ki te wāhi ki a māua e noho ana, ehara i te mea i te ngahere, engari te tuawhenua, he rerekē te āhua o ō māua nā whanonga i ō te tangata e noho ana i te tāone, nō te mea, ko te reo tētahi o ngā huarahi ārahi i a māua i tō māua ao Māori.

Tīmoti Nā reira, kia hoki ki te pātai i te tīmatanga, āe, ko te reo te huarahi mai ki a au, ki te ao Māori. Koirā te pātai, ana koirā nā tāku nā whakautu – āe, tino āe rawa atu nei.

TE WĀHANGA TUARUA

Te mana

Nā Te Wharehuia

Mō tēnei mea, mō te mana. He nui ngā whakaaro o roto i te ao Māori e pā ana ki tēnei mea, ki te mana. Ki te hoki tātau ki ngā tau o nehe, me kī, i muri tata tonu mai i te taenga mai o te ao Pākehā, e noho whānui ana te mōhio, te whakaū, me te mau a te iwi Māori ki te tikanga o tēnei mea, o te mana, o te mana tangata, o te mana whenua, o te mana o te iwi. He nui ngā momo mana e taea ana te whiriwhiri, engari ko te tīmatanga mai o tēnei mea o te mana mai i te tangata tonu, nā te mea, kei roto i te whakapono o te tangata, he herenga atu tō te tangata ki ngā atua o te ao Māori. Mehemea e kōrero ana tātau mō tētahi tangata whai mana, ka taea e tātau te āta wetewete te tikanga o ērā kōrero, 'he whai mana'. Kei te āhua tonu o te horopaki e taea ai te kī, he aha taua momo mana rā.

Nā, mēnā he mana rangatira, tuatahi, i roto i te whānau, i te hapū, i te iwi, ko te mana rangatira e here atu ana ki te whakapapa o te tangata. E rua ngā huarahi i roto i te whakapapa e whai mana ai te tangata. Ko te huarahi tuatahi, i heke mai i ngā tātai whakapapa o te tangata, i ngā rārangi rangatira, mai i te ariki, tae mai ki ngā rangatira o raro iho i te ariki. E heke haere mai ana taua whakapapa rangatira, ariki rānei, i roto i taua rārangi toto o te tangata. Ko te mana whakaheke tērā.

Ko te tuarua o ngā mana, ko te mana i whakaritea ai mā te tangata mō te tangata. Tērā pea ko te tangata i noho (hei tauira noa tēnei) i roto i ōna rā, i ngā rā o mua, kāore i heke mai i ngā tātai whakapapa o ngā rangatira, engari i heke noa mai i ngā tātai o te marea whānui. Ka taka te wā ka riro mā te tangata nei e mahi ētahi o ngā mahi, me kī, ki te ārahi i tōna taua i roto i ngā pakanga, i te mea kua hinga tana rangatira, kua riro māna hei hāpai ake te mana, te mauri o tana ope i totohe i roto i te whawhai. Nā, i runga i tērā e taea ana te kī i ngā rā o muri mai ko te tirohanga atu a tōna hapū, a tōna iwi rānei ki a ia, ānō i whakatōkia ki roto i a ia mā roto atu i tōna whakapapa te mana o te tangata, te mana o te rangatira. Ahakoa ko ōna whakapapa kāore i heke mai i ngā tātai rangatira, engari nā te mea i taea e ia te whai ngā mahi a te rangatira ki te whakatutuki i ngā mahi ka riro kē mā te rangatira e mahi hei whakaū i tana mana ka whakawhitia ki a ia, ka ūhia ki runga ki a ia, he tangata whai mana ia. Nō te mea ka taea e ia te ārahi tana taua, ana whanaunga, tana hapū, tana iwi rānei ki roto ki tētahi āhuatanga. Ahakoa he riri, ahakoa rānei he taupatupatu i waenganui i ngā iwi e rua, he tangata taunga ki te whakatakoto whakaaro, he pai ki te kōrero, he mōhio ki ōna whakapapa, whānau, hapū, iwi. I roto i tērā āhuatanga e taea ana te kī, he tangata whai mana tērā tangata nō te mea kua tukuna atu e ōna tāngata o roto i tōna iwi, hapū, whānau rānei te mana hei waha kōrero, hei kawe rānei, hei kōkiri rānei i ngā tikanga, i ngā whakaaro, me ngā tūmanako o tōna whānau, hapū, iwi i roto i ngā āhuatanga o tōna ao.

Kia heria ake e au te kōrero nei i te wā o te Pakanga Tuarua o te Ao, arā, i ngā tau o te toru tekau mā iwa ki te whā tēkau mā rima. Ka haere ētahi o tātau i roto i te rōpū e kīia nei ko Te Hokowhitu-a-Tūmatauenga ki te ārai atu i te whakaaro o Hītara kia taka katoa ētahi atu iwi ki raro i te mana o Tiamana. I taua wā rā ka kitea, āe, i konā anō ētahi o tātau, ngā mea pēnei i a Pita Awatere nei, i a Monty Wikiriwhi, i a wai ake, i a wai ake i riro ai mā rātau e ārahi ngā hōia o Te Hokowhitu-a-Tū ki ngā marae o Tūmatauenga i tāwāhi. I tērā wā, menā i hinga te kāpene, menā rānei i hinga te āpiha o roto i tētahi rōpū, i tētahi taua, kua uru atu anō tētahi ki te whakakapi i taua tūranga rā. Nā, he nui ngā āhuatanga, ngā kōrero rānei i hoki mai mō te Pakanga Tuarua o te Ao, i pērā ai ētahi o tātau ahakoa he hōia anō nō roto i te ope taua. Nō muri mai ka whakarewaina ake te mana o taua tangata rā nā runga i te kōrero a ētahi he tangata i āhei ki te ārahi i tōna taua i te matenga o tana āpiha, o ana āpiha rānei, ka riro māna e ārahi. Inā rā, ahakoa kāore i whakawhiwhia ki ngā tohu o tēnei mea o te āpiha, ka whakaaro ake te tangata rā māna e ārahi tana taua. Ko taku rongo i pērā ētahi o tātau i te Pakanga Tuarua o te Ao nei.

Koirā ētahi o ngā tauira e kī ake nei au e taka mai ana te mana ki runga i tētahi tangata. Ahakoa kāore i whakaarotia i mua atu, tērā pea ko ia tētahi tangata hei ārahi i tana taua, me te aha ka riro mā āna kupu rātau e ārahi. I tua atu o tērā, ka riro mā tōna āhua me tōna reo e akiaki tana matua, tana taua ki te whakaeke i te hoariri. Ko te āhuatanga tērā o roto i te pakanga.

Kia hoki ake au ki ētahi atu tauira. Ka haere ngā hōia ki tāwāhi ki te pakanga ka ngaro ētahi o ngā tāngata ki roto i ngā rōpū i haere i te taha o te ope taua e kīia nei ko Te Ope Rua Tekau Mā Waru. Ka mahue mai ētahi ki te kāinga, kāore i uru atu ki roto i ngā mahi hōia nei, engari i mahue mai ki te pupuri i ngā mahi o runga i ō rātau marae. Ki te titiro ake tātau ki tērā, he nui o tātau i matemate atu i ngā pakanga nei, ahakoa ko te Pakanga Tuarua o te Ao, ko te Pakanga o Korea, ko te Pakanga o Marēhia rānei, i mate ētahi o tātau i roto i aua pakanga rā, engari ko te nuinga i mate i te Pakanga Tuarua o te Ao. He nui ngā mea i roto i ō rātau tātai whakapapa, mēnā i noho tonu ki te kāinga ko rātau kē ngā mea ka tū ki te ārahi i ō rātau whānau, hapū, iwi, engari i te mea i mate kē atu ki tāwāhi, ki ngā marae o Tūmatauenga, ka noho ko ngā mea i noho mai ki te kāinga hei ārahi i a rātau, ka taka iho te mana ki a rātau. He whiriwhiringa tērā nā te wā, i ētahi wā kua riro tonu mā te iwi e tohu ko wai. I ētahi wā ka riro tonu mā te whānau, mā te hapū rānei e tohu, anei tō mātau waha kōrero, anei te kaiārahi i a mātau. Koirā ētahi o ngā āhuatanga i kite ai au i te wā i a au e taiohi ana, tae noa mai ki te wā ka pakeke au.

Ka haere au ki te Hui Ahurei a Tūhoe i Ruatāhuna, ka kī mai te kaumātua nei, a Hone Tāhuri, ko Rū tana ingoa kārangaranga, kāore ia i te kōrero mai ki a au, engari i te kōrero kē ia ki te minenga, ka kī ake a Rū ki te ope i huihui ki reira, ko tana kōrero e pēnei ana, e kōrero ana mōku:

He mokopuna tēnei nā Takurua Tamarau, ā, kei te mōhio koutou ki a Takurua Tamarau, te ariki o te iwi o Tūhoe i tōna wā, ā, kua mate, kāore he tangata hei whai mai i a ia hei whakakapi i te tūranga o te ariki, nā reira, kei te kī ake au, mā Te Wharehuia tērā tūranga e whakakapi.

Nā, ko au, kāore au i hiahia, i pai kē ake ki a au kia noho au hei ringaringa, hei waewae mō ngā hiahia o te iwi. Kaua ahau e tohua hei ārahi i a rātau. Nā, ka whakamaharatia mai au ki tērā kōrero, ko Pou Temara tonu tētahi i whakamahara mai ai i a au ki te kōrero a Rū i Ruatāhuna, me te kī, 'I hea kē koe?' I te tika anō tērā kōrero, i hea kē koe? Ko au i whakaaro kia waiho au hei ringaringa, hei waewae – mā tētahi atu e mahi. Kāore i whāia atu e au te kōrero a te kaumātua rā, a Rū Tāhuri. Ehara i te mea ko ia anake te tangata i kōrero pērā, ko Te Rangihau anō, ka mutu ko Tuiringa Tāwera tētahi i whakaaro ake kia noho au ki tērā tūranga. Ko te kaupapa i kore ai ahau i hiahia, nā te mea kua angiangi te pae o muri i a au hei āwhina i a au. Kua matemate katoa te nuinga o ngā kaumātua rā kua noho ko au me tōku reanga. Kei te mōhio tōku reanga ki a au, engari kāore pea i pērā te mōhio o rātau ki a au i tō rātau mōhio ki ngā mea i tū hei ārahi i te iwi pēnei i a Te Rangihau nei, i a Tuiringa Tāwera, i a Kūpai McGarvey me ētahi atu o rātau kua ngaro ki te pō. Kāore i roto i a au tērā hiahia, nā reira, ahakoa ko te tātai whakapapa e kī ana ka taea e au nā te mea i heke mai au i tērā tātai.

Ki te huri mai tātau ki te ao hou nei, he uaua te whakakapi i te āhua i whakaritea ai e koro mā, e kui mā i ngā wā o mua. Ka tae mai ki tēnei wā he ao hou anō tēnei me ōna kōiriiri, me ōna rerekētanga, ka mutu me mōhio koe me pēhea te kuhu haere i roto i ngā mahi nei. He rerekē ake te āwhina mai a te iwi i te tangata i ēnei rā, nō te mea kei waho kē au e noho mai ana i taku iwi. Ko ētahi e noho ana i roto i te iwi e tika ana ko rātau kē kia noho hei ārahi i ngā mahi a te iwi. Hāunga ia mehemea kei te hiahia āwhina, āe, ka taea te āwhina atu, engari kia hoki ake ki te kōrero nei, tērā pea e taea e au te kī, 'Āe, he mana i tukuna iho ki a au', engari ehara i te mana o te tangata e noho ana ki mua i te aroaro o te iwi e ārahi ana i a rātau, nā te mea

Ko Hoani Te Rangiāniwaniwa Rangihau (1919–1987) tēnei. He tangata taiea ia i te ao Māori. He kaiārahi, he ramaroa mā tana iwi, mā Ngāi Tūhoe kia kore ai rātau e kotiti, ka mutu hei whakahau i a rātau i roto i ngā wā e kore ana he ngoi, i ngā wā e mate ana te hau, i ngā wā e pōuri ana te ngākau e ruku popoi ana. He whakaruruhau, he kaitohutohu anō hoki a Te Rangihau mō Te Wharehuia rāua ko Tīmoti. *Nā te whānau Rangihau*

i waho kē ahau e noho mai ana. Kāore e taea e au te hokihoki i ngā wā katoa ki te whakarite i ngā hiahia me ngā wawata o te iwi. Tērā tērā āhuatanga.

I ētahi wā, ka puta ētahi atu anō, ka eke mai, ahakoa ko te tātai whakapapa kāore i heke mai i ngā rangatira, engari nā runga i tō rātau kaha ki te mahi i ētahi mahi, ka whakaritea rātau hei kaiārahi mō te hapū, mō te iwi rānei. Kei te pērā tātau i roto i tēnei wā – kua kore e tino whai i te tātai whakapapa, engari kua whai i te āhei o te tangata ki te mahi i ētahi mahi. Koirā te āhua o te mana e whakanohoia ana ki roto i a koe, ehara i te mana whakapapa, engari he mana i toko ake i roto i tōu āheinga ki te mahi i ētahi mahi.

Mōku tonu, i roto i te kōrero mō te mana, e haere ngātahi ana te mana me te tapu. Ki te whakapono koe kei a koe te mana me whakatapu e koe te āhua o tērā whakaaro. Me whakatapu e koe kia ū tonu ai te mana, ki te kore e whakatapua e koe ka noho noa iho taua whakaaro mana rā i runga noa iho anō i tōu whakaaro, āe, i heke mai au i ngā tātai whakapapa, nā reira kua heke mai taua mana ki a au. Engari ko te mana, kei te āhua tonu o te titiro mai a te whānau, a te hapū, a te iwi e whai mana ai koe. Ki te kore rātau e hiahia, kāore e ū tō mana, me te aha kua kore i tapu taua mana rā. Mā te tapu e whakaū te mana, mā te mana e whakaoho te tapu. I ēnei rā ehara i te mea mā ērā tohu anake, engari ko te nuinga o tātau e ārahi ana i ō tātau iwi he tāngata i kuraina. Kua kore i whānau noa mai te tangata i roto i te iwi, e ārahi ana i te iwi, engari he tangata i kuraina mai i roto i ngā kura o te ao Pākehā nei. Ka mōhio ki te ao Pākehā, e mōhio ana anō hoki ki te ao Māori.

He aha ngā tohu o te whai mana o te tangata i ēnei rā? Tuatahi, ko te reo. Tuarua, ko te mōhio ki ngā kōrero tuku iho, ki ngā kōrero o tōna rohe, o tōna iwi, tae atu ki ngā whanaungatanga i waenganui o tōna iwi me ētahi atu iwi, kia mōhio ki te whakapā atu ki a rātau. Tuatoru, ko te whakaatu i ngā whakaaro rangatira i ngā wā e rite ana, e tika ana kia kitea taua rangatiratanga rā.

He aha te tohu? Hei tauira noa iho tēnei. Ki te haere koe ki tētahi marae, mēnā he tangihanga, ka mutu ko taua tangihanga rā nō te tangata i mōhiotia, i whai pānga i tōu rohe, i tōu whānau, i tōu hapū, i tōu iwi rānei. Ka haere atu koe, ka arahina e koe tō ope, i a koutou e haere atu rā, e haria atu ana e koutou ngā mea pēnei i te kai – he rīwai, he kūmara, he kamokamo, he paukena, tae atu ki nga mīti, ngā kiko, he poaka, he tia, he kau – haria katoahia ērā mea, ka mutu ka heria e koe ki muri, ka whakatakoto atu ki te wāhi e tunua ai ngā kai. Tērā pea kei roto tonu tētahi whakaaro, me utu pea tētahi whakaaro nui i haria mai ai e te whānau, e te hapū, e te iwi rānei o te tūpāpaku, ā, he huihuinga i tū ki reira hei tohu i te whakaaro rangatira i roto i te tangata i te wā i a ia ka haere, ka whakaeke ki tētahi marae. Tērā pea e whai pānga atu ana ia ki taua marae rā, tērā rānei kāore kē pea e whai pānga ana, engari kei te mōhio ki ngā kōrero o waenganui i ngā iwi e rua, i ngā hapū e rua, i ngā whānau e rua.

He maha ngā āhuatanga e taea ai e te tangata te whakaū tana mana, te mana rānei o tōna iwi e kitea ai he tangata e rangatira ana ngā whakaaro. He nui ngā āhuatanga o tēnei mea o te rangatira, he mōhio ki te aroha, he mōhio anō ki ngā wā e tika ana kia pakari te tū, kia kakī mārō rānei, kia mōhio anō hoki ki te tuitui i ngā whanaungatanga i waenganui i ngā iwi, i ngā hapū, ahakoa nō hea, ki hea. Me te mōhio anō ki te āhua o tōna rohe, me te whakawhanaungatanga i ngā hapū o roto i tōna rohe. I te mutunga iho kei roto tonu i ō koutou whakapapa ngā tātai e whakapiripiri ana i a koutou ki a koutou anō. I ngā wā o te hē kua mōhio koe ka taea e koe ērā te karanga kia haere mai ki te āwhina i a koe. I ngā wā o te tika ka haere tonu koe ahakoa te aha. Kei reira te rangatiratanga o te mana o te tangata, tōna āhei ki te whakaoho i ngā hiahia me ngā whakaaro o tana iwi, o tana hapū, o tana whānau rānei kia taea ai te whakatutuki tētahi kaupapa. He aha taua kaupapa rā? Ahakoa ko te tangihanga, ahakoa he ope taua e haere ana ki te muru, ērā āhuatanga katoa ka hua mai i roto i te tangata e taea ana e ia te whakakao ōna whanaunga ki tōna taha ki te whakatutuki i taua wawata, i taua hiahia rā.

Ki a au, ko te mana me te tapu, i hua mai ērā i ō tātau atua, kāore i kō atu, kāore i kō mai. I ēnei rā, tērā pea ko ētahi o tātau i whānau mai i roto kē i ngā tāone, kāore i whānau mai i roto i te mātotorutanga o ngā mahi me ngā tikanga Māori, engari aua tāngata rā, kua whai mana i roto i te ao hurihuri. Ehara i te mea e kī ana au kua whai mana ki runga i ō tātau marae, engari kua whai mana i roto i te ao hurihuri nō te mea koirā tōna ao.

E whai mana ana anō te wahine? Ki a au i ēnei rā, pērā anō me ngā rā o mua, āe e whai mana ana te wahine. Kei te āhua tonu o tōna whānau, hapū, iwi, me te āhua o tā rātau titiro, o tā rātau whai i a ia e taea ai te kī, āe, he wahine whai mana. Kia whakaaro ake rā tātau ki a Te Puea. I mōhio te wahine rā ki te whakaiti i a ia, engari i mōhio anō hoki ia ki ngā wā e taea ai e ia te whakakorikori te tangata. I a ia te reo, i a ia te hinengaro Māori, te whakaaro Māori, te wairua Māori e taea ai e ia te whakaohooho me te whakamoe te riri, engari kia whānau mai ai ko te pai. Ko ia tētahi tauira. Arā atu anō ētahi, ko te wahine o roto i Te Whānau-a-Apanui rā, a Mihi Kōtukutuku, te kuia rā a Whina Cooper, ngā wāhine i Te Tai Rāwhiti rā, ngā wāhine i te Tai Hauāuru, i te Tai Tokerau, tae noa ki roto o Te Waipounamu, i kitea, i rangona ngā reo o ngā wāhine nei.

He rerekē anō te ao i ēnei rā, e uru atu ai ngā wāhine ki ngā kaupapa e riro ai mā rātau e whakatau ētahi o ngā whakaritenga e pā ana ki a tātau, ki te iwi Māori. Ki te whakaaro ake koe ki te whare pāremata, ko Iriaka Rātana, ko Whetū Tirikātene, ko Tāriana Tūria. Arā atu ngā wāhine e rangona ana i ō rātau nā rā tae mai ki ēnei, ngā wāhine e mōhio ana au kei roto i te whare pāremata, he whai mana. Ko Hēkia Parata kua tū ia ki te tūranga minita, ko Mārama Fox anō tētahi. He mana ō rāua, ahakoa e haere mai ana mā roto mai i ngā kaupapa tōrangapū, he mana tonu nō te mea he kanohi nō tātau, nō te ao Māori, ki roto i ngā mahi a te whare pāremata.

Hei whakakapi ake, koinei ētahi o aku whakaaro mō tēnei mea, mō te mana. He nui ngā momo mana, ā, ko te tīmatanga mai o tēnei mea o te mana, kei roto i te whakapono o te tangata, i te herenga atu o te tangata ki ngā atua o te ao Māori. Nā konā i noho whānui ai te tikanga o te mana, o te mana tangata, o te mana whenua, o te mana o te iwi.

TE WĀHANGA TUATORU

Te tapu

Nā Te Wharehuia

Mō tēnei mea, mō te tapu. Tuatahi, me kōrero au i te āhua o te ao i tipu mai ai au me te wāhanga o tōku ao i uru mai ai tēnei whakaaro, i uru mai ai hoki tēnei āhuatanga, te tapu. Ko te wā tuatahi i kōrerotia mai ai tēnei mea te tapu, i a au e tamariki tonu ana. I roto mātau i tō mātau wharenui o tō mātau hapū i Rūātoki, tērā pea kua whitu, kua waru ōku tau. I te puare te matapihi o te wharenui, ka mahue te haere mā te kūwaha kia haere ki roto i te whare, ka kuhu mātau ngā mea tamariki mā te matapihi ki roto i te whare. Ka kite mai taku māmā i a mātau ka kī mai, 'Hei! Tamariki mā, koutou, kaua e haere mā konā. He tapu tēnā wāhi.' Ka puta tērā kōrero ki a mātau he tapu tērā wāhi. Kāore i mārama ki a mātau i taua wā rā he aha te tikanga o te tapu. Engari i tētahi wā anō, ka noho ki te paepae poto o te kūwaha. I reira mātau e noho ana, ka haramai tētahi o ō mātau kuia, ka mea mai, 'Kaua e noho ki konā, he tapu hoki tēnā wāhi.'

Mēnā koutou ka whakaaro ake ki ngā mea e rua, ki te matapihi, ki te kūwaha, kei runga ake o te kūwaha ko te whakairo, arā, ko te pare he wahine me tōna aroaro. Ka mutu ko te kōrero mai, kaua hei noho ki konā, mō te hunga ora tēnei huarahi. Kāore i mārama ki a mātau, heoi anō, whakarērea pērā noa ihotia mai ngā kōrero ki a mātau. E taka te wā, ka rongo i ngā kōrero e kōrerotia ana e ngā koroua, e ngā kuia i roto i ā rātau huihuinga mō tēnei mea, mō te tapu. Nō muri rawa mai ka whakaritea e Te Rangihau kia haere mātau ki ētahi wānanga mā te iwi o Tūhoe. I reira ka tīmata ō mātau kaumātua ki te kōrero mō te āhua o te matapihi me te kūwaha. Ki te heria te tūpāpaku ki roto i te whare kāore e kuhuna mā te tatau, mā te kūwaha, engari ka hoatu kē mā te matapihi. He aha te kaupapa? Ko te kaupapa i whakamāramatia mai ai ki a mātau, kei te whakahoki koe i te mate ki roto i te huarahi o te ora, arā, ko te aroaro o te wahine kei runga i te whakairo i runga ake i te kūwaha rā. He wāhine te nuinga o ērā whakairo. Ki te whakahoki koe i te tūpāpaku mā reira, e werohia ana e koe te mate ki roto anō i te kōpū o te whaea. Nā reira, ka hoatu mā te matapihi kia kaua e takahia tērā tikanga tapu. He tapu tērā. Ko te huarahi tērā o te hunga ora. Ka whānau mai koe ka puta mai ana koe ki roto i te ao o te ora. Ki te haere mā te matapihi rā, mō te hunga mate tērā ara atu ki roto i te tipuna whare.

Nā reira, ka noho te āhuatanga nei ki roto i a au kia kaua e kai i te wāhi o te matapihi, kia kaua hoki e noho ki runga i te paepae poto o te tatau e hou atu ana ki roto i te whare. Ko te huarahi tērā o te hunga ora, engari kaua e noho ka pākati i te huarahi mō te hunga ora e hou mai ana, e puta atu ana ki waho. Koirā te kōrero mai ki a mātau, arā, kaua e noho ki konā, he tapu tērā wāhi.

Nā, mēnā au ki te wānanga i tēnei wā, he aha te tikanga o te tapu i kōrerohia mai rā, tērā pea ko te tapu e kōrerohia mai rā he whakatūpato. Kei roto i tō tātau ao Māori ētahi āhuatanga kāore tātau i te tino mārama, e mōhio ana rānei, engari ehara i te mea e whakawehi ana, e whakatūpato kē ana, nō te mea, kei konā anō, kei tō tātau ao ētahi āhuatanga e pā mai ai ki a tātau. Ki te takahia e tātau ētahi o ngā tikanga i whakatakotoria mai ai e ngā atua, i ētahi wā he tangata te utu. He mate, he mate tūturu nei pea, ā, ko tētahi rānei o tō whānau ka whara, ērā āhuatanga katoa. Nā, mehemea koe kei te hiahia ki te whakaū i tētahi tikanga, ka mutu ko taua tikanga rā he tikanga tapu, he ngāwari ake ki te katoa o te whānau, o te hapū, o te iwi rānei, ki te whakaū. Ka ohooho katoa o roto i a koe kei takahia e koe taua tikanga rā mō te tūpono ki te pērā koe, ka whara tētahi i a koe nā taua mahi āu. Āe, e whakamārama ana au i te wāhi ki a au i te wā e tamariki ana i tēnei mea i te tapu. Koirā te tīmatanga mai o

Ko Te Wharehuia i te wā e tamariki tonu ana ia. *Nā te whānau Milroy*

taku mōhio ki tēnei mea, ki te tapu. Nō muri iho, ka rongo au i ētahi o ngā āhuatanga e pā ana ki te āhua o te whare tonu, ā, atu i te whare ki ētahi mahi i mahia ai e kīia mai ai, 'Kaua e mahi i ēnā mahi nā te mea he tapu kei runga i ēnā mahi.' Arā, nō muri mai ka mārama au ki tērā kōrero, 'Kaua e mahi i ērā mahi, nā te mea he tapu.'

Anei tētahi. Ko ā mātau he kōtaha. Ana haere ai ki roto i te awa iti nei, he nīoreore, he tuna iti noa iho nei, i rite te roa ki taku kōroa. Kei te piki hoki ngā tuna nei i te awa, he pāpaku noa iho te awa nei. Ka taipereperehia e mātau ngā nīoreore nei ki ngā kōhatu o ngā kōtaha, ā, he tere hoki te nīoreore ki te kore koe e kakama, ka ngaro ki raro i tētahi kōhatu huna mai ai. Nā, i taua wā rā, koirā tā matau mahi. I reira mātau, i te awa tonu o taku kāinga, e tamariki tonu ana mātau, kua tekau tau nei pea. Ana koirā te mahi, he taiperepere i ngā nīoreore nei, hei kata noa iho mā mātau me e tika ana i ā mātau kōhatu. Engari i te nuinga o te wā kāore e tika ana i a mātau.

Kātahi mātau ka kite i te manu nei, he ruru i roto i te wāhi pōuriuri o ngā rākau e noho ana. Ko te awa nei, he rākau katoa e tauawhi ana i runga ake, nā reira, ka pōuriuri a raro, koirā te wā e haere ake ai ngā tuna rā. Kāore e whitikia ana e te rā, ka mutu kei reira anō ētahi wāhi e noho ana ngā manu. I reira te ruru nei, engari ko te manu nei, he mā ōna huruhuru. 'Ā, e hoa mā, he manu, he manu, he ruru, he ruru!' Ka rere mātau ki te tango kōhatu mai i te awa, ka taiperepere i te manu nei. Kāore rā i tika i a mātau te manu rā. Kāore noa iho e tino tawhiti, ana kei reira mātau, ko ia kei runga i te peka o te rākau e noho mai ana, ko mātau e taiperepere ana. E kori noa ana te tinana o taua manu, kore rawa i tika i a mātau. Kātahi au ka peke ki roto i te wai me taku kōrero, 'E, ka tika koe i a au, e hika e!' Ka tīkina atu e au he kōhatu āhua rahi tonu nei, ka purua e au ki roto i te pūkoro o taku kōtaha, kātahi ka kumea e au te kōtaha. Kāore noa i tino tawhiti mai i te manu, kātahi ka tukuna atu e au te kōhatu. E hoa, kāore rā i tika i ahau te manu rā, engari ka heke anō au ki roto i te wai ki te tiki atu i tētahi atu kōhatu, kāore hoki te manu rā i rere.

I taku peketanga atu, i wareware i a au tētahi o ā mātau mahi i mahia ai e mātau, he kurukuru i ngā pounamu pia, ngā mea kua pau nei ngā kai o roto. Whakatūtūhia ai e mātau, ka kurukuruhia e mātau, ka pakaru ngā pounamu rā i roto i te awa. Taku peketanga atu ki roto i te awa, ka motu taku waewae i tētahi wāhanga o ngā pātara pia nei. Ka piki au i te pari tahataha ki tō mātau kāinga i runga tonu ake, ka karanga atu ki taku whaea, nā te mea, kua tautau kē tētahi wāhi o te kiko o taku waewae, e toto ana hoki. Ka tae, ka karanga atu, 'E Mā! E Mā! Kua motu taku waewae!'

Ā, ka puta mai taku māmā, 'He aha tā koutou mahi?'

'I te kurukuru manu mātau.'

Ka mea mai, 'Ā, taihoa.'

Kātahi ka rere ki te whare pūngāwerewere nei, kātahi ka hoatu ki tōku waewae, ka takatakaihia a raro o taku waewae. Ka hoatu ki raro, kātahi ka herea, kia mutu ai, kia kore ai e rere te toto. Ka purua te toto i reira i taua wā rā. Kātahi anō ka pātai mai, 'E kurukuru ana koutou i te aha?' 'He manu, he ruru, he mā.'

I tērā tonu, kātahi ka hāmama te waha o taku māmā ki te kī atu ki aku uri i roto i te awa rā, 'Ēi! Tamariki mā! Kaua koutou e kurukuru i te manu nā! He mate kei te haere ki te kurukuru koutou, ki te mate i a koutou te manu. Kaua e whiuwhiu kōhatu, he tapu tēnā manu.' Heoi anō, ka mutu te mahi a ngā tamariki rā.

Nō muri ka mōhio mātau, ko te manu, ko te ruru rā, he kaitiaki nā te tohunga i noho ki te whare i tērā taha o te awa nei. Ko te kōrero mai tērā a ngā kaumātua i muri iho, ka haria mātau kia karakiahia mātau ki te whakawātea i a mātau, nā te mea he kūware nō mātau ki tā mātau i mahi rā. I te wā i muri o te karakiatanga i a mātau, ka mea mai tō mātau koroua ki ā mātau, 'Kia mōhio mai koutou, he kaitiaki ēnā. Tēnā manu, nō tēnei awa, o Te Ōruakōrau nei.' Koirā te ingoa o te awa. Ka mutu he kaitiaki nā te tohunga kei roto i te whare rā. He tohunga tēnā nō te iwi o Tūhoe nei. Tēnei tohunga, i haere i te wā o te tāinga i te kawa o Māhinā-a-rangi. Ko Tuhi Tāre Hēmi tōna ingoa. Kei roto i ngā tuhituhinga tana ingoa e takoto ana. Nā, mai i tērā wā, kāore mātau i haere ki te whakapōrearea i taua manu rā, ka mutu ka mahara tonu ake au ki taku waewae i motu ai i te karaehe. Nāku tonu te karaehe rā i wāhi i a au e taiperepere ana ki te kōtaha.

Tērā pea ko te tapu e kōrerotia nei, kia hoki ake au ki te whakamārama ināianei, i tāku kite i te tapu i kōrerotia rā. Ko te tapu, nā te mea he whanaungatanga tō te manu rā ki te tohunga. He kaitiaki, ā, ka mutu ka whakanohoia e te ao Māori ērā mea e noho tapu mai ana ki ētahi atu tāngata. Ko te manu hoki he kaitiaki. Ehara i te kaitiaki mō te tohunga anake, engari he kaitiaki mō te hunga e noho ana i raro i te maru o ngā karakia o aua tohunga rā – ko mātau ērā, ko ngā tamariki, ko ngā mokopuna, ko ngā mea o roto i te whārua o Rūātoki – tīkina atu ai he āwhina mō mātau, mō ngā wā e āhua māuiui ana, e mate ana, e raruraru ana rānei. Koirā te āhua o te noho o te manu rā. Nā reira, ka whakatapua te manu rā i te mea he atuatanga kei roto. E kore e tapu noa iho mehemea kāore he atuatanga o roto i taua manu rā. Ka whakatapua tētahi mea kua whakanohoia te atuatanga ki roto i taua mea rā, ahakoa he whare, he aha rānei, ka hoatu te tapu ki runga.

Ko ngā āhuatanga katoa e pā ana ki te tūpāpaku, ka whakatapua, tino tapu nei. Ko ētahi o ngā tikanga e whakaritea ana mō tātau, mō te tangata, ki te roa e noho ana i te taha o te tūpāpaku, kaua e pēnei, kaua e pērā, me pēnei, me pērā kē rānei. Whakariteritea ai te tūpāpaku mō te wā e tanumia atu ai, ā, kei konā katoa ngā tikanga e pā ana ki te kirimate, ki te pouaru, ki ngā mātua, me ngā whanaunga. Ka whakatapua te wāhi ki a rātau ā-tinana, ā-hinengaro, ā-wairua, nā te mea kei te kōrero atua tātau i tēnei wā – ngā atua o te pō, ngā atua o te ao.

Ki a au, ko te mahi a te tapu he whakatakoto tikanga kia kore ai te tangata e whara, kia kore ai e poka noa ki te mahi i tētahi mahi i runga i te pōhēhē, i te aha rānei, engari āta whakaarohia ake e ia he aha tana mahi.

Nā, kei te titiro au ki te tangata e mau ana i te taonga ki tōna kakī. Mōna tonu, kāore e kore kei te whakaaro ia e tapu ana tana taonga i roto i aua whakaaro, nā te mea he taonga i hoatu ki a ia. He taonga kei roto tonu e noho ana ētahi whakaaro, ētahi kōrero i heke mai i roto i ngā tātai. Arā atu pea ētahi atu āhuatanga o te taonga e mau mai rā i tōna kakī. Mōu kua mau i tētahi taonga ki tō taringa, ki te kakī, ki tō ringa rānei, me mōhio kua whakanohoia ētahi kōrero, ētahi hokinga whakaaro ki te wā o te pūtakenga mai o taua taonga me ngā kōrero e eke ana ki runga ki taua taonga. Nā reira, e whakatapua ana e te kaimau ērā mea, nō te mea kei te whakanohoia ki tō tinana, he manaaki tētahi o ngā kaupapa o te taonga nā. Ka whakatapua e koe tēnā mea, arā, he whakapono hoki tōu kei roto i te tapu taua taonga e noho ana. Mehemea kāore koe e whakapono ana ki te tapu, kāore te tapu e mahi. Engari mehemea koe e whakapono ana ki te tapu, ka noho te tapu ki te mahi i te mea e hiahia ana koe kia mahia, ā, mēnā ia ko te manaaki i a koe, ko te manaaki i ētahi, koia tēnā. Mēnā kei te hiahia koe kia āraitia atu ētahi mai i tētahi wāhi i whakatapua ai, ahakoa kāinga, ahakoa taputapu iti nei, e whakanohoia ana e koe tērā mea te tapu ki runga i taua wāhi, i aua taonga rānei.

He tapu te urupā ki te nuinga o ngā tāngata, kāore e poka noa te haere atu. Ka haria e koe ki roto i te urupā ētahi whakaaro. He whakaaro e wehi ana, ehara i te mea e mataku ana, engari e wehi ana ki ngā tapu o te tūāuriuri, o te whāioio kei roto i te urupā e noho mai ana. Kei reira ngā ihi, ngā wehi e takoto ana. Me whakatapu tērā kia kore ai e tānoanoatia e koe, e te tangata, taua urupā rā, me ngā kōiwi o ngā tūpāpaku kei taua urupā. Kia manaakitia e koe te urupā i runga i te aroha, i runga i te mōhio mā te tapu koe e whakamahara he whanaunga ōu, he uri ōu. Koirā, ki a au, tētahi o ngā āhuatanga o tēnei mea, o te tapu. Kua kī atu au ki a koe e tapu ana tērā wāhi, e mōhio ana koe he aha te tapu, kia kaua koe e mahi i ētahi mahi, kei takahi koe i ngā tikanga o taua urupā, o taua marae rānei, o tētahi āhuatanga rānei o roto i tō ao Māori e kore ai koe e hiahia ki te takahi. Kei pā mai te whakawhiu a te tapu ki runga i a koe, i ētahi atu o tōu whānau, hapū, iwi.

Hei ētahi wā i roto i a mātau o tōku iwi, te otinga atu o ētahi tāngata he keka. Ko te keka i roto i tēnei horopaki he pēnei i te pōrangi nei. Ehara i te mea kua whakawhiua ki tētahi āhuatanga, engari ko tōku whakapono ki tēnei mea ki te whakawhiua koe, ka pōrangi koe. I mahia e koe tētahi mahi kāore i tika kia mahia e koe. I ētahi wā ka heria koe ki te tohunga kia whakatikatikahia mai koe e te tohunga. Arā, ka patapataihia koe e te tohunga, 'I aha koe? I hea koe? He aha ngā mahi i mahia ai e koe?' – ērā āhuatanga katoa. Ka uiuia ētahi, ka haere ngā karakia, ka haere ngā mahi e rite ana mā te tohunga hei tahi atu i taua tapu rā. I ētahi wā ehara i te mea he māmā noa iho. Ko ētahi i te pōrangitanga, pōrangi tonu atu. Nā, ko ētahi o ngā whakapae nā te mea i takahia te tapu, arā, mēnā he tapu kia tūpato te whāwhā i ngā mea tapu, mehemea kei te tapu te urupā, kia tūpato te hīkoi i roto i te urupā. Kei konā anō ōna tikanga e kore ai koe e poka noa ki te mahi i ētahi mahi, engari ki a au ko tētahi o ngā tino āhuatanga o tēnei mea o te tapu, ko tēnei nā, ko te noho ōu, o te tangata i roto i tōu wehi kei takahia e koe tētahi mea ka hē. Ki te hara koe i roto i te āhuatanga o te tapu, he hē tērā. Kua hē tērā, kua takahia e koe te tapu.

Nā, me kōrero pēnei au, kaua hoki au e whakahuahua ingoa. Terā tētahi wā, ka haere ngā tamariki nei. Kua tekau mā rua, mā toru pea te pakeke o ngā tamariki nei. He whanaunga nōku. Ka kitea e rātau ngā moni nei. He mea tanu ngā moni nei ki te take o te timutimu o tētahi rākau. He rua i raro iho i ngā pakiaka o te rākau rā. Kua whati kē a runga o te rākau, engari ko te timu i reira tonu, ana he rua i raro iho. Taua wāhi nei, he wāhi i tanumia ai e ngā tohunga o Te Hāhi Ringatū ā rātau koha i whakarērea ai e te hunga karakia. Ko tētahi tikanga i whāia ai e ngā Ringatū, ka whakanoho koe i tētahi koha – he kapa, he rua hereni rānei, he aha rānei te moni rā. Ka whakanoho koe ki runga i te matapihi o mua i te whare. Ko te take ka heria e koe taua koha rā me ō mamae, me ō pōuri, me ngā raruraru kei roto i a koe, ka hoatu e koe ki roto i te koha rā ka whakarērea atu ki reira. Ka haramai te tohunga ki te tiki i taua koha i roto i ngā wā e huihui ai te hāhi ki te karakia i ngā karakia a Te Hāhi Ringatū. Kua tīkina atu e te tohunga kua noho ko te hāhi ki ā rātau karakia. Hei muri iho kua heria e te tohunga ngā moni rā ki tētahi wāhi ka whakanoho ki tētahi wāhi e kore ai e taea e te tangata.

Heoi anō i tēnei wā, i kitea ngā mea nei e ngā tamariki i raro i te take o te timutimu rākau nei. Ka taki haere ngā tamariki ka kitea ngā moni ka haere ki te tāhuna, ki te awa i Rūātoki. I mua tata atu i tērā, i haere ki te toa ki te hoko aihikirīmi mai i te toa ki ngā moni nei. Kātahi ka ruku tētahi o rātau ki te awa. Nā, he pūrākau i roto i te wai, i raro i te wai. Te rukutanga atu titi tonu atu ki te rākau rā ka mate. Koirā tētahi o ngā āhuatanga o te tapu. Ahakoa i haere kūware atu ngā tamariki rā, ko te otinga atu, ko tētahi o rātau i mate, nā te mea i heria ngā koha tapu rā me ngā raruraru katoa o roto i ngā koha rā kei reira tonu. Koirā i heria ai e ngā tohunga ki reira, ki reira tanu atu ai i ngā kino, i ngā tūtukinga waewae ki roto i taua rua rā. Ka heria ngā moni rā e ngā tamariki ka whakapauhia ki te hoko aihikirīmi. Heoi anō, he mea karakia ērā o ngā tamariki kāore i mate. Nā reira, tērā tapu tērā.

Arā ētahi atu o ngā tapu e kore ai koe e poka noa ka takahi. Kāore au e poka noa ki te haere ki roto i te urupā. Kei te kōrero au mō tō mātau nā rohe. Me mātua hoki mai anō, ka mutu kia tāuhia koe ki te wai. Ahakoa i ētahi wā kua whakanohoia he pounamu wai ki te wāhi e kuhu atu ai koe ki roto i te urupā hei tāuhi mā te tangata i a ia i te wā e puta mai ia i te urupā.

Ko ngā tohu ērā o te aro nui o te tangata ki tēnei mea ki te tapu. E mōhio ana au, mōku tonu i a au i haere ki te urupā i Taupiri, ka haere au ki te awa i muri iho ki te tāuhi noa iho i a au ki te wai me taku mōhio i whakatakotohia mai he tikanga e Tainui e taea ai te haere o rātau ki reira. Ko te tikanga o tēnei kōrero kua oti i ngā tohunga o Tainui te whakarite i te tikanga kia kaua ai te tangata e haere ki te wai ki te tāuhi i a ia, i te mea kua oti i a Tainui te whakawātea i tērā tikanga o mua kia tangohia hei whakamāmā i te uta i te tapu i runga i te tangata. Ahakoa tērā, e kitea ana i ngā mea e haere ana ki Taupiri maunga ki te tanu tūpāpaku e haere tonu ana ngā tāngata o waho atu i a Tainui ki te awa o Waikato ki te tāuhi i a rātau ki te wai. Tērā tapu tērā.

I ētahi wā he tapu te whare. Mehemea ko tōu ake whare, he tangata māuiui kei roto i te whare, kāore i te mōhiotia he aha te mate. Kei te mahara ake au ki ētahi o mātau, o ō mātau whanaunga anō, kāore i mōhiotia he aha te mate, engari ko ngā kōrero e rongo ana au e pēnei ana nā, he takahi nō te tangata rā i ētahi tikanga, kua whiua e te mate. Koirā tētahi o ngā āhuatanga o tēnei mea, o te tapu, ka whiua te tangata ki te mate. Mā ngā tohunga rawa tērā e whakatikatika, e kimi he aha te mate, he aha i pērā ai te mate o te tangata rā. Ka hari i ngā karakia e rite ana kia taea ai te wetewete tana hara.

I ētahi wā, ki te mōhio te tangata ki te tapu, ka kaha kē atu te whiu i a ia mehemea e mōhio ana ia e takahi ana ia i te tapu. Ko ētahi kāore i te mārama. E noho kūware kē ana ki ā rātau mahi. Hei tauira māku. Tēnei mea te kapa, te kapa moni nei. Ki te mahue ki runga i te oneone e hia rā te roa e mahue ana ka uaina, ka aha rānei, kua kitea e koe, kua tīmata te noho mai o tētahi momo tae ki runga i taua kapa rā, taua moni rā. Nā te mea, e ai ki te Pākehā kua mahi ngā āhuatanga o te ao ki runga i taua moni rā, kua tīmata te noho mai o te tae nei. Ko te tae nei he āhua kikorangi nei, he āhua ngāwari ake te āhua o te kikorangi nei. Ka kīia mai ki a mātau, kāore au e mōhio mehemea he whakatūpato tērā i a mātau, he aha rānei, engari ko ētahi o ngā tohunga o te wā i a au e tamariki ana, e āhua whakamātautau ana i a rātau anō. Nā, ka whakarērea iho ētahi o ngā moni nei ki te taha ka kite iho mātau kua rerekē te tae o te moni rā. Kua oti kē te whakamārama mai ki a mātau kia tūpato ki te moni e takoto ana ki te ara. Kaua e tīkina atu, kaua e rawekehia, kaua e haere ki te whakapau moni i te toa. I ētahi wā kua whakamahia te moni hei patu i te tinana, i te wairua o te tangata nāna i kite taua moni.

I mau tonu ērā āhuatanga i a mātau, engari kāore au i mōhio mehemea e pono rawa ana ērā tohutohu mai, ērā whakatūpato mai i a mātau. Engari kāore mātau i haere i muri iho i te wharanga o ngā tamariki nei, te tangata nei, i te wā i a ia ka ruku ki te awa. Ka kōrero ngā kaumātua, ka kī ake, 'Ā, koirā.' Nā te mea i haere ki te kohi i ngā moni tapu i whakanohoia rā. Kei roto katoa ngā mate, ngā uauatanga. Koirā te kaupapa o te koha. Ka puritia e koe te koha, ka hoatu ō whakaaro e whakararu ana i a koe ki roto i te moni rā, ā, kua hoatu ki te tohunga māna e karakia. Nā, ko ērā tapu ērā.

Ko te tapu o te urupā, he kaupapa i whakanohoia ai he tapu. Ko tōku urupā kei Rūātoki rā, kei reira tētahi wāhi, he pono tēnei kōrero, kua tipuria nei e te kōuka me ētahi atu tarutaru, he urupā tawhito. Ahakoa he maha ngā tūpāpaku kei reira, kei reira tētahi wāhi kāore he rākau. Kei konei ngā tūpāpaku kua raimatia ō rātau rua, he tohu whakamaharatanga kei runga. Kei konā anō ētahi wāhi, ko ngā pukepuke noa iho e kitea ana e koe. Nā, mōku tonu, i haere au ki roto i taua wāhi rā tiro haere ai. E whakamātau ana pea au i te ao o ō tātau mātua, o ō tātau tīpuna. Ehara i te mea ko au anake, engari ko au tētahi i haere ki roto. He pono aku kōrero. Ka tae au ki te wāhi kei reira ngā pukepuke nei. Ki a au, kāore au i te whakaaro ake, he takotoranga ērā nō ngā tūpāpaku, engari i te wā i eke atu ai aku waewae, ka rongo au e hikohiko ana a roto i ōku waewae. Ahakoa haere au ki hea i taua wāhi rā, kei te rongo au e hikohiko ana, ā, ka uru mai te wehi ki roto i a au i te mea kei te takahi au i tētahi wāhi tapu.

Mēnā au ki te whakarāpopoto i te kōrero tapu, ko tēnei. Ko te tapu he whakatūpato i a koe i roto i ōu hīkoitanga, ka mutu i whakanohoia tērā āhuatanga e te wā. Kāore au e mōhio ana mēnā nā ō tātau kaumātua rānei tērā i whakanoho, nā ngā atua tūturu tonu rānei, engari mōku, mō te tangata, ko ētahi wāhi, āe, haere, takahia ngā takahi. Ko ētahi wāhi anō, kaua e haere ka takahi poka noa i aua pukepuke rā. Whakarongo ki ngā kōrero i kōrerotia. Ki te haere koe ki te awa ki te kaukau, mēnā he riporipo kei reira, kua kī mai ētahi, 'Ē, ko te taniwha ko mea tēnei.' Me taku whakaaro ake he riporipo wai noa iho tērā. Engari ki ētahi he whakatūpato tērā i a koe, kei ruku noa atu koe ka whara, kāore hoki koe e rewa ake anō.

Nā reira, arā atu ngā āhuatanga o tēnei mea, o te tapu, engari ko te wā e tino whakaaro tapu ai tātau ko te wāhi ki te matenga o te tangata. Mehemea kei reira tonu te wairua e noho tārewa mai ana, kua wehe kē atu rānei i te tūpāpaku, engari ko te tūpāpaku ka whakatapua e tātau, nō te mea kei reira ētahi mea e pā ai ki te tinana o te tūpāpaku, e pirau wawe ai te tinana o te tangata. Ka mutu kei reira tonu rānei te wairua, kua wehe kē rānei te wairua. Koinei ngā āhuatanga e pā mai ana ki a koe, ngā āhuatanga o te tapu o te tangata.

Mōku, kei te kōrero au mō ōku whakaaro, kei te kōrero au mō ngā whakaaro o ētahi o tōku reanga, o tōku ao i noho ai au, e rite ana ō rātau whakaaro ki ōku, engari i te mutunga, ko te tapu, ki tōku whakaaro, he whakapono, he tikanga hei tohu i te huarahi hei whāinga māu. Kia kaua koe e tohe ki ngā atua o te pō, kia kaua koe e tohe ki ngā mana o te pō, kia kaua koe e tohe noa ki ngā tikanga i whakatakotoria mai ai e te tūāuriuri, whāioio tae ake ki tēnei wā mō tēnei mea, mō te ihi, mō te wehi, mō te tapu, otirā ko te tapu tā tātau e kōrero nei.

Menā he whakarāpopototanga ko tēnei. Ko te tapu he huarahi hei whakatikatika i ngā whanonga a te tangata kia kore ai ia e mahi i ngā mahi i whakatakotoria mai ai e ngā mātua tīpuna. Ko tētahi atu o āna mahi he whakatakoto i ngā tikanga me ngā ara hei whāinga māu, mā te tangata, arā, kia mahi i ngā mahi e puta ai he painga ki te kotahi, ki te tokomaha hoki. Ehara te mahi a te tapu i te mahi e whakawehia ai koe, engari e whakatakoto kē ana i te ara tika kia kaua te waka e tīkoki, engari kia ū ki runga i tōna huarahi ahakoa ngā hau pūkeri, ahakoa ngā pōkaretanga o te wai. Ki te tika tō whakamahi i te tapu, e taea ana ngā kare o te wai te whakamarino, te whakamāmā, ngā tūtukinga waewae o te ara te whakataha. Ki a au, ko ia tēnei ko te kōrero e pā ana ki tēnei mea, ki te tapu.

TE WĀHANGA TUAWHĀ

Te wairua

Nā Te Wharehuia

Ki te korero au mō tēnei mea, mō te wairua, ka toro atu au ki ētahi tauira e kitea ai tā te tangata kuhu atu ki te ao wairua.
  I tīpokatia tētahi huarahi e makere atu ana i Symonds Street kia tae atu ai ki runga i te huarahi matua e haere ana mā te taha ki Kirikiriroa. E mōhio ana au i hahua ētahi o ngā tūpāpaku mai i reira ka hūnukuhia ki tētahi wāhi kē. Nā, he tūpāpaku anō i tēnei taha o te rori e heke atu ana i te huarahi o Karangahape, he wāhanga urupā anō i reira, engari i hahua ake anō ai ngā tūpāpaku. Kāore au i mōhio i haria ki hea mai i reira. Ahakoa he urupā Pākehā, hei ētahi wā, kei konā anō ōna tohu e uru mai ai te whakaaro o tēnei mea o te wairua tangata ki roto i a au. E whakapono rawa atu ana au ki taua āhuatanga nā te mea kua kite au i te wairua, e kore e wareware i a au. Ehara i te mea kotahi anō te kitenga, engari e toru, e whā wā kē au e kite wairua ana. Kotahi anake te wā i kite ai au ānō nei ko te tangata kikokiko tonu tāku e kite atu ana, engari ko ētahi katoa atu he tohu kē. He manu i tētahi wā, he rākau i tētahi wā.
  I a au e tamariki ana, me kī kua tekau mā rua taku pakeke, ka waipuketia a raro iho i tō mātau marae i Rūātoki, ā, ngaro katoa atu te tāhuna i te waipuke, ka mutu kua eke kē te waipuke ki runga o te piriti tonu e whakawhiti atu ana i Rūātoki ki Tāwera. Koirā noa iho te wā i kite ai au i te waipuke e rere ana mā runga rawa o te piriti, engari i taua wā rā, he pai hoki ki a mātau te haere ki te kauhoe i roto

29

i te waipuke. Ahakoa e tino tamariki tonu ana mātau, kāore mātau i wehi i te kauhoehoe i roto i te wai nō te mea kua waia kē mātau ki te tuku i ō mātau tinana kia tōia e te au o te waipuke. Ko te awa, ko tōna ingoa ko Ōhinemataroa, e rere atu ana ki te moana i waho atu o Whakatāne. Ka haere koe mā runga i te au o te wai, kātahi ka ruku ki raro i te wai ka tuku ai i a koe kia tere haere, mā te au o te awa koe e kawe ki te wāhi e hiahia ai koe ki te makere atu ki ngā tahataha o te awa. Nā, i ētahi wā e tōia mai ana ngā rākau i uta nō roto i te ngahere, ana kua heria haeretia mai e te wai hei waka mō mātau. Ina hiahia mātau, ka tere mātau i runga i ō mātau rākau, ā kua makere mai, kua kau ki te taha.

I tēnei wā nei, me kōrero kōtaha hoki au, koirā anō hoki tētahi o ā mātau mahi he haere ki te kōtaha pipi. I taua wā nei i reira mātau, heoi anō tā mātau mahi he ripiripi kōhatu ki runga i te wai mā te kōtaha. Ka ripi kia peke haere ai te kōhatu. I tētahi wā i a mātau e ripiripi ana i ngā kōhatu nei ka kite mātau i te rākau i roto i te wai. Ko ētahi rākau katoa e heke whakararo ana, engari ko taua rākau anake te mea e haere whakarunga ana. Me te aha, mēnā koe ka mahara ake ki tēnei mea, ki te waka, kua kite koe e whakarei ana te waka i te wai ki te taha, pēnei i te pītau whakarei nei. Kei te haere ake te rākau nei. He rākau roa tonu. 'Ō, anei e hoa mā!' Kāore mātau i te whakaaro ake kei te piki whakarunga kē te rākau rā. Kātahi mātau ka whakamātau ki te taiperepere i te rākau nei ki te kōhatu. Tē tika i a mātau! E hia ngā wā e kuru ana mātau, kore rawa i tika i a mātau. Kāore i tino tawhiti atu i a mātau nei taua rākau, ana, koirā tā mātau mahi. Ka kata mātau, kei te rongo tō mātau koroua i a mātau e taki hoihoi ana, kātahi ka karanga mai i te pari, 'E aha ana koutou?'

Ka kī atu au, 'Kei te taiperepere mātau i te rākau nei.'

'I tēhea rākau?'

'He rākau kei te piki whakarunga kē i te waipuke.'

I tērā tonu, kātahi ka rere mai i runga o te pari, ka karanga ki a mātau, 'Kāti tā koutou kurukuru i te rākau rā! Ki te tika i tētahi o koutou, he mate kei te haere.'

Kua rongo katoa hoki au i ērā kōrero i mua i ngā whakamataku mai a ngā koroua rā i a mātau ki aua tohutohu rā. Ana, kātahi ka mea mai tō mātau koroua ko te ingoa o te rākau wahine nei, ko Maria. Kei reira tonu taua rākau nei. I ētahi wā kua kite koe e haere ana ki uta i ngā wā o te waipuke. I ētahi wā kua ngaro i raro i ngā paru, engari kāore i tawhiti atu i tana wāhi takoto ai ia, kei reira tonu, kei raro paku atu o te piriti nei. Nā reira, i kite ōku kanohi i tērā mea e tere whakarunga ana, ka mutu i reira mātau ko tōku whānau.

Ka moe mātau, ngā tamariki, i te taha o tō mātau whaea. Ana, ko au moe ai i te pito o te moenga kia pai ai taku puta ki waho ina hiahia ai ki te haere ki te inu wai i te pō. Ko tō mātau rūma ko taku whaea e tuwhera mai ana te kūwaha, e kite tonu atu ai au i te matapihi o te rūma noho, ko te rūma tēnei i noho ai mātau i ngā wā e pāinaina ahi ana i ngā wā o te hōtoke. I taua wā nei, e takoto ana au, kua warea e te moe. Kāore ahau i mōhio he aha ahau i oho ake ai. Taku ohotanga ake, e mōhio ana ahau e tuwhera ana te matapihi o te rūma noho, ka mutu kei te whiti mai te marama i waho. Ko taku tuahine e moe ana i raro iho i taua matapihi rā. He mea pana e ia ngā matapihi e taea nei e koe te pana whakarunga, kia puare, kia uru mai ai he hau mātao ki roto i te whare, kia kore ai e hēmanawa.

Nā, kei te takoto ahau i te taha o taku whaea, ka oho ake au. I oho noa ake aku kanohi kātahi au ka kite atu i te upoko nei e noho mai ana i waenganui o te matapihi me te pae o te matapihi i raro iho. E noho mai ana te kanohi rā i reira. Kei te titiro atu au ka whakamātau ki te karanga ake ki taku whaea, engari kāore e puta mai taku reo. E hiahia ana ahau ki te hāmama, kāore tonu e puta mai taku reo, kei te titiro atu au, kei te kite atu, kāore e taea e au te whakatahuri taku kanohi ki te taha kē. I noho tonu, whakamau atu ai i reira me taku wehi i roto i a au. I a au e titiro atu ana ka whakamātau au ki te karanga, kāore i puta mai taku reo. E hia rawa rā te roa i reira o te kanohi rā. Kāore au i tino kite rawa atu, engari e mōhio ana au he upoko tangata e noho mai ana i waenganui o te puare o te matapihi rā. Kātahi ka heke haere anō taua upoko rā, ka heke haere anō, ka ngaro. Nō te ngarotanga kātahi ka pakaru mai taku reo ki waho, ka oho ake taku whaea, 'He aha te mate? He aha te mate? E aha ana koe?'

Ka kī atu au, 'He tangata kei waho i tō tātau whare.'

'Nē?'

'Āe.'

'I kite koe?'

'Āe, he Pākehā.' He Pākehā hoki te āhua o te kanohi.

I raro iho ko taku tuahine, ka whakaohohia e taku whaea, ka kī atu kia haere ki waho kia kite ko wai, he aha rānei tāku i kite ai. Ka haere terā ki waho ki te titiro haere mēnā ka kitea ngā tapuwae o te tangata. Kāore i kitea. He māra putiputi hoki i raro iho i te matapihi. Ka mea atu au, 'I kite au! I kite au!'

'Ā, he moemoeā noa iho.'

'Kāo. I kite au. I kite au.'

'Ā, he moemoeā noa iho.'

Ka riri au. 'Kāo, i kite au i te tangata nei, engari kāore i puta mai taku reo. I hiahia ahau ki te karanga i a koutou, kāore e puta mai taku reo, engari nō muri i te ngarotanga atu o taua kanohi, ka pakaru mai.'

Nā, i terā wā, kua mōhio taku whaea, he tohu tēnei. Kātahi ka haere ki taku koroua. Terā pea tekau mā rua karaka, terā takiwā o te pō. Ka haere taku whaea ki te marae, kāore noa iho i tino tawhiti atu. Ka hīkoi atu ki te tiki atu i taku koroua. Kātahi ka kōrero ki taku koroua. Ka mea mai tana matua ki a ia, 'Me hari mai te tamaiti nā, kia whakahaerehia he karakia mōna.' I taua wā, kāore i roa i muri iho, kāore au e mōhio he aha te hāora, terā pea whā karaka, ka pakū mai te pū i te tāhuna o te awa. Tahi pakūtanga he tamaiti, e rua pakūtanga he wahine, e toru pakūtanga he tāne, e whā pakūtanga he kaumātua, ana, i pērā. Pakū mai te pū. Ko te kanohi i kite rā au ko te wairua o te tangata i mate rā i tae rawa mai ki te whare.

Nā, e kōrero atu ana au i tēnei kōrero ki a koutou, nā te mea ko te pātai mai ki a au, he aha ngā mea kia kaua e kōrerotia? Nā, kei te kōrero au i tēnei nā te mea, e whakapono ana au ki tēnei mea ki te kēhua. Kia kaua tātau e whakawhiu noa iho i te tangata ka kōrero ana mō te kēhua. Hāunga ngā mea kai tarutaru nei, ērā, ērā. Ko ngā mea e kōrero kēhua ana, kua kite i te kēhua, koirā ngā mea kia kaua tātau e whakahāwea noa, engari me āta whakarongo ki a rātau, kia kitea he aha ngā tohu o roto. Koirā ētahi o ngā mea e whakaae ana au kia kōrerotia. Mehemea e hiahia ana te tangata ki te kōrero i aua kōrero nā, ki te kore ia e hiahia kia kōrerotia, ā, kāti hei aha.

Mehemea he mea kia kaua e kōrerotia, ko ngā āhua o ngā karakia, e whakamahia ana mō ētahi o ā tātau mahi. Pēnei i te hari i te ākonga ki te awa, hei tohi i taua ākonga rā, ki ngā āhuatanga o Te Mātāpunenga, o Te Panekiretanga, ā, he aha rānei te āhuatanga e pā mai ana ki a tātau. Ko ērā āhuatanga kia noho tapu tonu, nō te mea, mō aua tāngata anake tērā. Kāore aku āwangawanga kia kōrerotia ētahi o ngā wāhi tapu o roto i ō tātau kāinga, o roto i ō tātau urupā. Atu i tēnei, kia kaua ai te tangata e poka noa ki te haere ki roto atu o ngā urupā o ētahi, hīkoikoi haere ai, tirotiro haere ai, koirā noa iho te take, he tirotiro. Mēnā kei te whakauru koe ki roto i tētahi urupā me whai take koe ki taua urupā rā. Kia kaua e poka noa ki te hou atu ki roto. Mēnā e haere ana koe, he take tonu i hiahia ai koe ki te kite i te kōhatu o tētahi, kōhatu whakamaharatanga, hāunga ērā mea. E pai ana ērā, engari ki a au, e kore pea e pai ki te whakaahua i ērā momo mea katoa. He aha te hua ki a koe o te whakaahua atu, i te mea he hoa tērā nōu? Kei a koe hoki te tikanga. Engari ki te whakaahua haere i ētahi o ngā kōhatu kei roto i te urupā, kāo. Waiho kia okioki ērā i te okiokinga roa. Kaua hei whakakorikoritia tā rātau moe, nō te mea, ākene i te mutunga atu, ka whara ko koe, ko ētahi rānei o tōu whānau. He whakaoho nōu i te mate mā roto mai o ērā momo mahi, o te torotoro noa iho, o te haere noa iho ki te takahi haere i ngā wāhi tapu o tāngata kē, o iwi kē. Kia tūpato ki ērā mea. I mua rā, he whakairo noa iho kei te tohu mai i a koe, kei te rāhui tēnei wāhi, kaua e whakahipa atu. Pērā i ētahi o ngā rākau o roto i te ngāherehere o Te Urewera rā.

Nā reira, ērā mea he pai ake kia kaua e whakaohongia te moe a ngā koroua rā. Waiho rātau kia okioki, waiho rātau kia moe. Kei konā anō ētahi he wairua kino.

He tino hoa a Pumi Taituha nō te kaumātua nei, nō Kūpai McGarvey. Nō Rūātoki a Kūpai. Tūtakitaki ai rāua ki te kōrerorero ki a rāua. He tāngata mōhio ki te āhua o te ao karakia. He tāngata mōhio ki ngā āhuatanga o te taha wairua o te tangata. Ki te haere atu koe mai i te tāone o Rotorua ki Te Whakarewarewa mā te tiriti matua, mā te huarahi o Fenton, he hōtēra kei te taha maui e haere atu ana koe ki Te Puia rā, ki te wāhi whakairo rā. Kei te taha maui i mua i tō taenga atu ki Te Puia tētahi hōtēra. Ko tētahi o ngā rūma i te papa tuarua o te whare nei, he raruraru e pā ana ki ngā mea i kuhuna atu ai ki roto i taua rūma ki reira noho ai. Ka puta ngā kōrero, kei te whakararuraruhia ngā mea o roto i taua rūma rā e tētahi aha rā, ētahi aha rānei. Nāwai, nāwai ka nui haere ake ngā mea e amuamu ana nō te mea e takataka noa mai ana ngā kapu me ngā mea e iri ana i runga i te pakitara. Ka mataku ētahi o ngā tāngata nei. Nā, ko te wehi o ngā kaiwhakahaere o te hōtēra kei puta te rongo kei te pērā te rūma nei, kāore e hiahiatia ana e ngā tāngata te haere mai ki tērā hōtēra rā. I taua wā, ka pātaihia ngā Māori, me aha? Kua kōrero kēhua i tēnei wā. Kua kōrero ngā Pākehā, 'He kēhua kei konei. Kāore mātau e mōhio ana me aha, ko ngā Māori pea e mōhio ana.'

Ka tonoa a Pumi Taituha, nō Ōtorohanga. E hoki mai ana ia i Rūātoki i taua wā rā. Ko te kōrero atu ki a Pumi, anei, anei, anei ngā raruraru kei roto i te mea nei. Ka kīia atu e Pumi, 'Ka haere au i te pō.' Koirā ngā wā e haere ai ia. Ka haere atu ia ki te hōtēra nei, kua oti te whakawātea mai i ngā rūma nei. Ko ia, ko Te Uru McGarvey, ko Wena Harawira me Hāriata Haumate i haere i te taha o Pumi Taituha. Ka haere rātau ki te rūma nei. Ka kī atu a Pumi ki a rātau, ki ngā wāhine nei, 'Noho mai koutou ki waho, kaua e haere mai ki roto. Noho mai koutou ki waho i te kūwaha, ā, i a koutou ka kati mai i te kūwaha me whakanoho he parāoa ki raro i te puare, whakanohoia he parāoa ki reira.' Ka pērāhia e ngā wāhine rā, ka whakanohoia he parāoa ki reira.

E hia rā te roa o Pumi i roto i te rūma, kātahi rātau ka rongo i te tangi ānō nei he kurī e ngengere ana i roto i te rūma. Nāwai rā, nāwai rā, ā, kātahi ka rongo rātau i a Pumi e mea ana, 'Hou mai. Hou mai hei hoa mōku.' Ā, ka whakatuwheratia te kūwaha rā kātahi ka haere atu a Hāriata, a Te Uru me Wena. Ka katia te kūwaha. He wāhi i reira e taea ana e koe te puta ki waho o te rūma. He momo wāhi e taea e koe te noho atu i waho o taua matapihi nei. Ana, i reira ia, ā, kātahi rātau ka mātaki atu i a ia. Ko ana ringa e whiuwhiu ana ki te takiwā. Ko te pō i waho e hikohiko mai ana. Ko ngā hiko o te rangi tāku e kōrero nei. Nā, ka mutu te āhua o te hikohiko rā. Ka huri mai a Pumi, kātahi ka katia atu te kūwaha. Ka mea ake ia kia whakatikatikahia ngā mea o roto i te rūma nā te mea i whakatahuritia ētahi o ngā taputapu o runga i ngā pae e te wairua.

Ana, nō muri ka kī atu a Pumi ki ana hoa, e rua ngā wairua. He wairua nō ngā Īnia o te whenua o Īnia. I raru mai, i mate mai pea i roto i te whare rā, kāore i tukuna ngā wairua e wai rā kia puta. He mōhio koe ki te Māori, ki te mate te tangata, kua haere tētahi ki te tuku i te wairua, i taua wā tonu rā kia kaua ai e herea ki roto i te tinana me tuku kia haere. Ana, i pērā ēnei. I raru mai ki roto i te whare. Kāore i tukuna ngā wairua kia hoki ki tō rātau wāhi tūturu mō rātau ake. Koirā tā rāua mahi he whakamātau kia puta rāua ki waho i ngā āraitanga o te whare rā. He wairua ēnei. Kāore au e mōhio ko hea te kāinga, engari e kimi ana i tētahi puare e puta ai rāua ki te whai i te ara e hoki ai ērā momo wairua. Nā reira, he waimaria i heria mai e Pumi te parāoa nei, kātahi ka whakanohonohohia hei ārahi i ngā wairua nei. I karakiahia e ia hei ārahi i ngā wairua nei kia haere atu ai mā te matapihi kia puta pērā atu ai rātau ki waho. Nā, e kōrero ana au i tērā kōrero ki a koe nā te mea i te mutunga, ka rere ngā wairua rā ka tau te mauri o roto i tērā whare, o taua hōtēra rā. I pai katoa ngā āhuatanga o roto i te hōtēra i muri i te hokinga o ngā wairua nei ki tō rāua kāinga, e haere ana ki Īnia.

I reira tonu a Pumi mā i Rotorua, ka karangahia mai rātau kia haere ki tētahi whare i waho paku atu i Rotokawa. Ā, ana he pērā anō. He raruraru i reira. Ko ngā tapuwae atu ki roto i te whare he raima. E takoto kotiti kē ana ngā tapuwae. Kāore e hāngai ana ki te kūwaha. Kātahi ka patapataihia e Pumi, 'He aha ngā kōrero mō tēnei whare? He aha te āhua i pēnei ai?'

'Kāore mātau e mōhio, engari ko te kōrero a ētahi, i mate tētahi tangata i roto i te whare nei. Engari kāore pea i tukuna te wairua.'

Ka karakiahia e Pumi kātahi ka puritia tētahi kōhatu. Kua kite atu te hunga o te whare i a Pumi e kapo ana i te takiwā, ā, kātahi a Pumi ka kī, 'Hoake, ka haere tātau. Me haere tātau ki te tuku atu i te mea nei ki roto i te wai. Me haere ki Te Kaituna, te wāhi e puta atu ai te wai o Te Rotoiti ki Te Kaituna.'

I te haerenga atu, ka makere atu a Pumi i te waka, ka tū tō rātau waka i runga i te piriti. Kei te puta hoki te roto o Te Rotoiti mā raro i te piriti oti tonu atu ko te awa o Te Kaituna tēnei. Kātahi ka whakatakahia atu te kōhatu rā ki roto i te wai. I te wā i tau ai ki te wai, ka maranga ake te kēhua nei i roto i te wai. Maranga ake ana, e ara ake ana. Ko Wena Harawira tēnei e kōrero mai nei, i maranga ake i roto i te wai. Ana, i reira ia, i kite ia i te mea nei, ā, ka whakangaro atu taua wairua, kātahi ka hoki ki tāna haere. Ka wātea te whare nei, te whare i kēhuatia nei. Kua kore kē i nukunuku te tapuwae o waho.

Nā, i reira, i a tātau e kōrero pēnei nā, ehara i te mea ko ngā kōrero nei ka kōrero whānuitia, engari i ētahi wā he pai kia kōrerotia ki te hunga e whakarongo ana, i ētahi wā hoki kāore kē koe e mōhio he matakite koe, engari koirā ngā tāngata e tika ana kia kōrero nā te mea he taonga te matakite. Ko te mōhio kē me pēhea te whakamahi i te matakite hei āwhina, ehara i te mea hei pārekareka māu, engari hei āwhina kē i ētahi.

Nā, i pērā te mea nei – i te whiunga atu o te kōhatu rā, ka riro te wairua rā. Ka ara ake i te wai, kātahi ka hoki anō ki te wai, ka riro atu te wairua rā. I reira ka wātea ki te haere i tāna haere. Koinei ētahi o ngā mea i kōrerotia nei mō te tuku i te wairua o te tangata kua mate.

Ka mate rā a Niwa, taku hoa, i te hōhipera, ka tono au i a Pou Temara kia haramai ki te karakia tuku wairua. I te wā tonu e takoto ana a Niwa i roto i tana moenga ka whakaarotia e māua ko Pou kia tukuna tōna wairua kia haere ki te Hawaiki, te kāinga tūturu o tātau, o te tangata. Ana, e āhua pēnei ana anō i tēnei i kōrero ake nei au mō Pumi mā – tukuna te wairua kia haere. E whakapono katoa ana au ki ērā mea. Nā reira, e pātai mai nei koe he aha ngā mea kia kaua

Ko Te Rongomaiāniwaniwa rāua ko Te Wharehuia Milroy. Ko Niwa te ingoa kārangaranga o te wahine a Te Wharehuia. *Nā te whānau Milroy*

e kōrerotia, he pai ki a au kia kōrerotia tēnei mea. Engari mehemea ko ngā tāngata e whakahāwea ana he moumou wā anō ki te kōrero ki a rātau.

Mō ngā mea e pā ana ki te whānau, ka mutu kāore te whānau e hiahia ana kia puta ki waho, waiho ērā kia noho tapu ki te whānau, ngā āhuatanga tapu nei, ngā āhuatanga o te kūkua o te tangata e te kēhua. Kei a rātau anō te tikanga o ērā, mā rātau anō ērā e kōrero mēnā rātau e hiahia ana ki te kōrero i aua kōrero rā. Engari e taea ana e au te kōrero ki a koutou, nā te mea kei te noho tātau ki te titiro ki ētahi kōrero hei whakarere iho, ā, e taea ana te tā ki roto i te pukapuka ēnei kōrero. Kāore hoki i te whakahua ingoa. Kāore i te whakahua rohe, engari e pai noa iho ana te whakarere i te rohe ki waho. Kua kōrero anō au i te āhua o ngā kōrero nei kaua e whakahuahua ingoa, kaua e whakahuahua rohe. Ka mutu he nui ngā kōrero pēnei, mehemea koe ka whakaaro ake ki te maha o ngā kōrero e pēnei ana te āhua o te rere, ka noho koe ki te whakaaro ake tērā pea ēnei mea katoa he pono kei roto. Tō tātau ao Māori nei, he kaha te kōrero a te ao Māori i tēnei mea i te kēhua, he kaha te kōrero ki tēnei mea, ki te wairua. Tātau tonu ētahi kei te kōrero mō ō tātau wairua.

I ngā wā o mua i mataku au, kāore au e kōrero ki ētahi o ngā mea i kite ai au, engari ināianei kua pakeke nei au kua kōrero au kia kaua e mataku aku tamariki, aku mokopuna ki ēnei mea. Engari me whakaaro ake, he wāhanga tēnei nō roto i tō tātau ao Māori. Ki te piri koe ki ōu wairua ko te painga atu. Ehara i te mea kia ngaro atu koe ki roto i taua ao wairua rā, engari kia mōhio me pēhea te tiki atu, me pēhea te tuku atu. Kaua e poka noa ki te whaiwhai he aha te kaupapa i whāia ai e koe, ko te whakapā noa atu i ngā wā tērā pea kei te pōuri koe, kua whakapā atu koe. Tērā rānei e hiahia ana koe ki tētahi tohu kia tohungia mai ai hei whāinga māu, ā, he pērā hoki au, kua noho au kāore anō au kia whakaaro ake ko wai, e hiahia ana au kia haramai ngā wairua o te pō ki te homai i tētahi māramatanga ki a au.

Nā reira, koinei pea taku whakautu ki te pātai me kōrero rānei, me pupuri noa iho rānei. Ko ētahi me pupuri, ko ētahi e pai noa iho ana te tuku, nō te mea ki te waiho e koe kia noho ki roto i a koe kai kino ai, ehara tērā i te āhuatanga pai. He mate tērā ka tākirikiri, ka mutu ka whakamemeha i tōu wairua ake. Engari mehemea e hāneanea ana te noho o tērā mea ki roto i a koe, e taea e koe te kōrero. Ka mōhio tonu koe ki ngā wā e taea ai e koe te kōrero, ka mōhio hoki koe ki ngā wā kāore e taea e koe te kōrero. Koirā tāku tohutohu. Ka rongo koe i te mea kaua e kōrero, kaua e kōrerotia. Ka rongo i te mea kia kōrerotia, kōrerotia. Ki te kore rātau e hiahia kia whakaputaina, kei te puritia ki a koe anō, puritia. He wā rā anō e tae mai ai, e taea ai e koe te kōrero ērā kōrero. Ā, koirā te mea. Ko tēnā āhuatanga anō ki tōna wā, ko tēnā āhuatanga anō ki tōna wā. Nā reira ki a au, mō te pātai nei, me whakatapu ētahi kōrero, me kōrero rānei ētahi kōrero.

Ko te wāhi e hiahia ana au kia whakamāmāhia, ko te wāhi ki te whakapapa. Nā, e kīia ana he wairua anō kei roto i tēnei mea i te whakapapa. Kāore e pai te nanao noa atu ka whakamahi i te whakapapa rā. Engari ki a au, mō ā tātau tamariki, mō ā tātau mokopuna, mēnā rātau i te hiahia ki te mōhio i ahu mai rātau i hea, kei hea rātau i tēnei wā, he pai tonu kia mōhio rātau ki tō rātau whakapapa. Kia mōhio rātau e pēhea ana te whakamahi i ō rātau whakapapa. Hāunga ia, e ahu ana ki hea āpōpō ake, ā, nō te taha kikokiko tērā, ko rātau e mōhio ana me pēhea tā rātau whaiwhai atu i muri atu. Engari mō te tiki atu i te taha wairua, ka heri mai ki roto i te āhua o tōu ao. Ko te otinga atu o tērā me noho i roto i te whakaaro ko tāu i tono ai he āwhina i a koe i roto i tōu ao. Ehara i te mea hei patu i a koe, he whakahē rānei i tētahi, ā, he aha rānei. Mōu tonu, koirā koe i nanao atu ai ki te taha wairua. Kia haere mai ai kia taea ai e koe te whakatutuki ngā mea i whakarērea mai ai e rātau i tō rātau nā wā. Kāore anō kia tutuki, ana ko koe kei tēnei wā e taea e koe te whaiwhai atu ngā mea i mahue i a rātau ka whakatutuki ai. He taha wairua anō tērā ki a au o roto i a tāua, o te tangata. I ētahi wā mahia mai ai e ō tātau mātua, e ō tātau tīpuna ētahi mahi, kāore i tutuki. He pai noa iho te tiki atu anō i aua mea rā ka whaiwhai haere ka whakatutuki. Mēnā kei te rongo koe, ki roto i a koe anō e noho mārie ana te whakaaro. Ki te noho āwangawanga koe, kāore e pai, nā te mea ka kai kino i roto i a koe, engari mehemea kei te noho hāneanea i roto i tō poho, i tō hinengaro, whāia, whakatutukingia.

Hei whakautu atu i te pātai, ko ētahi mea me noho tapu. Ko ngā kōrero o tōu whānau ake kia puritia e koe ki a koe anō. Ko ētahi mea anō, e tika ana kia whakaputaina nō te mea kei te mate te whānau i te huna i aua kōrero rā. He pai kia whakaputaina, nō te mea ka taka te mate ki runga i ngā whakareanga o muri mai. Me patu tonu i taua wā rā ērā kōrero. Nā reira, ngā kēhua kei te whaiwhai haere i tētahi tangata mēnā e mataku ana ia, he pai kia haria ia ki ōna whanaunga, ka kōrero ki ōna whanaunga. Koirā pea te mea hei āta titiro. Ko wai hei kōrero atu māu? Ki a au, haria ki ō whanaunga i te tuatahi kātahi ka hari ai i a ia ki te tohunga, mehemea mā te tohunga rawa tērā wāhi e tirotiro, e wānanga hoki.

Nā reira, hei whakarāpopototanga i aku kōrero, iti nei pea ngā mea me pupuri. Te whakapapa tētahi. Puritia te whakapapa. Hoatu i ngā wāhi e taea ai e ā tātau tamariki, mokopuna te whaiwhai haere hei oranga mō rātau. Ki te hoki whānui rawa koe he pai ake te waiho i tērā, kaua e rawekehia, engari mēnā e hoki mai ana koe i te whakapapa taotahi, ā, e pai ana tērā hei hoatu ki ā tātau tamariki, ki ā tātau mokopuna. Atu i tērā, kaua e kōhikohiko te whakapapa, kaua e whaiwhai i te taha whakarua, engari me noho tonu ki te āhua o tāu e hiahia ana ki te whaiwhai atu. Kia tūpato ki te tiki atu i ētahi ingoa nō te ao tawhito. Kāore koe e mōhio he aha ngā kōrero kei runga i taua ingoa rā, hei tapa i ā tātau tamariki. Ka tapaina e au taku tama ko Tūhoe, kei Te Waipounamu ia e noho ana. He nui ngā raruraru i whara ai taku tama. Ka pā ki a ia tētahi mate pēnei i te hakihaki nei, he mate *psoriasis*. I pātai hoki au ki ētahi o aku pakeke me he ia he pai noa iho te whakaingoatanga i taku tamaiti ko Tūhoe. 'Āe, kei a koe te tikanga.' Ka whakaingoatia e au, ā, nō muri ka kite au i ngā mate nei e pā mai ana ki a ia. Kei te pai ia, kei te mahi ia, engari kua hakihaki katoa ngā ringaringa i ētahi wā. Kua kore e taea e ia te whakapiko tana ringa. Ana, koirā hoki tētahi o āna mahi he mahi i ngā pou hiko nei. Koirā, kaua e tiki noa atu i te ingoa ka whakamahi hei ingoa mō tō tamaiti. Me āta titiro rawa ngā whakapapa. Ko ngā kōrero o roto i ngā whawhai, i ngā pakanga a te ao Māori, ki a au, kaua ērā e raweketia.

Ki te pātai mai tētahi, he aha ētahi kōrero, kaupapa Māori kia kaua tātau e tā ki te pukapuka, ko taku whakautu e pēnei ana. Terā pea, he nui ngā mea e tika ana me kōrero, engari kia kaua e whakaingoatia ko wai. He whakamārama noa iho i te āhuatanga nei, mēnā ko au, kua kōrero au mōku tonu.

TE WĀHANGA TUARIMA

Te kawanga whare

Nā Te Wharehuia

Ko tēnei kaupapa ko te kawanga o te whare. Ehara tēnei kaupapa i te kaupapa e mōhio pai rawa ana au, ā, heoi anō, ko ngā kitenga ā-kanohi, ko ngā rongotanga a ōku taringa ki te āhua o ngā karakia i whakahaerehia ai i te wā o te tāinga o te kawa o te whare.

Me kōrero au mō te whare e kīia nei tōna marae ko Tangatarua. Ko te tipuna o roto i a Te Arawa e kīia rā ko Te Rotorua-nui-a-Kahumatamomoe, engari ko te tipuna o roto ko Ihenga. Ko Ihenga te ingoa o te whare nei, kei te marae o te whare wānanga o Waiariki te whare nei e tū ana. Nā, i tae au ki te tāinga o te kawa o tērā whare. Ko ngā iwi i tae mai ko Te Arawa, ko Ngā Puhi, ko Te Whānau-a-Apanui me ētahi atu o ngā iwi i piripiri mai ai, engari koirā ngā iwi matua – ko ngā iwi o Te Arawa, ko te iwi o Te Whānau-a-Apanui, me ngā iwi o Te Tai Tokerau. Kāore au e tino mōhio rawa ana ki ngā kōrero e pā ana ki te hononga mai o ngā iwi e rua rā, arā, a Te Whānau-a-Apanui rāua ko Ngā Puhi, engari kei waho i te whare ko te wharau kei runga i te marae – he wharau i whakaingoatia hei paihere atu i ētahi o ngā iwi nei ki runga i te marae. Pērā anō te āhua o roto i te whare, ngā whakairo kei roto i te whare, ngā poupou kei roto i te whare, he pānga ki tēnā iwi, ki tēnā iwi, ki tēnā iwi. Ko te nuinga o ō tātau whare nei, e waihangatia ana i roto i tēnei rā e tuia ai a raro ki runga, a runga ki raro. Arā te tikanga o taku kōrero, a raro, arā, ko Te Tai Tokerau; a runga, kei Te Waipounamu rā anō, ā, ko Te Ika-a-Māui rānei me te takoto mai o Te Waipounamu. Koirā a runga me raro e ai ki ngā kōrero a ō tātau koroua. Kāore i whai i tā te mapi e whakatakoto ana. Ki te titiro koe ki te mapi, kua kite atu koe i te whakaahua o ngā moutere nei e takoto mai ana kua tohua ētahi ki runga, arā, ko te hiku o te ika, ko Pōneke, ko raro tērā, engari ki tā te Māori, ko raro kē a runga.

Heoi anō, kia hoki ake ki te kawanga o te whare nei. I roto i te wā i whakahaerehia ai ngā karakia, i tīmata mai i waho. Ko ngā tāngata nā rātau ngā karakia i kawe, tuatahi mai i te ngutu o te marae tae noa mai ki waho o te whare ko Ngā Puhi te hunga, arā, ko Hone Sadler tētahi o ngā kaikarakia e maumahara ana au. Kāore au e mahara atu ana, e mōhio atu ana rānei ki ōna hoa, engari ko ia te mea i tino mōhio atu ai au. Ā, nāna ngā karakia mai i te atapō. Tōku mōhio o te atapō, i mua i te tākiritanga o te rā e mana ai te noho a te karakia ki roto i ngā whakaaro, i ngā mahi i mahia ai e rātau. Ki te waiho rawa kia whitikia e te rā, ka ngaro te mauri me te tapu o roto i ngā karakia, e ai ki tāku i rongo ai.

Ka tae ki roto i te whare, ka riro mā Te Whānau-a-Apanui e mahi ngā whakairo. I reira anō a Te Arawa me ā rātau karakia i te whakaotinga o ngā mahi i roto i te whare. Engari ko Te Whānau-a-Apanui, i a ia te mahau o te whare ka tomo atu ki roto i te whare. Nā, ki tōku mōhio, i a au ka whai atu i muri, te nui o ngā tāngata i uru atu ai ki roto i te whare i te wā i huri haere ai ngā tohunga ki te karakia haere i tēnā poupou, i tēnā poupou, i tēnā poupou, ā, hoki noa mai ki te tatau i tomo atu ai rātau. Ka puta mai ki waho kātahi ka whakaotia ngā karakia. He mea karakia anō ngā wharepaku. I tauhou au ki tērā tikanga, nā te mea kāore au e kite ana i mua e mahia ana ngā wharepaku e ngā tohunga.

Kia hoki au, paku nei, ki tōku kāinga, i oti ai i a mātau ngā wharepaku o runga i tō mātau nā marae, ka tāinga anō te kawa o aua wharepaku rā. E kore e taea e au te whakamārama atu ngā karakia i whakamahia ai mō aua whare rā, arā, mō ngā wharepaku, engari koirā te āhua i pā mai ki runga i te wharepaku o runga i te marae o Te Arawa rā, i Te Wānanga o Waiariki. Tae noa mai ki tō mātau nā marae i Rūātoki rā, i a Ōtenuku. I te otinga o ngā wharepaku i reira, kātahi ka tāinga e Te Hāhi Ringatū te kawa o te wharepaku. Nā, a Te Whānau-a-Apanui, he mea kawe e ia āna i roto i ngā karakia a te Ringatū. He Ringatū te nuinga o ngā mea o roto i a Te Whānau-a-Apanui ki tōku mōhio. Ka huri haere i roto i te whare, ka whai atu mātau i a rātau e karakia ana, ā, ka oti te whakapā atu ki ngā poupou. Ka tū, kātahi ka whakaotia ngā karakia i roto tonu i te whare, ā, i whakatutukihia te wāhi katoa ki te tāinga o te kawa o te whare.

Atu i tērā, heoi anō tāku e mōhio ana i mahia atu i waho i te tuatahi, kātahi anō ka haere ki roto. Kāore au i kite, i tērā wā, kāore au i te maumahara mehemea he kuia i takahi i te paepae poto, he kōtiro kē rānei. Kāore au i te maumahara ki tērā. Engari e mōhio ana au i whakaritea he wahine, i whakaritea tētahi, ahakoa kōtiro, ahakoa kuia rānei, wahine pakeke rānei. I whakaritea he mea wahine hei takahi i te paepae poto e tomo atu ai ki roto i te whare. I mahue mai au ki waho. Kāore au i tomo ki roto i te whare. Kia mutu kē tā rātau karakia, kātahi au ka haere atu ki roto i te whare.

Nā reira, e whāiti noa iho ana ōku maumahara ki tēnei mea ki te kawanga whare. Engari he pai pea ā tētahi wā, kia uiuia ngā mea pēnei i a Pou Temara nei nā te mea i tae rawa ia ki te tānga hou o te kawa o Māhina-a-rangi i Tūrangawaewae. Nā, uru atu ai ngā mea o Te Hāhi Ringatū ki roto i ngā karakia nā te mea, i te tau 1928, i whakapuarehia ai a Māhina-a-rangi. I haere mai ai ko Apirana Ngata mā, me tana wahine, i uru mai ki roto i te whare rā i te wā o te tāinga i te kawa. Nā, ko te tangata i whai wāhi atu ai ki roto i ngā mahi mō te taha Ringatū, ko te tangata nei ko Tuhi Tāre Hēmi nō roto o Tūhoe. Ko ia tētahi o ngā tohunga i whiriwhiria ai hei tā i te kawa o taua whare rā. I taku rongo ake, arā atu anō ētahi tohunga nō ētahi atu hāhi pea, ka mutu tae atu ki ngā tohunga ake o roto o Tainui i whai ai rātau i ngā tikanga o roto anō i tō rātau nā waka o Tainui. Kāore au e mōhio mehemea ko aua karakia rā ko ngā karakia o te Tariao, o te Pai Mārire, ko ngā karakia tawhito noa iho rānei o te ao tawhito, o te ao Māori. Nā reira, inātata nei, i te whakahounga o ētahi o ngā āhuatanga o roto i te whare o Māhina-a-rangi, ka haere

TE KAWANGA WHARE

atu a Pou Temara mā ki te mahi i taua mahi rā, arā, ki te karakia i ngā karakia o roto i te whare. Kāore au i tae ki tērā, engari ki taku rongo ake, i pērā anō te āhua o te hari o ngā karakia, ka huri haere tae atu ki ngā taonga, me ngā wāhi i whakahoungia ai i roto i a Māhina-a-rangi. I haria ko ngā karakia tuatahi a Te Matapunenga, he wāhanga tērā nō Te Panekiretanga. Nā ngā tāngata o Te Matapunenga ngā karakia i kawe haere ki roto i te whare.

Atu i tērā, he aha te tāinga o te kawa o te whare i mahia ai? Ko tōku mōhio tuatahi, he whakatō i te mauri ki roto i te whare, he whakanoho mauri ki roto i te whare. Tuarua, ko te wewete mai i ngā āhuatanga o mua i te whare, mai i te wā o te tāinga o te kawa, i te tau 1928, ka wewetehia mai ētahi āhuatanga, kātahi ka kuhuna atu, anei, ko ngā karakia o tēnei wā nei hei whakanoho i te mauri ki roto i te whare. Nā, ki tōku mōhio ki te whakanoho i te mauri, kia ora tonu ai ngā tikanga, kia ora tonu ai te āhua o Te Kīngitanga, kia ora tonu ai te āheinga o te whare ki te manaaki i ngā rangatira o te ao. Koinei te hakiri ake o ōku taringa ki ngā kōrero i hau mai ai ki a au mō te āhua o tērā whare.

Arā atu pea ētahi o ngā kōrero kāore i mau i a au, engari koinei ngā mea i rongo ake ahau, i te whakatōnga o te mauri ki roto i te whare rā. He mea nui te whakatō i te mauri ki roto i te whare, nō te mea, kua oho te whare me ngā poupou o roto i te whare ki ngā āhuatanga e mahia mai ana i waho, ā, tae mai ki roto o te whare. E taea e Te Kīngitanga, e Tainui, ka mutu e te motu, te whakarite ngā hiahia, ngā wāwata, ngā tūmanako o ō rātau iwi, i te wā e haere mai ai rātau ki te whai tautoko mai i te wāhanga ki Te Kīngitanga, i te wāhanga hoki ki a Tainui.

Atu i tērā, he aha i tāinga ai te kawa o te whare? He pēnei i te uhi i te kākahu ki runga i te tangata kia kaua ia e makariri. Koirā ki a au te āhua o tēnei mea o te karakia. Kia kaua e mātaotao te whare, engari e ūhia ana ki tōna uhi e mahana ai te whare, ahakoa ia kāore he tangata o roto. I te wā e uru ai he tangata ki roto, ka rangona te mahana o te whare, te manaaki a te whare, ā, tae noa mai ki te hunga e tiaki ana i te whare, arā, ki a Tainui. Ko ngā iwi o Tainui ngā kaitiaki o te

45

whare nei. Nā reira, koirā tētahi o ngā kaupapa o te tāinga o te kawa o te whare rā, kia āhei tonu ai a Tainui ki te whakatutuki i ngā wāhi e rite ana ki a ia mō te pupuri i te mana o Te Kīngitanga, te kaitiaki o Te Kīngitanga. Kia āhei anō ai hoki ngā iwi e whaiwhai mai ana i ngā huihuinga a Te Kīngitanga. I roto i ēnei rā kua whakatūria e Kīngi Tūheitia tāna rōpū tekau mā rua, hei whakatakoto whakaaro māna ki mua i ō rātau aroaro e kitea ai he huarahi hei whakatau mā rātau i ngā tūtukinga waewae tae noa anō hoki ki ngā wāhi e māmā ana, engari e kimi ana i tētahi huarahi pai, ā, koia tērā ko te āhua o taku titiro ki ngā mahi o te tāinga i te kawa o te whare.

Mōhio katoa ana pea tātau, kāore i whakahaeretia ēnei karakia i te awatea, engari ka whakahaeretia ēnei karakia i te atapō i mua o te tākiritanga o te rā. Koinei tonu tētahi o ngā whakaaro, ko tēnei, i haere mai au ki konei, i te wā i haria mai ai te kaumātua o Ōrākei rā, a Takutai Wikiriwhi, ko ia te kaikarakia. Taku mōhio i roto i te rūma ako rā, i raro atu nei, i reira pea ia nei. I tīmata mai i raro, ka piki haere ake, ā, ka tae ki te wāhi whakamutunga i runga rā, koirā te wāhi i oti atu ai ngā karakia, i taku maumahara ki tērā. Ana, ki te pātai mai koutou ki a au, he aha te whāinga o te tāinga o te kawa nei? Tuatahi, ko Ngāti Whātua tēnei. Nā reira, ko te mauri o Ngāti Whātua kei roto i te whenua. E tiki atu ana, e whakaoho ana i taua mauri rā hei manaaki i te whare mō ngā iwi katoa o te motu, tuatahi. Tuarua, e whakawātea ana anō i te whenua me te whare mō ngā iwi katoa o te motu kia haere mai ki roto i te whare nei. Tuatoru, ko te whakaoho i te hinengaro e nanao atu ana ki ngā mātauranga o te ao hurihuri nei. Koinei ētahi whakaaro i taku whakarongo atu ki ngā karakia a te kaumātua rā. Āhua pērā ana ētahi o ana kōrero.

Nā reira, mō te tāinga o te kawa nei, kia kōrero ahau, tērā pea mōku tonu, ko te tāinga o te kawa o tōku ake whare. Nāku tonu i mahi taku whare kei Rotorua nei. Kei konei hoki, ko te pātai mai ki a au, ko te kawanga o te whare. Kāore e kī mai ki a au, mēnā he whare kura, he whare tipuna, he whare aha rānei. Engari mōku tonu, i whakapono ahau e kore e pai ki a au te haere atu ki roto i te whare, nāku i hoko mai, kāore au e mōhio he aha ngā kēhua o roto i tērā whare. Kāore au e mōhio he aha ngā mea i whakarērea mai ai i roto i te whenua, nō Te Arawa terā whenua. Ahau nō iwi kē. Kua uru mai au ki roto i te whare rā, ā, he aha ngā whakaaro ka uru mai ki roto i a au? Tuatahi, ko te whenua, nō Te Arawa. Tuarua, ko te whare. Kāore au e mōhio ko wai ngā tāngata i uru ki roto i tērā whare, he aha ngā mea i mahue iho ai i a rātau, he kēhua rānei, he aha rānei i mahue iho ai i a rātau ki roto i te whare. Kāore au i mōhio mēnā i tōna wā he urupā kē pea tērā, aua! Nā reira, koinei ngā whakatūpato katoa i roto i ahau mō tōku whare ake. Te tāinga i te kawa o tōku whare, nāku tonu i mahi.

I tīmata kē mai au i waho i te tuatahi, ki te whenua, ki te karakia haere i ngā wāhi o te whenua. Kātahi au ka tomo ki roto i te whare, ā, ko te paepae poto o taku whare e tomo atu ai ki roto i taku rūma noho. Koirā te wāhi tuatahi i tomo atu ai au ki roto i tōku whare. Me aku karakia e pā ana ki te āhua o ngā atua e manaaki ai i a au, ā, ka kuhuna mai e au te atua matua ki roto i aku karakia. Engari ka huri haere au ki roto i te whare ki te whakapā haere, arā, i ngā puta auahi, i ngā matapihi, ērā wāhi katoa, tae atu ki ngā wāhi kai, ki ngā wāhi horoi, ngā wāhi e noho mai ai au ki te mahi i aku mahi. He pure tētahi āhua o tērā mea ki a au. Ka purea e au ngā tūtukinga waewae o roto i taku whare. Ki a au kāore e rerekē ake i ngā mahi e mahia ana mō te whakapuare i ngā whare kua waihangatia hei wharenui mō tētahi hapū, mō tētahi iwi rānei. Tae atu ki ngā wharekura nei, he pērā anō ngā wharekura.

Pērā anō te whakapuaretanga o te whare o te māngai o te Kāwanatanga o Aotearoa ki Buenos Aires. I haere au, ko au te kaikarakia i ngā karakia o roto i tērā whare. Engari i tīmata kē atu au i raro, ka piki haere ai au ki runga, ka huri haere, ā, kia eke atu ki te tuatoru o ngā apaapa. I te huri haere ki ngā matapihi, ki ngā tatau katoa ki te wāhi e tomo ai te tangata, e puta ai rānei te tangata ki waho, ki ngā wāhi e mahi ai te tangata, ērā mea katoa. Ana, ko au i te kawe i ngā karakia. Koirā te nuinga o aku karakia, he karakia e tono ana i ngā manaakitanga a ō tātau atua, kia tau mai ki runga i te whare, kia tau mai ki runga i ngā tāngata. Otirā me te whakawātea i te whare i ōna tāngata i noho ai ki reira i mua. Kāore hoki au e mōhio ko wai ngā tāngata i noho ai ki reira i mua, he aha ngā mea i mahue iho ai i a rātau, he aha ngā wairua rā, mēnā he wairua poke, he wairua pai noa iho rānei i mahue ai ki roto i te whare, engari he pai ki te whakawātea i te katoa. Nā reira, ka haere au me taku wai, koirā tētahi o aku mahi, ka rui i taku wai ki roto i te whare. Ko te kaupapa o te rui i te wai, ehara i te mea he whakanoa i ngā mana, i ngā ihi, i ngā wehi i takoto ki reira i mua atu, kāore hoki au i mōhio he aha aua āhuatanga, engari e inoi atu ana ki ōku mauri, ki ōku mana, kia haramai i tōku whenua o Aotearoa ki roto i taua whare rā hei hoa mō ngā kaitiaki o roto i te whare. Kāore au e mea ana kia panaia ētahi ki waho, engari hei hoa mō ngā kaitiaki o roto i te whare.

Ā, nā reira koirā te āhua o te whare i Buenos Aires. Kei te pai noa iho ināianei, ko taku tūmanako i tutuki pai i a au te āhua o te tāinga o te kawa o te whare. Ko te tino kaupapa he whakanoho i te mauri tau ki roto i te whare, he whakawātea i te mauri ohooho o roto i te whare. Koirā ki a au taku whakarāpopototanga o tēnei kōrero. Mēnā he whakaohooho, he wehi rānei kei roto, he whakamataku rānei kei roto kia mauri tau te whare, ā, kua pai te mahi a te hunga e mahi ana i reira.

Me waiho noa iho e au ki tērā, nā te mea mā ētahi pea e whaiwhai ake te whānuitanga o ērā kōrero, arā, ngā mea e mōhio ana ki te tino o roto i ngā tāinga o ngā kawa o te whare, mā rātau pea ērā wāhi e whakakapi mai. Koinei te wāhi i homai ai ki a au, me ngā wāhi i rongo ai au i ō mātau koroua, i ō mātau mātua e kōrero ana i roto i ō rātau nā wā, ā, me ngā mea i rongo au i te wā i haere ai au ki ngā wānanga o roto o Tūhoe. I whakatūria ngā wānanga i te taha o ngā koroua. Koirā tāku i whai atu ai, me te mea nui pea o ēnei katoa, me whakapono koe ki tāu e mahi ana. Mēnā kei te mahi noa koe, kāore koe i te tino whakapono, he whakataruna noa iho tō mahi. E kore pea e tutuki i a koe tāu e hiahia rā, ka whara ētahi i tērā mahi. Nā reira, me whakapono kia titi kaha ai ō kōrero, ō karakia ki te āhua o tāu e whakatau rā. Nā reira, ka mutu ake i konei te āhua ki te kawanga o te whare.

TE WĀHANGA TUAONO

Te whakapapa

Nā Te Wharehuia

Me pēnei te tīmata atu o taku kōrero, mai i tō upoko ki ō waewae, titi atu ki te whenua e mōhio ana koe te tangata e whakapuaki ana i te whakapapa ko wai koe, nō hea koe, he aha tōu tātai, he aha ōu pānga ki ngā whenua, he aha tōu pānga ki te marae, he aha tōu pānga ki te whānau, ki te hapū, ki te iwi, he aha tōu pānga ki ngā whenua e mōhio ana koe i nōhia e ō mātua tīpuna, he aha tōu pānga ki te urupā. I te mea he wā ka taka, ki te mate koe ka pātaihia te kōrero, 'I kotia te pito o te tangata i hea?' Nā, ka takoto tērā pātai, i reira ka tīmata ngā whakawhitiwhiti whakaaro, whakawhitiwhiti kōrero, e kī ana tētahi taha, 'Anei tōna whakapapa, i heke mai i a mea, i a mea, i a mea, ā, arā ōna marae, arā tōna urupā, ngā urupā o ōna mātua tīpuna.' Kua kī ake tētahi, 'E kāo, anei kē te whakapapa e hāngai ana ki a ia, arā, nō te ure tārewa tēnei whakapapa, nō te taha tāne, ka mutu i kotia tana pito i mea kāinga, te tikanga me whakahoki ki reira.'
   Koinei ngā mea ka ara ake i roto i te taukumekume mō te tūpāpaku, ki te mate te tūpāpaku. Nā reira, ko te tangata e tū ki te whakapuaki whakapapa, me mōhio ia ki a ia anō i te tuatahi. Ki te kore ia e mōhio ki a ia anō, engari ka whakaputa whakapapa noa iho, tērā pea e kore e arohia atu e ngā mea e mōhio ana ki te whakapapa, te take, ka hinga ia i ngā mea mōhio ki te whakapapa. He pai ake kia kaua e whakamā te tangata ki te whakapuaki whakapapa noa iho, engari kāore e mōhio ki mua, ki muri o taua whakapapa rā.

49

Mēnā kei te kōrero whenua koe i runga i te marae, ehara i te mea he tangihanga, engari ko ngā huihuinga i karangatia e te hapū, e te iwi rānei, kia tae mai ngā tāngata e whai pānga ana ki mea wāhi, ki mea whenua ki te kōrero i ō rātau kōrero, i reira me mōhio koe ki tō whakapapa. Ki te kore e taea e koe, he uauatanga kei mua i tōu aroaro, nō te mea ko ngā mea e mōhio ana ka tohea e rātau.

Ki te kore koe e mōhio ki ngā whiringa i waenganui i a koe me ētahi o ngā tātai o ngā whakapapa nei, ka uaua tō take, ka uaua te whakatakoto i tō take ki mua i te aroaro o te minenga.

Kei reira ētahi e mōhio ana ki ngā āhuatanga o te whakapapa nei, ahakoa ehara i te tangata tino mōhio rawa ki ngā whakapapa whānui o te hapū, o te iwi rānei, o te whānau rānei, kei reira tonu ētahi tāngata e mōhio ana ki ngā herenga ki tēnā whenua, ki tēnā whenua, ki tēnā whenua. Nā reira he whakatūpato tētahi o ngā mahi ki ngā tāngata e whakaaro ana me tū ake rātau ki te whakapuaki whakapapa. Ki a au, me mōhio te tangata ki te whakapapa, me mōhio pū ki te whakapapa ka tū ai ki te whakapuaki i te whakapapa mehemea e kōrero ana i te take whenua. Mehemea e kōrero ana i te take ki te mate, kia pērā anō, kia mōhio ia ki te whakapapa o te tangata rā. Mōna ka tono i te tūpāpaku me mōhio ia he aha ngā whakapapa e rite ana e taea ai e ia te kī atu nōku tēnei mate, kia whakahokia e au ki tōku kāinga.

I te matenga o taku tuakana, i mate nei i mua i taku whaea, i mate e mahi rori ana i runga i ngā pūrutōki, ka tahuri te waka nei ki runga i a ia. Nā, ka tīkina atu ia ka whakahokia mai ki tō mātau marae, kātahi ka pātaihia te pātai ki hea tanu ai. Kua kapi te urupā e kōrero ake nei au, a Tapuwae, kua kore e taea te kuhu atu anō ētahi tūpāpaku ki reira. Me pēhea, me aha? Kātahi ka kōrerotia, ka heria ki te marae kei roto o Rūātoki, ki te marae tuatahi e tūtaki ai te tangata i ngā marae o Rūātoki i a rātau e whakauru mai ana ki Rūātoki, ko te marae tuatahi tonu he urupā kei reira, ka kī tērā o ngā hapū, 'Heria mai ki a mātau.' E rua, e toru pea ngā take i pērā ai. Ko te wahine tuatahi a taku tipuna koroua nō taua marae rā, i mate taua kuia rā ki reira. Tuarua, ko taku tuahine i mate i mua i tō māua whaea, he pāpā kē tōna, he pāpā kē hoki anō tō mātau, engari nā te mea ko te pāpā nō reira, ka heria ki reira tanu ai i runga i tōna whakapapa, ā, i whāia ko tērā whakapapa kāore i tanumia ki tēnei o ngā urupā i kī ake nei au kua kapi katoa i te mahi a te tūpāpaku.

Nā, kia mate rā anō taku tipuna koroua, kāore i haria ki tētahi atu wāhi tanu ai. He kōti, he papa tākaro tēnehi nei i runga i te marae. Ka whiriwhiria e ngā kaumātua o Rūātoki, o Tūhoe, kāo, me tanu tonu te tangata nei ki runga i tōna marae. Ka huripokina te papa tākaro rā, ka wehea motuhakehia hei urupā, ka tanumia te kaumātua rā ki reira. Kei reira ētahi o mātau e whai whakapapa atu ana ki taua urupā rā, kei reira e takoto ana, ko te nuinga nō te whānau, engari e rua, e toru nei nō waho o te whānau nā te moenga mai ki roto o te whānau. I tērā wā i uru mai ai rātau kua māmā haere te tikanga ki ngā mea e noho rāwaho ana, he aroha nō te hapū ki a rātau i tukuna kia takoto ki roto i te marae. Nā reira, hei ētahi wā kua takahia te tikanga kia ora ai te tikanga, koia tēnei ko te āhua e kōrero ake nei au i tōia atu ai taku whaea, me tana tamāhine ki roto o tērā o ngā urupā i Te Rewarewa. Ko mātau, ko ngā mea o muri mai ka wehea te urupā ki muri o tō mātau marae, he urupā iti nei kei reira, ko te nuinga nō te whānau, engari he rāwaho anō ētahi kei reira e noho ana.

I roto i ēnei rā, ehara i te mea mā te whakapapa anake e taea ai, kei te ngākau aroha ētahi i te kaha o te tohe, kua māmā ētahi o aua tikanga rā. Kua kore i pērā i ngā rā o mua, me mōhio koe ki tō whakapapa, me kaha koe ki te tohe i tō pānga ki tētahi wāhi e taea ai te tuku te mate kia takoto ki roto i te urupā. Pēnei anō i ngā whenua nei, kia mōhio koe ki tō whakapapa, ki tō whenua e taea ai e koe te tohe ngā mea e hiahia ana koe kia pā ki taua whenua rā. He pānga whenua ōku kei roto o Waikaremoana, he pānga whenua ōku kei roto o Ruatāhuna, i waimaria au i whai pānga whenua au ki Rūātoki, ahakoa i pakeke kē mai au i Rūātoki. I whai pānga whenua au ki Rūātoki, nā te mea i muri i te matenga o tōku whaea me tōku koroua ka haere mai taku whaea kēkē ki te kī mai ki a au, 'Kei te raua koe e au ki roto i tētahi o ō tātau whenua kei tērā taha o te awa i Rūātoki.'

Nā, ko au anake o tō mātau whānau i uru ki reira, ko ētahi katoa kei ētahi wāhi kē o te rohe o Te Urewera nei ō rātau pānga whenua nā runga i ngā whakapapa. Nā reira, koirā pea tētahi o ngā āhuatanga i rerekē ai mātau o tō mātau nā whānau, kāore i ōrite katoa ngā whenua i uru atu ai mātau. Taku taina, ko ōna pānga whenua kei roto kē o Ruatāhuna, engari he wāhi kē atu i te whenua kei reira ōku pānga. Kei te āhua tonu o te whakaaro o ngā whānau mēnā ko mea e whakaurua atu, ko tētahi e whakaurua atu ki whenua kē, koirā te āhua o te whiriwhiri o ō mātau nā whenua i runga i ō mātau whakapapa. Arā, ko ētahi e kī ana, 'Ō, raua atu a mea ki terā wāhi nā, ko koe ki kō kē, ko mea ki kō kē.' He aha te kaupapa? Hei pupuri i aua whenua rā kia kaua e puta ki waho o te whānau. Koirā tētahi o nga āhuatanga o te whakauru i te tangata ki roto i te whenua mehemea e whakapapa atu ana ia ki taua whenua rā. He take e kuhuna atu ai koe ki te whenua, kāore koe e kuhu poka noatia e ētahi, engari me whai take. Ko te kaupapa i pērā ai, kei haere mai ētahi ka tohe, ā, he riri nui ka ara ake, he raruraru nui ka ara ake. Nā reira, he pai ake kia āta kōrerorero koutou, kia whakawhitiwhiti koutou i ō koutou whakaaro me te mōhio ki ō koutou whakapapa, ki te kore ōu tūrangawaewae, he tangata koe kei te takiwā noa iho e teretere haere ana.

Koirā anō hoki te kaupapa o te taumau, kia whai whenua ai ō tamariki, ehara i te mea ko koe. Ko te taumau i ētahi wā hei pupuri i te whenua mēnā he whanaunga, e tata ana koe ki tō hoa, ehara i te mea kei te tuarua, engari kei te tuatoru pea o ngā whakapaparanga tana tawhiti atu i a koe, engari ka taea e koe te moe tērā. Mēnā kei te tuatahi, kāo, kei te tuarua, kāo, engari kei te tuatoru, kei runga, kei raro, mehemea ka moe koe i waho atu, arā, ki te tuawhā, pai noa iho ana. Nā reira, kei konā ngā tikanga nei e taea ai te whiriwhiri ko wai ka uru, ko wai kāore e uru ki roto i ngā whenua. I a au e tamariki ana ko tōku tipuna koroua tonu te kaiwhakatakoto i ngā whakapapa, ko tōna hāhi, ko Te Hāhi Ringatū. I tua atu i a ia, ko ngā kaumātua o roto i Te Hāhi Ringatū i noho whanaunga tonu ki a ia. Ko ngā hapū o Te Urewera i noho whānau tonu rātau ki a rātau anō, ahakoa motuhake, he hapū tēnā, he hapū tēnā, he hapū tēnā, engari ngā whakapapa e taea ana e koe te here atu i a koe ki tērā hapū, ki tērā hapū, ki tērā hapū. Nā, i konā ētahi i mōhio ki ngā whakapapa, ka whiriwhiria ko ērā tāngata hei kōrero i ngā whakapapa, ki te kore e kitea e koe te tangata i roto i tōu ake hapū, ka haere koe ki tētahi atu nō roto pea i Te Hāhi Ringatū, kei te kōrero ahau mō Tūhoe i tēnei wā, nō roto rānei i tētahi o ngā hapū e whanaunga tata mai ana ki tōu ake hapū. Hei ētahi wā ko ngā mea mōhio ki te whakapapa i Ruatāhuna kē, i Waikaremoana kē rānei, i Te Waimana kē rānei, koirā ētahi o ngā kaipupuri i ngā kōrero nei, ko aua tāngata rā.

I ngā huihuinga i runga i tō mātau nā marae, i Ōtenuku, i ētahi wā kua kōrero whakapapa. E kōrero ana ko wai mā ngā uri e rite ana kia uru mai ki roto i te hapū, ko wai ngā uri e rite ana kia whiriwhiria kei roto i ngā whakapapa o ngā whānau o te hapū rā. I noho au i roto i ērā huihuinga i a rātau e kōrero ana mō ō rātau whakapapa, ahakoa kāore i taea e au te whaiwhai katoa atu te nuinga, engari ngā whakapapa e hāngai pū mai ana ki tōku nā whānau tonu, i mōhio au ki ērā, kia whakawhānui haere atu ki waho, ā, me haere rawa au ki te uiui ki aku whanaunga e mōhio ai au, anei tō whanaungatanga ki a au. He pērā anō ētahi o ngā hapū i waho atu o tō mātau nā hapū, e mōhio ana au he whanaunga ērā ki a au, engari ko ngā wāhi e whāia ai e au kia kite ai au he aha i whanaunga ai, mā te moemoe i waenganui i a mātau nā hapū ka mōhio ki ērā, ko ētahi kāore e mōhio; mā te patapatai tonu ka mōhio. Kei te kōrero au mō tōku reanga nei, hāunga ngā reanga o mua atu he āhua pai ērā nā te mea i noho tonu i roto i te mātotorutanga o te ao Māori me ngā wā i huihui ai rātau, ā, kua kōrero rātau i roto i ā ratau huihuinga mō ō rātau whakapapa.

Ki te rite tonu te kitea o te kanohi kua mōhio koe, ā, he tangata tēnei e whai pānga mai ana, e noho whanaunga ana rānei ki a koe, ki te hapū rānei, ki te rite tonu te hokihoki mai. I a au e tamariki ana i kite au i ētahi ka tae mai, kua pātai au ki taku whaea, 'Ko wai tērā?'

'Ā, ko mea, hei whanaunga ki a au, ki taku māmā.'

Nō muri kē ka kite iho au, ā, ka mōhio au he tino whanaunga tata kē. Heoi anō, ka hoki mai ētahi i te Pakanga Tuarua, ka noho ētahi ki tō mātau kāinga, kātahi anō au ka kite i ērā tāngata. Kāore au e mōhio ko wai, he aha tō rātau whanaungatanga, engari i mahara au ki te tangata haere rori. Ahakoa he haere rori, 'Haramai, haramai ki te kai,' ā, kua haramai ki te kai. He āhua pērā ēnei, ka haramai ētahi ka hoki mai i te Pakanga Tuarua, ahakoa e tamariki tonu ana au kei te maumahara au, āhua roa tonu ētahi e noho ana, e toru, e whā marama, e rima marama rānei e noho ana, tētahi e rua tau e noho ana kātahi anō ka hoki ki Ruatāhuna. Koirā ngā āhuatanga o tēnei mea o te whakapapa, nā te mea kei runga atu, kei roto atu rānei o tēnei paihere ōu ki tētahi atu whanaunga, ka oho ake i roto ngā kaupapa o te manaakitanga, o te aroha, o te pono ki a koutou anō, e whakamana ai koe i ngā tikanga katoa o roto i te ao Māori mō te manaaki tangata.

Ko aku kupu ki te hunga kei te hiahia whai i te whakapapa, tuatahi, whāia te whakapapa, he mate nui tō tātau ināianei nā te mea he iti noa iho anō ngā mea e mōhio ana ki ngā whakapapa. Kei te haere ētahi ki roto i ngā pukapuka o Te Kōti Whenua Māori, wherawhera ai i ngā pukapuka, he pai tērā, engari ehara i te tangata, he tuhituhinga kē. Kāore i tua atu o te tangata mōhio ki te whakapapa – kia uiuia ko taua tangata rā, mēnā ia e hiahia ana ki te homai i te whakapapa ki a koe, me mōhio ia ki tō kaupapa, tērā pea ka rata mai ia. Ki te kore ia e mōhio tērā pea ka uaua te whakawhiwhi mai i a koe ki ētahi whakapapa, iti noa pea ka homai, kāore e homai i te katoa. Ko ētahi o ngā tāngata nei kāore e pai kia tuhia, kei te pērā tonu i tēnei wā, ko ētahi o tātau kāore e pai kia tuhia, engari mā tō hinengaro koi tonu e kapo atu ko mea, ko mea, ko mea, nā mea ko mea, ka moe i a mea, ērā momo huarahi o te whakatakoto i te whakapapa ki roto i te hinengaro o te tangata. Akona tō whakapapa, i te take, mai i tō upoko ki ō waewae titi atu ki te whenua, ko te titi atu ki te whenua rā te wāhi uaua, kia taea rā anō e koe te here a koe anō ki taua whenua rā, kua mōhio koe kei te pai tō tū i runga i te papa, nō te mea e mōhio ana koe, ko wai koe, i ahu mai koe i hea, kei hea koe i tēnei wā, ā, e ahu ana koe ki hea āpōpō ake nei.

Ki a au, me noho anō te tapu o te whakapapa, me whakaaro anō te tangata e ako ana i te whakapapa ki te tapu o te whakapapa. He nui ngā mea he tūpāpaku kei roto i te whakapapa, arā, kua tūpāpaku kē. Kia tapu ki te āhua o ngā tikanga i whakarērea mai ai e rātau i roto i te rārangi whakapapa rā, koirā tētahi o ngā mea nui ki a au, kaua au e poka noa ki te takatakahi mā te whakahuahua i ngā ingoa o ngā tīpuna nei e mana ai ahau, e mana ai rānei i a au taku take, engari me whakapono tonu au ki roto i te tapu i whakarērea iho ai ā tātau tikanga. Ko te tikanga o te rārangi whakapapa, kāore koe e poka noa ki te whakapapa mēnā kei roto koe i tētahi wāhi e tānoanoatia ana ngā ingoa o ngā tūpāpaku o roto i tō whakapapa, e tānoanoatia rānei e koe tō whakapapa. He wā anō e rite ana hei tū mā te tangata ki te kōrero i tana whakapapa, he wā anō kia kopi te waha, kei whara ētahi. He ora anō kei roto i te whakapapa, he mate anō kei roto i te whakapapa. Me pērā noa iho taku whakatakoto i te kōrero.

He ora kei roto i te whakapapa nā te mea ka mōhio koe mai i tō upoko ki ō waewae titi atu ki te whenua ko wai koe. He mate kei roto i te whakapapa ki te kore koe e mōhio tūturu ki ngā tikanga o te whakatakoto i te whakapapa. Kei peka noa atu koe ki tētahi rārangi whakapapa kē, tērā pea he iti noa iho tō pānga ki reira. Kei peka noa rānei koe ki tētahi rārangi o te whakapapa kei waho kē atu i tōu tūturu ake whakapapa. He tapu tō te whakapapa, ka mutu kia ū ki tērā whakaaro, kei haere koe ki te whiuwhiu haere i tō whakapapa i roto i te pāparakāuta, i roto i te wharekai, i hea rānei, kei te kai koe i ngā kōiwi o ō mātua, o ō tīpuna. Kāore au e haere ki te kōrero whakapapa i roto i ngā wāhi e kore ana e tika kia kōrerotia te whakapapa. Ngā huihuinga a tātau, a te whānau, a te hapū, a te iwi, āe, mehemea i karangatia mō tērā kaupapa, āe, ka whakapapa. Mēnā he take tāu, ka mutu e mōhio ana koe ki tō whakapapa e taea ai e koe te here atu a koe anō ki te kaupapa kua oti te whiriwhiri hei kōrero mā koutou, mahia tō mahi. Koirā au i kī ake ai i mua ake nei, he mea pai kia mōhio te tangata ki tōna whakapapa.

Ko te rangatahi o ēnei rā, e aroha ana au nā te mea kāore i te whai wāhi atu ki aua whakapapa rā. Ko ngā wāhi e kitea ai e rātau ō rātau whakapapa ko ngā pukapuka o Te Kōti Whenua Māori me ētahi atu pukapuka kei roto i ētahi o ngā whare pukapuka nei e whakahuahua ana i ngā ingoa whānau, me ngā whakapapa whānau. Koirā anake ngā wāhi mehemea kāore i tuhia te whakapapa e te whānau ki roto i ā rātau pukapuka. I ētahi o ngā marae kei roto ngā pukapuka i te wharenui e noho ana, e noho tapu ana, kāore e rāwekeweke noatia, he wā anō ka toro atu, he wā anō me āta waiho anō, taihoa e tango mai ai, ā, koirā anake te huarahi. I ngā rā o mua ko te hinengaro anake, i ēnei rā ko te pukapuka, nō te mea tātau o te ao hurihuri nei, o te ao hou nei he nui ngā mea hei waha i roto i te hinengaro o te tangata, kua kore i pērā i ngā koroua o mua rā, ko te katoa o te rā e noho ana ki te whakarongo i ngā whakapapa, ki te kōrero i ngā whakapapa, koirā anake te mea hei kapo mā rātau ko ō rātau hinengaro. I ēnei rā, ko ēnei taputapu hei kapo i ngā kōrero, ko tō tātau ao hurihuri tēnei, kei te whakaekea tātau e ngā āhuatanga o te ao hou nei e kore ai e taea e tātau te whai tūturu ngā tapuwae o ō tātau mātua tīpuna e noho ai ngā whakapapa katoa ki roto i tō hinengaro, mēnā he tangata whakapono koe ki ērā, ka hiahia koe ki te whai, ka taea, engari he mahi nui ki te whakarere atu i ngā whakawai a te ao kikokiko nei. Nā reira koirā te uaua o tēnei mea o te whakapapa.

He mataku ētahi ki te toro atu ki te whakapapa kei hapa, ko ētahi hoki o tātau kei te akoako noa iho tātau i a tātau anō mā roto atu i ngā pukapuka. I tō rātau nā wā, mai i te waha tonu ki te taringa, koirā te huarahi whāngai i te whakapapa. I ētahi o ngā tokotoko e mauria ana e ngā ringaringa kei reira anō ōna whakairo e āwhina ana i te tangata ki tōna whakapapa. Kei roto i ō tātau whare tipuna, ko ngā poupou o roto i ngā whare, ka tahi, he tipuna kei reira, engari mēnā koe e titiro ana ki ngā heke me ngā kōwhaiwhai, he kōtingotingo kei konā, he mea tohu e ōna whānau. Terā pea ko tētahi kōtingo ko te matenga o mea, o wai rā o roto i te whānau, ko tētahi kōtingo anō, he aituā, he aha rānei i pā mai. He mea katoa ērā hei āwhina i te hinengaro, ki te whakahoki rānei i te hinengaro ki aua rā rā. He pai ērā kōrero mehemea e tukuna iho ana ki ngā uri whakaheke kia tohutohuhia rātau, anei te tikanga o ngā kōtingotingo nei, anei te tikanga o tēnei whakapapa, ā, tae noa ki tēnei tipuna rā, ā, ko tō koutou tipuna ko mea, anei ngā kōrero e pā ana ki a ia, me te aha, anei ngā uri i puta mai i a ia.

Ki te haere ahau ki roto i ngā wharenui kua haere au ki te kimi haere mēnā kei roto te whakairo o Tūhoe e tū mai ana. Tērā i Te Kūiti rā, i Te Tokanga-nui-a-Noho, i ētahi anō hoki o ngā whare o Te Arawa kei reira, ā, i ētahi atu rohe, kei reira anō te tipuna nei a Tūhoe e tū ana. Nā, ka whaiwhai atu koe i ērā kōrero nā te mea he pātai kei roto i a koe e mea ana, he aha i uru mai ai te tipuna nei ki roto i tēnei whare kei rohe kē e tū ana? Koirā ētahi o ngā āhuatanga o tēnei mea o te whakapapa, kia mōhio koe ki ngā whakapapa e here ana i ngā iwi ki ngā waka, tuarua, e here ana ki ngā hapū, tuatoru, e here ana ki ngā whānau.

Kia tae mai ki ngā take o te tono i te mate o tētahi tangata, pēnei i a Timi Takamore. He whakapapa i tīkina atu ai, ehara i te mea he mea kapo noa iho he kore nō rātau e whakaae, engari he whakapapa. Kei roto i te whakapapa o te tangata rā ka herea ko tana whānau e ngā mātāpono o taua whānau rā kia whakahokia e rātau te tangata rā kia takoto ki te taha o ngā kōiwi, ki roto rānei o ngā puehu o ngā kōiwi o ōna mātua tīpuna i roto i tōna urupā, kia moe tahi ai rātau katoa. Kei konā anō ngā tikanga i whāia ai e ngā koroua, e ngā kuia, e te whānau o roto o Te Upokorehe tā rātau tangata i takoto mai ai i Te Waipounamu kia whakahokia mai ki roto o Kutarere rā, nā te whakapapa. He whakapapa ō ngā tamariki ki tō rātau pāpā, engari he tikanga anō e taea ana te kī he aha i kore ai e tukua kia takoto ki Ōtautahi i roto o Te Waipounamu. Ko te mate, ko wai ka mōhio mehemea ka noho pouaru tonu te wahine, ka moe tāne atu rānei? Mā wai hei tiaki te tūpāpaku? He tamariki āna, ko wai ka mōhio ka pēhea te āhua o ngā tamariki rā? Kāore hoki i pakeke mai i roto i te ao Māori, i pakeke kē mai i roto i te ao Pākehā. Nā reira, koinei ētahi o ngā momo whakatūpato o roto i te whakapapa.

E aroha ana au ki a tātau o tēnei whakareanga, tērā pea kei te kaha rawa tōku reanga ki te whakatapu i te tātai whakapapa e kore ai e mataku ētahi reanga ki te uru mai ki te whakaakoako i ngā whakapapa nei, i runga i te mōhio tērā pea ka hē, ka tohea mai rānei e ētahi atu. He aha rānei ia te hua o te ako i te whakapapa mehemea ko ētahi o tētahi iwi kē, o tētahi hapū kē kāore e mōhio ana ki taua whakapapa rā? Mēnā koe kei te tono i tō mate kei tētahi marae kē e takoto mai ana hei aha mā rātau tō whakapapa, ki a rātau i konei te tangata nei e noho ana. Kua ngaro haere i roto i ō tātau hapū, i roto i ō tātau iwi te tino o tēnei mea o te whakapapa.

Ki te kōrero koe mō te whenua o te wahine i whānau mai ai koe, nā, ki te whakahokia tā tāua kōrero ki te whenua o te wahine, ki te pito, e kore pea e tawhiti te whakaaro mai i te oneone i tipu mai ai ō mātua, ō tīpuna. I roto i ērā kōrero te pito me te whenua o te wahine, kei roto hoki i te kōpū o te whaea ērā. Ka tanumia ērā mea, i ētahi wā ka tanumia ki roto i te urupā, ka tanumia rānei ki raro i tētahi rākau, ki tētahi wāhi e noho ai te kōrero i muri mai i tō matenga. Mēnā nōu ērā mea, tō whenua, me tō pito i tanumia ai ki tētahi wāhi, ka haramai ētahi ki te kī, kei konei te whenua o tō mātau whanaunga, e kore e pai tana takoto ki roto i tēnei urupā nā te mea kei te wehea e koutou tana whenua me tana pito i a ia. He pai ake te whakahoki i a ia ki te wāhi i tanumia ai tana whenua me tana pito. Ko ērā āhuatanga o te whakapapa kei roto i tēnei mea, i te tohetohe. Kāore e pai kia takahia noatia te āhua o ērā kōrero, kei te noho tikanga ērā i waenganui i a tātau, te kotinga o te pito o te tangata, te whenua o te tangata me ōna pānga whakapapa ki tōna whenua tipu.

Kia hoki au ki a Timi Takamore me te āhua ki tana hoa wahine Pākehā e kore nei e mārama ki ngā tikanga Māori. Kāore i te mārama ki te kaha o te whānau o te tangata rā ki te mau ki ngā tikanga Māori. Kāore i te akona ana tamariki ki aua tikanga rā, kei te whai noa iho ngā tamariki i ngā whakaaro o tō rāua nā whaea me ngā kaitohutohu i tō rāua nā whaea. Engari kāore i te pātaihia ngā mea i tēnei taha ki a Timi Takamore, he aha ō rātau whakaaro, he aha ō rātau hiahia.

Waimarie rā tātau i noho a Pei Te Hurinui ki te kohikohi i ngā whakapapa o Tainui. Ehara hoki i te mea nō Tainui anake, engari ka pā ki ētahi atu waka. Ka whai wāhi ērā o ngā waka ki te here mai i a rātau ki roto i a Maniapoto, otirā ki roto i a Tainui mā roto mai i ngā whakapapa i whakatakotoria ai e ia i roto i āna pukapuka, tae atu hoki ki ngā mōteatea, he whakapapa anō kei roto i aua waiata rā e taea ai e koe te kōrero, ā, nā mea ko mea. I te haerenga atu o Te Kooti ki roto i a Ngāti Maniapoto i noho ai hei whakaruruhau mōna i tōna wā, i mua i tana hokinga ki roto o Te Tai Rāwhiti, kāore rā ia i tae atu, i mate i te wāhi e kōrero ake nei au, i Kutarere i raro i te piringa kāta, wākena kē rānei. Ka horo iho te kāta, i raro hoki ia e moe ana, e whakaruru ana i te piringa kāta nei. Kua tangohia pea e ia te hōiho, ka papahoro te piringa kāta rā ki runga i a ia.

Ana, ki te haere koe ki Kutarere kei reira te urupā, kei reira tonu te rua i karia ai mōna, kei te puare tonu, engari kua tipuria e te otaota, engari ka kite tonu koe i te rua. I te wā i mate ai ka whakaarotia ake e te hunga o taua wā rā ki te tanumia ki reira, ki Kutarere, tērā ka haramai ētahi ka tangohia ake te tūpāpaku rā ka kāhakina. Nā reira i te pō, ko tōku rongo kōrero tēnei, ka haramai ētahi tohunga ka tangohia mai te tūpāpaku i roto i te rua rā, ka heria ki wāhi kē tanu ai. Nā, ko aua tohunga anake rā ngā mea e mōhio ana i tanumia ki whea. Engari kei reira tonu te rua nei, kei taua marae kei taua urupā rā i Kutarere te rua i haria atu ai a Te Kooti kia tanumia ki reira, i karia ake e ngā tohunga o taua wā ka hunaia ki wāhi kē, kāore e mōhiotia kei hea.

E kore pea e taea te kī he iti noa iho tēnei mea te whakapapa o roto i te ao Māori, ki te hoki tātau ki ngā tau i mua i te taenga mai o ō tātau mātua tīpuna ki tēnei whenua i kaha te whiriwhiri a te ao Māori i ōna tāngata e whanaunga ana ki a rātau anō ki ō rātau whakapapa. Ko te kaupapa i pērā ai, tuatahi ko te tātai whakaheke o te tangata he mea nui ki te Māori, tuarua ko te āhuatanga o ngā pānga whenua me ngā taonga a tēnā whānau, a tēnā whānau i noho tapu, i noho me tōna mana anō e takoto ana i roto i ērā āhuatanga. Mā te whakapapa ka whai mana te tangata, mā te whakapapa anō te āhuatanga o tēnei mea, o te tapu e whakaū.

Ki te kōrero whakapapa tātau, e kōrero ana tātau i te whakapapa o te tangata i heke rawa mai i ngā atua tae mai ki a tātau, ki te tangata, nā reira e heria iho ana e tātau i roto i ō tātau whakapapa ngā ingoa nei, he mea āta whiriwhiri mō tēnā, mō tēnā, mō tēnā i runga i te whakaaro e whakaataata ana aua ingoa rā i tētahi āhuatanga o aua tāngata i whakaingoatia rā. Ahakoa i te wā i a rātau e tamariki tonu ana i hoatu te ingoa rā, he mea āta whakaaro ake te ingoa mō te tamaiti kia noho ai ngā kōrero o taua ingoa ki roto i taua tamaiti rā, e whakaataata ana i tōna tātai whakaheke, e whakaataata ana i ōna pānga atu ki ngā whenua, ki ngā taonga, ki ētahi atu āhuatanga o tōna ao e tupu ake ai ia i roto. Nā reira, he pēnei anō te whakapapa i te pukapuka a te Pākehā e kōrero ana mō tēnei mea mō te hītori o te tangata. I tō rātau nā wā i tīmata ai rātau ki te whakanoho i te mana, i te tapu, i te ihi, i te wehi o te tangata i roto i ōna whakapapa, e kī ake nei au i heke mai tātau i ō tātau whakapapa i ngā atua, otirā e heke mai ana i te atua matua tonu, i roto i te ao Māori ko Io, i roto i ētahi atu ao ko te atua ko Ihowa-o-ngā-mano, ērā ingoa e hoatu ana ki te atua matua.

Mā tō mōhio ki tō whakapapa e whai wāhi atu ai koe ki te whenua, e whai wāhi atu ai koe ki te tū ki runga i tō marae ki te kōrero, mehemea he tāne koe, ka whai wāhi atu te wahine ki runga i tōna marae nā te mea i ahu mai ia i te whare tangata o te wahine anō, taua wahine rā he wahine nō te marae, he wahine rānei nō taua whānau, nō taua hapū, nō taua iwi. Ki a au hoki kia mōhio rawa koe ki tō tātai whakapapa e taea ai e koe te kōrero mō te whānau, mō te hapū, mō te iwi rānei. Ko te mea nui ki a au o aua wehenga rā ko te whakapapa i roto i te whānau tonu, mā tōu whakapapa ka mōhio koe mehemea he tuakana koe, he taina rānei ki ētahi atu, ahakoa i roto i aua whakapapa rā ki te haere ki te tuarua, ki te tuatoru o ngā whakapaparanga, mehemea he tamariki ā tō tuahine, he tamariki rānei ā tō tuakana, ā tō taina ka mōhio koe ki ngā rārangi e whai mana ai te tangata i roto i tōna nohoanga o tōna whānau, o tōna hapū rānei. He tikanga ō tātau o runga i ō tātau marae, ko ngā tikanga nei e pā ana ki te āhua mā wai e whakapuaki ngā kōrero o te whānau, mā wai rānei e whakapuaki ngā kōrero o te hapū i roto i ngā huihuinga. Mehemea kua tūtaki tētahi hapū ki tētahi atu hapū me te mōhio he whakapapa kei waenganui i a rātau, ko wai te tuakana, ko wai te taina o roto i ēnei momo nohoanga i waenganui i ngā hapū e rua nei? Ētahi hapū e noho tuakana kē ana ki ētahi atu hapū, ā, me te aha he pērā anō, ko ētahi hapū e noho taina kē ana ki ētahi atu hapū nā rūnga i ngā whakapapa, tērā pea ko tērā hapū i heke kē mai i te tuakana, ko tēnei hapū i heke kē mai i te taina, ērā āhuatanga katoa e mau ana i roto i tō tātau ao Māori.

I tō rātau nā wā i mōhio ai tō tātau iwi Māori me pēhea te whakatikatika o tā rātau noho i runga i ngā tātai me ngā mana o ngā tāngata, kāore i poka noa tō tātau iwi Māori ki te takahi i aua tikanga rā. Koinei tētahi o ngā āhuatanga o tēnei mea o te whakapapa, nā te mea kei te kitea ngā huarahi e taea ai e koe te whakamāmā ngā whanaungatanga i waenganui i a koutou ko ō koutou whanaunga. Mā te whakapapa tērā e tohu mehemea e noho taina ana koe ki tētahi tangata o tētahi atu whānau e noho tuakana ana ki a koe, kua mōhio koe kei te herea koe e ngā tikanga e pā ana ki te tuakana, ki te taina, kāore e takahia e koe, te take, ka ongaonga ētahi ki tērā āhuatanga ki te takahia e koe. Me āta mōhio anō koe he aha koe i takahi ai, ā, ka mutu me kaha koe ki te pupuri i tō whakaaro i tū ai koe ki te takahi i te tikanga, he raruraru nui ki te takahia e koe te tikanga o tēnei mea o te whakapapa i ō rātau nā wā. I ēnei wā, i ngā rā o te ao hou nei, kua kore i pērā ināianei, kua kitea i ētahi wā ko ngā tamariki kē kei te āhei ki te kōrero Māori kāore te matua i te mōhio, ko te tamāhine rānei e āhei ana ki te kōrero Māori, ko te whaea kāore e mōhio ana.

I ngā rā o mua ka katia tērā, kāore e pai kia takahia te āhua o te whakapapa, ka waiho e koe mā te whaea e kawe te āhua ki ngā karanga i runga i te marae, ka waiho anō e koe mā te matua, mehemea he tuakana tō matua ki ētahi atu i roto i tō koutou whānau, hapū. Ka waiho koe mā tō matua e kōrero ngā kōrero e pā ana ki te whānau kia kaua ai te whānau, te hapū e taupatupatu i waenganui i a rātau anō. Ka taupatupatu ai i ētahi wā, engari mō te āhua o te whakahaere i ā rātau huihuinga e mōhiotia ana ko wai ngā kaikōrero o tēnā whānau, o tēnā whānau i runga i te whakatakoto o te whakapapa, koirā te here i runga i ō tātau whānau i tērā wā. I ēnei rā kua rerekē, ko huhua noa iho kei te kōrero i ngā kōrero o ia whānau, engari i ngā rā o mua kāore i pērā, i noho tapu te tātai o te tangata i runga i ngā tikanga i whakaritea ai mō tēnā whānau, mō tēnā whānau, mō tēnā whānau.

Kia hoki ake ahau ki te āhua o tēnei mea o te mana. I ētahi wā i ngā rā o mua ka wehe tētahi o te whānau, ka wehe mai i tō rātau wāhi i noho ai rātau, ka haere, ka noho ki wāhi kē, ki whenua kē, kāore noa iho i tawhiti, engari ka tīmata te whakawhānui haere, te nui haere o te whānau a taua tangata rā. I te mutunga atu kua noho mai pea hei hapū, nāwai rā, nāwai rā kua noho mai hei iwi e noho whanaunga ana ki ēnei i mahue rā i a rātau, i a ia rānei. I reira kua noho ko te whakapapa te huarahi e kitea ai ngā āheinga o tētahi taha me tētahi taha, te āhei atu ki te whakahaere, ki te whakatakoto rānei i ētahi kōrero i ētahi o ngā huihuinga. He mea tino tapu tērā i ngā rā o mua, ināianei kua kore e pērā, kua kore e taea te kī kei te takahi koe i te mana o mea nā te mea he pāpā tērā ki a koe, he tuakana tērā ki a koe, kua kore i pērā ināianei. I runga i ō tātau marae ko te mea e mōhio ana ki te kōrero Māori, e whai ana i ngā tikanga, e mōhio ana rānei i ētahi o ngā tikanga, koirā ngā mea kei te kōrero, engari i ō rātau nā wā ko tēnei mea ko te whakapapa, mō te āhua ki te whakapuaki i ngā whakaaro o te whānau, o te hapū rānei, he tāngata anō e noho tuakana ana ki ētahi atu. Koirā ngā tāngata i whai wāhi ki te kōrero i ngā wāhi ki ō rātau whānau.

Ko te āhua tērā ki te tū ki te kōrero. Mehemea ka tae mai ki te āhua o te kārawarawa whenua, o te roherohe whenua, ko te whakapapa anō tētahi o ngā huarahi e whakatakotoria ai tērā wāhi i tērā kokonga o te whenua nei ki a mea, ko tēnei ki a mea. Ahakoa i mahi tahi, i noho tahi ngā whānau nei i waenganui i a rātau, i ētahi wā mehemea nō te tuakana tētahi wāhanga o te whenua kua oti te roherohe, kāore e poka noa ētahi atu ki te haere ki te takahi i runga i taua whenua rā, engari me inoi rawa ki te ariki o te whenua e taea ai e ia te haere atu ki runga i taua whenua rā. He wāhanga tēnei o tēnei mea o te whakapapa, koirā tātau te iwi Māori i kaha ai ki te pupuri ki ō tātau whakapapa kia kaua ai e poka noa ētahi ki te takahi i ngā tikanga i whakaritea ai mō ngā whānau, mō ngā hapū tae atu hoki ki ngā iwi.

Ki te haere koe ki te mahi kai i roto i te ngāherehere, he wāhi mahinga manu i āta whakaritea ai mō tēnā hapū, mō tēnā whānau rānei, kāore e pai te poka noa ki te haere atu a ētahi atu ki runga i taua whenua rā ki te tango kai, mēnā he patu manu, he tiki atu rānei i ētahi mātaitai. Kāore koe e poka noa ki te haere atu ki te takahi i ērā mea, me āta whiriwhiri anō he kōrero i waenganui i ngā whānau, i ngā hapū rānei e taea ai tērā mea, kei runga i te āhua o te whakapapa, kei runga anō hoki i te āhua o te pupuri a te whakapapa i ngā mana o tēnā, o tēnā, o tēnā e pā ana ki tēnā rohe, ki tēnā whenua.

Nā reira i roto i ēnei rā nei e whai wāhi tonu ana te whakapapa ki roto i ā tātau tikanga Māori. He momo huarahi tērā kia kaua ai tātau te tangata e takahi i ētahi atu i runga i tō mōhio ki tō pānga, i runga i tō mōhio ki tō whanaungatanga ki ētahi atu rā. He momo huarahi hei whakariterite i ngā whanonga o te tangata, arā, e kī ake nei au kia kaua e poka noa ki te mahi i ētahi mahi, engari he huarahi tēnei, he whakaritenga, i waenganui i tētahi me tētahi kia kaua ai te riri e oho noa ake i runga i ngā mahi a tētahi, engari kei te haere i runga i te mōhio o te whakapapa o tērā, me te whakapapa o tēnei, he whakapapa e tata ana ki a rāua anō, engari me te mōhio o tētahi me tētahi taha ki ngā āheinga me ngā wāhi e kore e takahia. Koirā te āhua o tēnei mea o te whakapapa.

I waimarie tātau o roto i ēnei rā, i whakarērea iho e ō tātau mātua, e ō tātau tīpuna te kaupapa o te whakapapa, nō te mea ka mōhio koe ko wai koe, i ahu mai koe i hea, kei hea koe i tēnei wā. Ka mutu, mai i tō upoko tae atu ki ō waewae, titi atu ki te whenua, e mōhio ana koe ki ōu pānga ki te whenua, ki te marae, ki ērā āhuatanga katoa e ora ai te tangata, arā, ngā wāhi mahi kai, ahakoa ko te moana, ko te ngāherehere. Ko te mea nui o tēnei mea, o te whakapapa, ki te hē tētahi o te whānau kei reira anō ētahi o te whānau hei tautoko, hei āwhina i a rātau. Ki te whai mana tētahi taha o te whānau, ka noho anō ētahi ki raro i te korōriatanga o tērā, nō te mea e noho whanaunga ana ki a rātau anō. Nā reira koinei te whītau tuitui, herehere rānei i ngā whānau ki waenganui i a rātau anō, tēnā me tēnā me tēnā e herea ana e ngā whītau o tēnei mea o te whakapapa. He mea nui te whakapapa, he toto, koirā tētahi o ngā wāhi o roto i te whakapapa, ko te toto te tātai whakahere, ko te ira tangata kei roto i te whakapapa, kia kaua ai e tawhiti atu ngā whenua e puritia ana ki waho atu, kia kaua ai e tawhiti atu ngā kōrero o taua whānau, hapū rānei ki waho atu. Ka noho tonu, e noho tōpū ana ērā whakaaro ki ērā mea, he tapu. I roto i ēnei rā kua riro mā te pukapuka hei ako te whakapapa, i ngā rā o mua ko te reo, ko ngā taringa, ko te hinengaro, ko te ngākau te kaipupuri i tēnei mea i te whakapapa.

Kia hoki ake au ki ngā ingoa i waihangatia mai ai e ō tātau mātua tīpuna mō te whakapapa e pā ana ki te tangata kotahi, e pā ana hoki ki te whānau, ki te hapū rānei. Me tīmata tonu mai i tēnei mea i te tātai. Ko te tikanga o tērā kupu o te tātai, ka whakaheke haere mai te tangata i ōna ingoa e whakapapa haere mai ana mai i te tipuna tae noa mai ki te wāhi ki a ia, i roto i tēnei wā tonu nei. Koirā te āhua o tēnei mea o te tātai whakapapa. Kia whaiwhai atu au i ētahi atu kupu kua whakaingoatia mō ngā momo whakapapa a te Māori.

Ko tētahi ko te whakamoe, arā, ko ngā wāhine ēnei e uru mai ana ki roto i te whakapapa. Kua whakaingoatia te wahine. Ka whakahuatia te ingoa o te tāne kātahi ka hoatu ai te ingoa o te wahine ki te taha. Ko tērā whakapapa he 'whakapapa whakamoe' tōna ingoa, nō te mea kei te heria mai anō ki roto i te whakapapa ngā pānga o te wahine. I ngā wā o mua, i te nuinga o te wā, i heke kē mai i te taha tāne te āhua o te whakapapa, engari ka moe te wahine kua uru mai te wāhi ki ngā whanaunga o te wahine, ki te whānau, ki te hapū o te wahine ki roto i te whakapapa, hei reira ka tūpato tērā whānau ki te āhua o te whakapapa me pēhea te whakapapa, te take, mēnā nō hapū kē te wahine, nō hapū kē te matua o ngā tamariki, hei reira kua kitea te tino pūtake o tēnei mea o te whakapapa mehemea e whakaae ana kia whai wāhi atu ngā tamariki a taua tokorua rā ki roto i ngā pānga whenua o te wahine, o te tāne rānei. Kei konā anō ētahi tikanga ki te noho ki te tuarua, ki te tuatoru kei te pai te whakapapa, engari ki te roa atu i te tuatoru, ki te tuawhā, ki te tuarima kua kore e pai te whakapapa ki te whakahoki mai ki ēnei whenua i roto i te kāinga o te wahine, o te tāne rānei nā te mea kua roa rawa e ngaro atu ana ngā tamariki o aua moenga rā ki te hokihoki ki te whakamahana i ō rātau wāhi i roto i ngā wāhi i tīmata atu ai te wahine, te tāne rānei o taua whakapapa rā. Koia tētahi o ngā āhuatanga o tēnei mea o te whakamoe.

Tētahi atu anō kupu mō te whakapapa ko te whāwhārua. Ko te whāwhārua e kōrero ana mō te tipuna wahine, arā, ka whakapapa mai koe i te tipuna wahine. I a koe e whakahuahua haere ana i ngā ingoa he mea heri mai taua whakapapa mai i te tipuna wahine, nā reira ehara i te mea i kaha te whakamahia o tērā, engari i roto i ngā hapū me ngā whānau koirā te āhua o ētahi o ngā whakapapa, kia puta atu ki waho ki te wāhi ki te iwi kua kore pea e tino whaiwhaitia atu tērā, engari ka tīkina atu ko ngā tīpuna whai mana tonu ki roto i ngā whakapapa, whakaheke haere mai ai i roto i te iwi. Tēnā, i roto i te whānau, i te hapū ka āhua rerekē anō, ka tīkina atu ko ngā mea i tino whai wāhi atu ki ngā whenua, i whai pānga atu ki roto i ngā tātai whakapapa o tēnā hapū, o tēnā whānau rānei.

Atu i tērā, ko te whakapapa kōhikohiko. I roto i te whakapapa kōhikohiko kua kore e whai i te tātai taotahi, arā, ka whakaheke haere tonu mai i te taha kotahi anake. He taotahi tērā, engari kua kōhikohiko, kua pekepeke haere te āhua o te whakapapa, arā, ka kōpikopiko haere te āhua o te whakapapa. He kaupapa anō i pērā ai, arā, he tohu i te āheinga o tētahi whānau ki te uru atu ki roto i ngā kōrero whakapapa, i ngā mahi e pā ana ki ngā whenua, e pā ana ki te āhua o te marae, e pā ana ki te āhua o ngā whānau, e pā ana hoki ki ngā taonga. Ko te mea nui pea o roto i tēnei ko te wāhi e haere ai te tangata ki te mahi kai, ahakoa ko te moana, ko te ngāherehere, ko ngā raorao whenua rānei. Koirā tētahi o ngā mea i whai wāhi nui ai te tangata i roto i ngā mea nei, ki te kore hoki koe e whai wāhi atu ki ngā whenua rā e kore koe e āhei noa. Me āta inoi rawa koe kia whakaaetia koe ki te whakatō kai, ki te mahi kai rānei, kāore koe e poka noa ki te haere atu ki te mahi kai i runga i aua whenua rā, nā te mea nō ētahi kē te mana. Ka mutu ki te haere koe ka tango kai koe mai i taua wāhi rā tērā pea kei te whakapōhara koe i te hunga kei te tiaki i taua whenua rā, kei te mahi i aua kai rā.

I tūpato te Māori, i mōhio te Māori me pēhea tana opeope haere i ana oranga, ahakoa he kai, he rākau rānei, he aha rānei. I tūpato rātau ki te penapena i aua mea rā hei oranga mō rātau, hei oranga hoki mō ngā tamariki, mō ngā mokopuna ka whai mai i muri i a rātau, ā, i tino mōhio rātau mā roto atu i te whakapapa koinei te huarahi e taea ai e rātau te pupuri kia puta tonu ai he oranga ki a rātau katoa. Ka whānui haere te hapū, ngā whānau rānei he pērā anō te kaha o te tiaki, o te manaaki i ō rātau pānga whenua, i ō rātau pānga moana, i ngā pānga roto, i ngā pānga ki ngā wai. Kia mahara ake tātau i ētahi wā, he tau mōmona, he nui te kai, he tau tūpuhi, he iti te kai. Ki te kore koe e mōhio me pēhea te penapena haere i ō kai ka āhua raruraru pea, he matekai te mutunga atu, ka haere rānei koe ki te tono kai i ō whanaunga. Mēnā he whakapapa, e māmā ana, engari mehemea kāore i tino whai whakapapa, tērā pea kua whiriwhiri i tētahi huarahi e whakaae ai ngā taha e rua ki taua whiringa rā i waenganui i a rātau, ā, he aha ngā utu, he aha rānei ngā whakataunga i waenganui i a rātau e hoki mai ai te hunga nā rātau i whāngai, e hoki mai ai rānei te hunga i whāngaitia. He whakawhitiwhiti taonga pea, he whakawhitiwhiti kai i waenganui i a rātau anō, i ngā wā e rite ana.

Ko tētahi atu anō āhuatanga o ngā ingoa o ngā whakapapa nei ko te taotahi. I ētahi wā ka heke noa iho mai i te tipuna kotahi, ka heke haere mai i te mātāmua o ngā tamariki a te tipuna, mehemea ka whai tamariki taua tipuna rā. Mehemea ka whai tamariki te tipuna, ka whai tamariki ana uri, ka heke haere mai te taotahi i tērā. Koirā pea tētahi o ngā whakapapa, ki taku mōhio, i kaha puritia i roto i ngā rā o mua, kia kore ai e taka ngā pānga whenua me ngā wāhi mahi kai ki waho atu i ō rātau ringaringa. He mea nui hoki tērā nō te mea e kōrero ake ana au i ētahi wā he tau tūpuhi, he tau mōmona, ka tūpato rātau me pēhea tā rātau manaaki i ō rātau whenua. Nā reira koia tēnei ko te āhua o te āta whiriwhiri i te whakapapa nā te mea kei mahue ētahi ki waho. E kore rātau e pai kia pērā.

I roto i tēnei mea i te whakapapa hei ētahi wā kua tukuna te tamaiti hei tamaiti whāngai i roto i tētahi hapū kē. Ahakoa e pērā ana ka mau tonu te whakapapa ki taua tamaiti rā o te whānau i puta atu ai ia, ka whāngaihia ai ia i roto i te hapū o tētahi whanaunga kē, i roto i tētahi rohe kē. I kaha te Māori ki te pupuri i ēnei whakapapa kia kaua ai e angiangi te taura here i waenganui i ngā whānau nei, engari kia pakari tonu te taura here i waenganui i ngā whānau nā te mea i ngā wā o te raruraru kua haere mai tērā o ngā hapū, tērā o ngā whānau rānei, ki te āwhina i tēnei. Pērā anō i ngā wā ka raruraru tētahi kua haere tēnei ki te āwhina i tērā, he whakapapa katoa ngā kaiwhakarite i ērā mea. Ka uru mai te aroha ki roto, engari he mana ake mehemea kei te haere koe ki te āwhina i tētahi e whakapapa atu ana koe ki tērā e pākia rā e te mate, e te ngoikore, e te aha rānei. Koinei katoa ngā āhuatanga o tēnei mea o te noho tahi i roto i taua here a te whakapapa.

I te taenga mai o te Pākehā ki tēnei whenua, ka tīmata te hangā mai o te tauira o Te Kōti Whenua Māori e mōhio nei tātau i roto i ēnei rā. I tērā wā, e kīia ana ko te Native Land Court, i tēnei wā ko te Māori Land Court. Ka whakatakotoria mai tērā ture, kātahi ka whakaekehia mai ki runga i ō tātau whakapapa te ture o Te Kōti Whenua Māori, e whaiwhai ana i ngā whakapapa. Ka haere mai tēnā whānau, tēnā hapū ki te whakatakoto i tā rātau take, i ō rātau whai pānga ki tētahi whenua, ki tētahi wāhi rānei, ka whakatakotoria e rātau ngā whakapapa e taea ai e rātau te kī nō mātau tērā whenua, i reira mātau e noho ana, anei ngā tāngata i reira, anei ngā urupā kei reira kei tēnei rohe, kei tērā rohe, ētahi atu tūtohu whenua. Tērā pea he whakairo, he toka, he aha rānei i whakanohoia ai e te hunga i a rātau taua whenua rā, he mauri ki roto i aua mea rā, ki te tohu ki ētahi atu nō mātau tēnei whenua, nō mātau tēnei wāhi mahi kai. Koirā katoa ngā āhuatanga o te whakatakoto i ngā take ki mua i Te Kōti Whenua Māori.

Ko te mate o Te Kōti Whenua Māori, ki tāku titiro, ka kārawarawa i ngā whenua, kārawarawa pēnei nā kua kore i haere mai i tērā toka ki tērā tihi whenua, ki te awa nei, tae noa mai ki tētahi uru rākau. Ko taua rohe katoa i waenganui, aua tūtohu whenua rā nō te hapū o mea. Nā, i te taenga mai ki Te Kōti Whenua Māori ka tīmata Te Kōti Whenua Māori ki te tuhi i ngā ingoa, ki te kuhu i ngā ingoa ki roto i ngā rārangi o rātau he pānga ō rātau ki taua whenua rā i runga anō i te whakapapa.

Nō ngā tau o muri mai nei, ko ētahi o ngā uauatanga o te whai atu i ngā ture o roto i Te Kōti Whenua Māori mēnā i whāngai tamariki koe, mēnā i tīkina atu e koe he tamaiti, he tamariki rānei nā tō whanaunga, nā ētahi kē atu rānei o waho atu i te whānau ka heria mai e koe, kātahi ka whāngaitia e koe. I pai noa iho i te wā i mua atu o Te Kōti Whenua Māori, engari nō te taenga mai ki Te Kōti Whenua Māori ka uaua te whakauru mai o te tamaiti he mea whāngai, me kite tonu e ētahi i whai wāhi mai taua tamaiti rā nā roto mai o tana whakapapa ki te whānau nō rātau te whenua. I ētahi wā hoki ka tīkina atu nō iwi kē, nō rohe kē ka heria mai, ehara i te mea e heria mai ana hei tamaiti anake mā taua whānau rā, engari hei here i waenganui i ngā iwi e rua. I pērā rātau i tō rātau nā wā, ka heria mai he rāwaho kē ki roto. Mōhio ana i roto i ēnei rā i roto tonu i tōku nā whānau he tamaiti i heria mai, ka tonoa e mātau kia whakaurua mai ki roto i Te Kōti Whenua Māori, nā te mea he tamaiti whāngai nā mātau, ehara i te tamaiti toto, engari he tamati whāngai, ka heria mai ka whāngaitia e mātau ka whakaaetia kia uru mai taua tamati rā ki roto i te rārangi whakapapa. Ehara i te mea e uru mai ana ki roto i te whakapapa toto, engari e uru mai ana nā te mea he whānau, kua uru whānau mai.

I roto i ngā tau rua tekau ka pahure atu nei i pā mai tētahi āhuatanga i whakahē ai ētahi i te whakauru mai i te tamaiti kāore he pānga toto ki te whakapapa. He mea tiki noa atu te tamaiti nei ka whāngaitia, he tamaiti nā te hoa o tētahi, o tētahi whānau. Ka heria mai, kātahi ka whāngaihia i raro i ngā ture a te Pākehā. Ki te ahu atu koe ki te whakamana i te noho a taua tamaiti rā, arā, he mea āta whāngai e koe i raro i te ture Pākehā o te whāngai, ka whāngaihia e koe, ka whakaturehia e koe, nāu tērā tamaiti, nōna ōu pānga. I ētahi wā, kāore ētahi atu o te whānau e tino whakaae ki taua āhuatanga rā kia uru mai ki roto ki te whenua, nā te mea he rāwaho kē te tamaiti rā. Ka uaua i roto i ērā rā te whakauru noa mai i te rāwaho ki roto i te whenua. E mōhio ana au ki ētahi Pākehā i tīkina atu e ngā whānau Māori ka whāngaihia i te wā e tamariki tonu ana, pakeke rawa ake kua kōrero Māori, kua āhua Māori te hinengaro, engari kua whai wāhi atu taua Pākehā rā ki roto i ngā whenua o taua whānau rā, i raro i ngā tikanga Māori i whai pānga atu ai taua Pākehā rā. He mea rerekē tērā ki ngā Māori tonu nā rātau i tiki atu ngā whanaunga o roto i ō ratau nā whānau anō, ka heri mai ai ka whakauru atu ki roto i ngā pānga whenua o aua whānau nā rātau rā ia i whāngai. He Pākehā tēnei, engari mōhio ana au ka uru a ia ki roto ki te whenua o ana mātua whāngai, ā, ka pēhea te whakaangi?

Hei whakamārama ake i te kupu whakaangi, tērā tamaiti, te whakaangi, e rua pea ngā wāhine a te tangata. Ka mate te wahine tuatahi ka mahue mai ngā tamariki nā rāua ko te matua ērā, nā rāua rānei ko te whaea ērā, engari ka moe wahine anō, ka moe tāne anō te wahine, te tāne rānei. He tamariki ā taua wahine, ā taua tāne i moea rā e ia, he pāpā kē, he whaea kē rānei. Nā, koirā te tamaiti whakaangi, ko ngā tamariki nā te wahine, engari ka heria mai ka uru ki roto ki te whānau, he whakaangi ērā. Koirā anō tētahi o ngā uauatanga i uru mai ki roto i ngā tikanga o te ao Māori i tērā wā. I mua i te taenga mai o te Pākehā, kāore he raruraru nā te mea mēnā koe i moe i tētahi wahine pouaru, i tētahi tāne pouaru rānei he tamariki āna, e moe ana koe nō roto tonu i te hapū, engari i ēnei rā ka moe nō waho kē atu i te hapū, nō tētahi iwi kē, nō tētahi rohe kē. I konā ka uaua ngā tikanga e pā ana ki te tuku i ngā whenua ki waho atu o te whānau nō rātau ake taua whenua rā. Me āta whakaae katoa te nuinga kia uru mai taua tamaiti whakaangi rā, aua tamariki whakaangi rā ki roto. I reira kua āhua rerekē te āhua o te tikanga nā te mea kua whakatuwheratia e koe te huarahi kia uru mai ngā mea o waho kē ki roto i te whenua nō te hapū, nō te whānau, motuhake kē taua whenua rā, koirā tētahi o ngā huarahi e tukituki ai te tikanga o te whakapapa Māori ki te tikanga o tēnei mea o te whakawhiti i ngā rawa me ngā whenua o tētahi hapū ki te tamaiti whakaangi.

Kua kōrero au mō te whakapapa o te ao hou, kua kōrero au mō te whakaangi he rāwaho, kua kōrero au mō te Pākehā kāore ōna whakapapa ki te whenua, engari i tukuna kia uru mai. Ehara i te mea i pērā te ao Māori, i whakamāmātia e te ao Māori ērā momo tuku whenua nō te mea ka kōrerotia e rātau mehemea he hua kei roto, mehemea rānei e tika ana kia mahue ētahi ki waho, nā te mea ki te hoatu koe i ō whenua, i aua whenua rā ki tētahi tangata kāore pea ōna pānga mai ā-whakapapa nei, he rāwaho kē te āhua o tana kuhu mai ki roto i te rārangi tāngata e whai pānga ana ki te whenua. Nā reira ka hoki tonu au ki te tīmatanga o aku kōrero rā, ko te whakapapa he whakatūpato i te kōkuhu noa mai o te tangata ki roto i ngā pānga o tētahi whānau, o tētahi hapū rānei, hāunga ia te iwi, he whānui te iwi. Ko te whānau, ko te hapū ngā wāhanga o roto i te ao Māori e āta tirotiro ai tātau ki ngā pānga whenua, ki ngā pānga rawa o ngā tāngata kei roto i taua whakaaro rā o te whakawhitiwhiti kōrero.

Ko tētahi atu tino take nui o tēnei mea, o te whakapapa mēnā he rāwaho, āe rānei kua whai tūrangawaewae ia ki runga i te whenua? Kua whai tūrangawaewae ki runga i ngā marae o taua hapū, o te whānau rānei? Mehemea he rāwaho ia kua uru mai ki roto i ngā rārangi mahi a te hapū he tūrangawaewae tōna i raro i ngā tikanga Māori, he aha rānei? Koinei te Māori i kaha ai ki te titiro ki ngā momo whakaritenga i waenganui i a rātau mehemea me tuku mai he tangata rāwaho ki roto, kia kaua rānei, te take, ki te uru mai te rāwaho ki roto, tērā pea ā tōna wā ka takataka ētahi o ngā whenua ki waho kē atu o te whānau, o te hapū. Hei tauira māku, ki te moe te wahine ki waho atu o tōna hapū ko te mutunga atu o ā rāua tamariki ka whai pānga mai ki te whenua. Ka mate te wahine, ka moe anō taua tāne rā i tētahi wahine nō waho kē atu i te hapū o ngā tamariki rā, nō te wahine ngā whenua, ehara kē i te tāne ngā whenua, ka whai pānga mai ngā tamariki a te wahine tuarua ki te whenua kāore i te whakapapa mai ki te whenua. Nā reira koinei tētahi o ngā tukituki o tēnei tikanga o te whakapapa nō te mea kāore e pai i raro i ngā tikanga.

Kia hoki paku noa ake au ki te tūrangawaewae nei, he mea nui te tūrangawaewae, nā te mea ko tōna tikanga e pēnei ana nā. Ki te whai tūrangawaewae koe ka mōhio koe ā tōu nā wā ki te mate koe ka tanumia koe ki taua whenua rā, engari mehemea he rāwaho koe ki hea koe takoto ai? Kua āhua māmā pea ngā tikanga i roto i ēnei rā, engari i roto i ngā rua tekau tau ka pahure atu nei e uaua tonu ana te rāwaho ki te heria mai ki te takoto i roto i te urupā o te whānau, o te hapū, ko te aroha noa iho e heri mai ana i a rātau. I ngā wā o mua he uaua te āhua o te whakanoho i ngā tāngata ki roto ki taua urupā rā. Nā reira i roto i ēnei rā e kawea ana e te aroha, kāore i te whai i te tikanga o te whakapapa.

Āe rānei e whai hua tonu ana te whakapapa? Ki a au, āe, ko te whakapapa kia kore ai a huhua noa e uru mai ki roto i ngā whenua o te hunga e whai toto ana ki aua whenua rā, e whai kōrero ana ki aua whenua rā, ā, me te aha i takea mai rātau i aua whenua rā. He uaua ki a au te whakaae atu ki te rāwaho kia uru noa mai ki roto i ngā whenua. Me āta mōhio tonu au ki mua, ki muri o ngā kōrero e pā ana ki taua tangata, ki aua tāngata rānei, e whakaae ai au ki te tuku noa mai i te rāwaho ki roto i te whenua. Ko te nuinga o ō tātau whenua ināianei he whenua tuku iho mai i ngā mātua, i ngā tīpuna, ā, ka heke mai, i mau tonu ai i roto i ngā ringaringa o ngā whānau nō rātau aua whenua rā.

Ko ētahi whenua i taka kē ki raro i ngā mea e kīia nei he kaporeihana. Nā, kua tōpūhia ngā pānga o ngā tāngata ki raro i te maru o te kaporeihana nei e whai wāhi atu ai rātau ki ngā hua e puta mai ana i taua whenua rā, ka whai wāhi katoa atu rātau. He pai ērā ki a au nā te mea kei te noho i raro i te maru o tētahi whakahaere kotahi, engari ko te nuinga o ngā whānau e whai wāhi atu ana ki roto i aua kaporeihana e puta ana he hua ki a rātau, ahakoa he moni hei āwhina i ngā tamariki kia haere ki ngā kura, ki ngā whare wānanga, ahakoa rānei he moni hei āwhina ki te whakatū whare. Koia ētahi o ngā whakaaro e hua mai ana i roto i tērā momo kaupapa o te kaporeihana.

Mōku tonu, nō te mea kei te mōhio ahau ki tōku whakapapa, kāore au e hiahia ana kia taka atu ōku whenua, kāore au e hiahia ki te hoko i ngā pānga i tukuna iho ai e ōku mātua tīpuna ki a au, ki te hoko atu ki waho atu nō te mea ka whakapōharatia e au āku ake tamariki me āku ake mokopuna ka whai mai i muri i a au, me te aha, me taku hiahia kia mōhio rātau i takea mai te wāhi ki tō rātau tipuna, arā, ko au, i hea, he aha i takea mai ai, nā wai i tuku mai. He kōrero tuku iho katoa ērā, ka mutu he whakapapa kei roto. Nā reira kāore au e whakaae kia tukuna, kia puta noa ngā whenua ki waho. Me tino take nui tonu e hinga atu ai ahau ki te hoko i taua whenua rā ki te rāwaho.

Nā reira, koinei aku kōrero e taea e au te kōrero i roto i tēnei wā, atu i te kī atu ki a koutou kaua e tukuna ō tātau whakapapa kia ngaro. I moe au i taku wahine nō roto o Te Arawa, engari ko ā māua tamariki ka whai wāhi atu ki ngā pānga whenua o taku wahine, ko ōna pānga whenua kei roto o Te Arawa, kei roto o Ngāti Kahungunu. Nā reira te matua o taku hoa wahine, nā, kua mate nei ia, kua noho mai aua whenua rā ki ngā tamariki me ngā mokopuna. Ko ētahi o ā māua tamariki i moe rāwaho, nā reira kāore e uru mai te rāwaho, engari ka uru mai ko ngā tamariki ki roto i ngā pānga whenua, kāore e uru mai te tāne. Ko ētahi o ngā tāne nei he Pākehā kē.

Kei te pai ki a au kia mau tonu ki te tikanga o te pupuri i te whenua kia noho mai ki roto i ngā ringaringa o ngā uri o ngā mātua, o ngā tīpuna nā rātau taua whenua rā i tuku iho. Ko wai ka mōhio mehemea ki te hoatu e koe kia whai pānga mai ngā tāne nei, ngā wāhine nei rānei, ki roto i ngā pānga whenua he wā e hokona atu e rātau ki waho kē. Nā reira koinei te tūpato ake o te mau tonu ki te whakapapa, kia kaua ai te whenua e riro noa, kia kaua ai e hokona atu nā te mea e hiahia ana te tangata, te wahine rānei ki te hāereere māna, he aha rānei te kaupapa i hokona atu ai e ia. Ki a tātau he tapu tō te whenua, nā ngā mātua tīpuna i tuku iho.

He oranga te whenua, he oranga tinana, he oranga wairua anō hoki. Kei te whakaaro ake au ki ā tātau tamariki, ki ētahi o ngā tamariki Māori kei runga i ngā tiriti e omaoma haere ana, kāore i te mōhio ki ō rātau pānga kāore i te mōhio ki ō rātau whakapapa. Mēnā e mōhio ana ki ō rātau whakapapa e kore kē pea ētahi e takataka ki te raruraru. Ka mōhio rātau ko wai rātau, nō hea rātau mā roto atu i te whakapapa, ka taea e rātau te haere ki ō rātau whanaunga; ka taea te haere ki ō rātau marae; ka mōhio rātau ko mea tō rātau whānau, ko mea tō rātau hapū, ko mea tō rātau iwi, ērā momo mea katoa. Ki te takoto toka ki roto i te poho, i te hinengaro o ā tātau tamariki, mokopuna i roto i ēnei rā e kore rātau e taka ki roto i te raruraru nā te mea kei te mōhio rātau ko wai rātau, nō hea rātau. Mai i ō rātau upoko ki ō rātau waewae, titi atu ki te whenua, e mōhio ana rātau ko wai rātau.

Ko tēnei mea, ko te whakapapa, he herenga atu mōu ki te whenua, he herenga atu tērā mōu ki te iwi, ki te hapū, ki te whānau. He herenga atu tērā mōu ki ōu marae, mōku tonu e kōrero nei au, he marae ōku kei roto o Waikaremoana, he marae ōku kei roto o Ruatāhuna, he marae ōku kei roto o Rūātoki. Kia taka mai ki aku tamariki, ka uru katoa mai rātau ki ōku pānga marae i roto i te rohe o Tūhoe; ka uru anō rātau ki ngā pānga marae, whenua hoki o te taha ki tō rātau whaea, ki roto o Te Arawa, o Ngāti Kahungunu, o Ngāti Porou anō hoki, te taha ki taku hoa wahine. Nā reira he mea nui kia mōhio ngā tamariki me ngā mokopuna ki tēnei mea, ki te whakapapa kia mōhio ai rātau nō hea rātau.

TE WĀHANGA TUAWHITU

Te poroporoaki

Nā Tīmoti rāua ko Te Wharehuia

Tīmoti Kua whānui ake te tikanga o te kupu poroporoaki i te reo o ēnei wā. Tōku nā mōhio ki tērā kupu ko te tuku i te tūpāpaku, ko te mihi ki te tūpāpaku, engari i ēnei wā, ahakoa ngā wehenga tāngata, kua kīia he poroporoaki. Nā reira, me titiro ko te taha ki ngā tūpāpaku i te tuatahi. He āhuatanga ātaahua tērā, ki a au, te poroporoaki. Ki te ngaro i a tātau, i te ao Māori tērā āhuatanga kua korekore noa iho tātau. Ko te mea nui ko te kimi i ō whakaaro hei uta atu ki runga i te tūpāpaku kei mua i a koe e tīraha mai ana, ōu hokinga whakaaro, ōu mōhiotanga ki a ia me ngā kupu hei kōpaki i ō whakaaro i taua wā rā. Ki a au nei, ko te ātaahuatanga o te reo Māori ka rangona i te wā o te poroporoaki tūpāpaku, ka noho hoki koe ki te kimi i ngā kupu rangatira hei uta atu ki runga i te tangata, i te wahine rānei e tīraha mai rā i mua i tō aroaro. Nā reira, ka rerekē te reo o te poroporoaki i tō reo kōrero ki ō hoa i ngā rā katoa. He taumata kē atu anō te reo o te poroporoaki, he momo whaikōrero anō.

Te Wharehuia He tikanga tēnei nō te tūāuriuri, nō te whāioio rawa i tīmataria mai ai, ka mutu kei te mau tonu i roto i ēnei rā, arā, ko te rārangi i ētahi whakaaro hōhonu, whakaaro whānui, e pā ana, tuatahi, ki te tūpāpaku tonu, engari ka whakawhānuitia atu ērā kōrero. Ahakoa kei te kōrero koe ki te tūpāpaku, kei te kōrero anō koe ki te āhua o ngā whakapapa o tērā tūpāpaku ki tēnā iwi, ki tēnā hapū, ki tēnā whānau, kei konā ka kitea te ātaahuatanga o tēnei mea, o te poroporoaki, koirā i kīia ai he poroporo ā-kī. Kei te tiki atu koe i ētahi kupu hei whakaahua, hei whakaataata rānei i ētahi āhuatanga e mihia ai e koe te tūpāpaku. Engari i a koe e mihi rā i te tūpāpaku, kei te mihi koe ki tōna tātai whakapapa, kei te mihi koe ki tōna whānau, ki tōna hapū, ki tōna iwi. Hei ētahi wā, ka rongo koe i ētahi tāngata e whakatakoto ana i ā rātau kupu he āhua pēnei i te mea nei e kī ana, 'Kaitoa! Kia mate atu koe! I te wā i a koe e ora ana, e pēnei ana, e pērā ana te āhua o ngā mahi i a koe, ka korikori i a koe te iwi, hei ētahi wā mō te kore take noa iho.' Ko ērā momo kōrero ka whakatakotoria. Ehara ērā kōrero i te kōrero whakahāwea, whakawhiu i te tangata, engari he kōrero whakanui kē. Otirā, kia mōhio tonu te tangata e whiu ana i ērā kōrero, he aha ia i whiu ai i ērā kōrero, kei pōhēhētia mai hoki e ngā mea e whakarongo ana kei te tino kangakanga, kei te tino whiua he kupu kāore pea i pai ki ngā taringa o ngā mea e whakarongo mai ana ki aua kupu rā. Engari mēnā he tangata mōhio ka mōhio ia me pēhea te whakatakoto i ana kupu poroporoaki.

I ētahi wā hoki, tātau te tangata, he taha whakahōhā tētahi taha o tātau, he taha e paingia ai tētahi taha o tātau. Nā, koirā ngā wā, ko te wā e mate ai te tangata, e whakaarahia ake ana e ētahi kaikōrero ērā kōrero, engari ehara i te mea e tāwai ana, e tātā ana rānei i te tūpāpaku. Ahakoa kua taringa turi kē te tūpāpaku, kei reira tōna iwi, tōna hapū, tōna whānau e whakarongo mai ana. Nā reira, me mōhio tonu koe me pēhea tō whakatakoto i tō poroporoaki, mēnā ki te pērā tō whakatakoto i ō kōrero. Otirā waiho ērā kōrero ki reira. Ka huri tātau ki tētahi atu āhuatanga o te poroporoaki e whakarewaina ai e koe te tangata e takoto mai rā, te tūpāpaku e takoto mai rā. Ka whakarewaina e koe i roto i ō kupu kia ikeike rawa te rongo a ngā taringa o te hunga ora ki ōu whakaaro e pā ana ki taua tangata rā, te āhua o tērā tangata, tōna wairua, tōna hinengaro, āna kupu i whakarērea iho ai, āna mahi i mahia ai e ia, ka whakawhānuitia e koe tērā. Ka hoki tonu anō au ki te kōrero rā, i a koe e pērā rā kei te whakanui koe i tana whānau, i tana hapū, i tana iwi. He mea nui tērā i runga i te marae kia pērātia te tangata, kia mōhio koe ki te pērā.

I ētahi wā e kore pea e taea e koe te whakaputa ngā kōrero katoa kei roto i a koe nā te mea kei te kukua, kei te kūtia rānei tō wairua e te mamae, e te aroha. Kei reira ka uaua te kitea e koe o ētahi kupu hei rārangi māu, kua kore i kupu i tērā wā, kua roimata, ā, he poroporoaki anō tēnei mea te roimata. Engari he kupu whakarite noa iho tērā te roimata e heke ana mō te poroporoaki, engari koirā tētahi wāhi o roto i tēnei mea o te poroaki i te tangata mate. He wāhi tērā ko ō kupu whakamutunga ki runga i te tūpāpaku, hāunga ia te whānau, kei te noho tonu mai te whānau, engari ngā kupu whakamutunga ki te tūpāpaku, ahakoa kei te taringa turi ka hoatu e koe aua kupu rā, he wairua tonu kei reira e noho ana.

Tīmoti Kei te hoki aku mahara ki a Mate Kaiwai, tētahi kuia i kaha te āwhina i ngā kura reo. Ka mate te kuia rā, ka haere mātau ki te tangi, ko māua ko Pou i haere atu. Ka tono mai a Pou ki a au, engari i mōhio tonu mēnā au ka tū ka whati te kōrero nā te kaha o taku aroha ki te kuia rā, ana i pērā, kāore au i tū, nā Pou ngā mihi. Engari he roa e tangi ana ki tērā wahine, tangi roimata nei, nā reira i mōhio tonu au kāore e oti pai i a au he kōrero, engari nā Pou, me te pai o ngā kōrero a Pou. Kei te tika tā Te Wharehuia, he wā tōna ka riro mā te roimata e kōrero. Kei te maumahara hoki au ki a Te Wharehuia i te matenga o Ngoi Pēwhairangi. Ka haria e mātau ngā ākonga o te whare wānanga, ka riro mā Te Wharehuia. Kua ngaro kē rā hoki a Ngoi i tērā wā, e ono marama pea tēnei i muri mai o te matenga o Ngoi, he whakatutuki tā mātau i tana karanga mai kia haere atu. Ka tū a Te Wharehuia ki te mihi, ki te tuku i ōna whakaaro, i āna tangi ki taua wahine rā, ana, ka riro nā te roimata i whakatinana te whakaaro. He wā tōna ka māmā, he wā tōna kāore e māmā te poroporoaki ki a au nei, ki ētahi tāngata kei te pai noa iho, ahakoa pēhea ka māmā ki a rātau. Engari kei te āhua tonu o te tangata e tīraha mai rā te māmā o te puta o te whakaaro, o te kōrero, o te aha.

Ko te tino āhua o te poroporoaki kia eke te reo ki taumata kē atu i te reo e kōrerotia ana ia rā, ia rā, koirā te whāinga. Hei reira koe ka tiki atu i ngā kupu, mā te waiata rānei e kawe, mā te aha rānei, engari ka kimi haere i ngā kōrero o roto i ngā āhuatanga kei te mōhio koe me te hāngai ki te tūpāpaku e takoto mai rā, ka whakaputa i ērā kōrero, i ērā whakaaro. He tikanga ātaahua ki a au te tuku poroporoaki me te āta noho ki konā kimi ai me pēhea, me pēhea, me pēhea, ngā whakatoi, ngā aha, ngā aha, ngā aha. Me āta whiriwhiri te tangata ka tū ki tērā mahi i ana kupu, me āta piki ki tētahi taumata kē atu e rangatira ai te takoto mai a te tūpāpaku, te whānau, te iwi, me te marae ka uru mai ki roto i ō kupu i a koe e kōrero rā, nā te mea e mihi ana koe ki a rātau mō rātau e tāwharau rā i te tūpāpaku me te rongo anō ōu i te mamae e rongo mai rā rātau, me puta tērā wairua i roto i āu kupu atu.

Nā reira, e mihi rawa atu ana au ki te hunga tino ātaahua nei ki te whakatakoto i te kupu i te wā o te poroporoaki. Kei reira ētahi rerenga o te reo e kore koe e rongo i wāhi kē atu, ka mutu kotahi te rongonga kua pūhia e te hau ērā kōrero, nā te mea kāore hoki i tika kia hoki atu, kia hoki atu ko aua kupu anō rā, ko aua kupu anō rā. Me kimi anō i tētahi atu āhuatanga e puta ai te whakaaro ki te tangata, ki te wahine rānei e takoto mai rā. Me taku whai atu i tā Te Wharehuia, i te matenga o taku tuahine i te kaha riri o ō māua koroua i pērā tā rātau poroporoaki, 'Pokokōhua koe kia mate!' Ko tētahi taha kūware ōku i oho i ērā kupu, engari ko mātau i te mōhio he aha i pērā ai te whiu a ngā koroua rā i ā rātau kōrero. Ko taku taha kūware kāore i te mōhio, kei te whakaaro Pākehā kē hoki kei te kohukohu mātau i te tūpāpaku, kei te aha noa iho. Koirā tāku e mea nei, e mōhio ai koe ki a au me mōhio mai koe ki taku reo.

Te Wharehuia He wāhanga tērā o te poroporoaki, ka pokokohuatia e koe, engari e pokokohua ana koe i runga i te mamae, i te pōuri me te aroha. Mēnā he tangata i whakamomori ka whiua e koe te tūpāpaku nā te mea kei te riri koe i ētahi wā ki taua tūpāpaku rā, e riri ana nō te mea i whiua ki runga i te whānau me te hapū whānui kē atu ngā pōuritanga mō te āhua o tērā momo mate, ka whiua ki runga i te whānuitanga o ngā tāngata, 'Pokokōhua koe! He aha koe i tahuri ai ki te pēnā? Kua mahue iho mātau e mokemoke ana. He aha mātau i whakarērea ai e koe?' Arā atu ētahi kōrero ka whiua, engari i te otinga atu ko te tākiri ake i te mamae i roto i a koe, koirā koe e kōrero pērā rā. Kei te mōhio tonu koe kāore tērā i te rongo mai, engari kei te whakatakoto koe i ngā kōrero hei whakaatāta atu ki te hunga e whakarongo mai ana, ko rātau kē hoki kei te rongo i tōu mamae, i tōu pōuri. Mēnā ka haere noa atu koe, ka tū, kāore he paku aha nei, tērā pea ka pōhēhē ngā tāngata rā kei te kaitoa atu koe. Nā reira, he take anō e pērā ai te kōrero, engari kia kaua e pōhēhētia kei te tino pērā nei ō whakaaro, engari ko te riri me te mamae i roto i a koe kia pērā te āhua o te mate o te tangata i whakamomori.

Tīmoti Arā atu ētahi kōrero ka whiua, 'Mō te tara noa iho te take', 'Mō te ure noa iho rānei te take!' Ērā momo kōrero kua rongo au e whiua ana, 'Mō te tara noa iho koe i mate ai?' Me te tika! Kei roto tērā i te poroporoakinga, i roto anō i ngā kōrero ka whiua i muri mai, i mua atu rānei i tērā whiunga ka haere anō ngā aroha, ngā aha noa iho ki te wharemate, ki te whānau pani, engari kāore ngā koroua i mataku ki te whiu i te kōrero, 'Moumou noa iho koe ki te mate! Mō te tara noa iho te take, ānō nei kāore he tara i tua atu!' Tērā momo kōrero. Ka tumeke pea ngā mea whakarongo kāore nei i te mōhio ki te wairua Māori, koirā māua e kī nei, e mōhio ai koe ki a māua me mōhio ki te kōrero Māori me ōna rerenga, nā te mea he rerekē te titiro a te ao Māori i tā te Pākehā titiro, i ā ētahi atu ahurea titiro. Nā te kaha haramai a ā tātau mokopuna i te ao o te Pākehā, ka whakaaro Pākehā kē hoki i te rongonga i ērā kupu, engari ka pērā ngā koroua rā nā te mea he whare ngaro tērā. Mēnā ka whakamomori, mēnā kāore he tamariki, kāore he uri, ana ka mate, he whare ngaro tērā. Koirā te reo o te poroporoaki, i ōna wā e hāngai ana.

Te Wharehuia Kei te āhua o te mate, kei te āhua o te tangata. Ko ētahi tāngata anō ka haere atu koe i runga i te whakaaro he tangata i rongonui i roto i tōna wā, kāore i whāiti mai ki tōna marae noa iho, engari ki ngā marae maha o te motu. Nā, pēnei i a Ērima i takoto mai nei i roto o Te Tai Tokerau, he tangata i mōhio whānuitia nā runga i te āhua o tōna tūranga hei kaitiaki i te kaupapa o Te Taura Whiri me ētahi atu o ngā mahi i mahia ai e ia, me ngā mahi o roto i tana iwi o Ngāti Hine, arā, ka hau tana rongo ki waho. Koinei te āhua e haere nei tātau ki te poroporoaki, he hari atu i ō tātau whakaaro ka kōrero ai tātau i runga i te marae i aua whakaaro rā. Ahakoa he aha ngā whakaaro kei roto i a koe, ka hiahia koe ki te whakatakoto, whakatakotoria e koe.

Kāore e kore ka pāmamae ētahi i roto i ēnei rā ki ētahi o ngā kōrero e whakatakotoria ana. E pāmamae ai nā te mea kāore i te mārama mai ki te kaupapa i pērā ai te whakatakoto i te kōrero. Ka poroporoaki ana te tangata ka kuhuna atu e koe ngā kupu whakanikoniko, ka kuhuna atu anō e koe ngā kupu whakakaitoa, engari he kaupapa i pērā ai. Ehara i te mea e poka noa ana koe ki te whiu i ērā kōrero, ka hoatu e koe nā te mea ko tērā taha anō o te hinengaro tangata, ahakoa ko ngā kupu e ongaonga ana ki te taringa o te tangata, ko te tino o roto i ngā kupu he whakarewa, he whakateitei kē i te mate, ka mutu, kaua ko te mate anake, engari ko tōna whānau, ko tōna hapū, ko tōna iwi.

Tīmoti Ka rongo mai te whānau pani i ngā kupu ātaahua mō tō rātau whanaunga ka koa pea te ngākau, ahakoa kei te tangi, kei te mamae, kei te aha, he rongo i ngā whakaaro mihi a tangata kē noa atu, a iwi kē noa atu, kua noho rangatira mai te whānau pani i ngā mihi atu ki te mate. He tikanga tērā kia kaua e ngaro i a tātau. Ko te reo karanga o te wahine i te wā o te poroporoaki, ko ana kupu tētahi mea ātaahua. Kei te hoki au ki ngā kupu a Pānia i te pōhiritanga i te wharemate o Materoa. Ātaahua ngā kupu a Pānia, me uaua ka kore e tangi te tangata. Kei reira hoki tētahi āhua whakatangi i te tangata, kei ngā kupu a te wahine tuku i tōna reo poroporoaki ki te tūpāpaku. Ka tangi te tangata i te ātaahua o te whakatakoto mai a te wahine i āna kōrero.

Kua kore te apakura i roto i ēnei rā, i ngā wāhine tonu o ēnei wā, nā te kore reo pea. Kua kore i mōhio me pēhea te kōpaki i te whakaaro i te wā o te haere atu ki te tangi, engari i tino rongo māua i ērā āhuatanga, i te wā i a māua e tamariki ana i pērā katoa. Ka tangi ngā kuia, haere ngā kōrero, haere ngā kōrero i te wā o te tangi, ka noho ngā kuia i runga i te marae ki reira tangi ai. Kāore hoki te tangata e tū ki te whaikōrero kia mutu rā anō te tangi a ngā wāhine, me noho rānei ki te marae, me kuhu atu rānei ki te wharemate, hei reira rawa te tāne ka tū. Ko te tangi apakura kua kore haere, engari ka taea te whakaora mai mēnā ka pīrangi ngā wāhine.

Te Wharehuia Kua noho ngā wāhine rā, kua tūturi ki runga tonu i te papa ki reira noho ai, i ētahi i te kaha mamae o te ngākau kua haehae tonu i a rātau anō i te aroha, kua tīmata te haehae i a rātau anō, i ō rātau kiri. Ka hoki ōku whakaaro ki tētahi o ō māua mate i takoto kē ki Murupara, engari nō māua anō te mate nei. Ka tae mai ko te tungāne ki runga i te marae, ko te tikanga hoki mēnā he kirimate kaua e kōrero, engari i whakaeke mai te tangata nei ki runga i te marae, ko tana tuahine e takoto mai rā i roto i te wharemate, ā, e apakura ana, 'He aha koe i whakarere ai i a mātau?' Ērā momo kōrero katoa e puta mai ana i a ia, he pēnei i te riri nei, engari me te aroha anō i te wā kotahi i te kaha o te tangi.

Timoti Ka mate te pāpā o Te Ripowai mā, i Rūātoki mātau. Kua tae kē atu mātau, ka haramai ko Te Waiārani Harawira, tōna tira ko ia anake e haramai ana i te rori me te tangi, me te kōrero, me tana kī, 'I tae atu au ki Korohe, kāore koe i reira, i tae atu au ki mea, kāore koe i reira, tēnei ka haramai nei i tōku mokemoke.' Nā, e kōrero ana i te rori, ā, ka kuhu mai ki te marae me te haere tonu o ana kōrero kia tae rā anō mai ki te wharemate o te koroua rā. Ko tērā momo poroporoki a te wahine kua ngaro pea i roto i te rā nei, engari ka taea te whakaoho mai mēnā ngā wāhine ka pīrangi. Ko te mataku pea o ngā wāhine o ēnei wā kei kōrerotia e ētahi o ngā wāhine, 'He aha te mahi a te wahine rā?' Nā te korenga i kite. Ka taea te whakaora mai tērā āhuatanga mēnā ka pīrangi te wahine ki te whakaora mai. Kei te āhua tonu pea o te wahine, kia rongo rā anō i te tino kaha o te mamae tērā pea ka puta noa mai, ko wai tāua ka mōhio? Ehara hoki i te mea me āta noho te wahine ka whakaaro, 'Me tangi apakura au i te rangi nei,' pēnei i te whakaari nei, engari me maringi noa mai.

Te Wharehuia I te wā ka tākirikiri te aroha i roto i te ngākau o te wahine rā hei reira ka puta i a ia, ana pēnei i a ia e kōrero nei mō Te Waiārani, he pērā hoki tērā wahine.

Tīmoti Mā reira kē te tangata e tangi ai, ahakoa te tūpāpaku, kei te tangi ki te wahine me ana kōrero, koirā hoki te kaupapa, he whakatangi i te katoa, i a ia anō me te iwi e whakarongo ana ki a ia. Engari e kī ake nei au, kua ngaro haere tērā tikanga me ngā kuia pērā.

Te Wharehuia Ko te poroporoaki ki te mate tērā, engari he poroporoaki anō ki te hunga kua eke te wā e noho ana rātau i runga i te marae, kua huri te ihu o te waka ki te hoki ki te wā kāinga. Nā, hei reira kua poroaki anō, engari i tērā wā kua riro mā te manuhiri e hoki rā e poroaki te hunga e whakarērea ana e rātau, arā, ko te hunga o runga i te marae rā, o te kāinga rā, te iwi, te whānau, te hapū rānei nā rātau i manaaki taua manuhiri rā. Hei reira kua whakatakoto te manuhiri i ōna whakaaro, i ana mihi. I te nuinga o te wā, kotahi noa iho te tangata e tū ana ki te poroaki, i ētahi wā kua kite au e rua, e toru rānei ngā tāngata i tū ake ai ki te poroaki. Ko te take i pērā ai, nā te mea nō tētahi rohe kē tētahi wāhanga o te ope, nō tētahi rohe kē anō tētahi wāhanga o te ope. Nā reira, ka tū ake tēnā wāhi ki te poroaki i te wāhi ki a rātau, tēnā ki te poroaki i te wāhi ki a rātau, he whakanui tērā. Kei te kōrero au mō roto i te wharekai, kua mutu hoki te hākari, hei reira kua tū ake te tangata ki te mihi. I ēnei rā kua tīmata au ki te kite ake, kei te tatari tētahi, ētahi rānei kia riro mā tētahi ake, mā te mea kotahi noa iho e tū ake ki te mihi. Engari he mea whakarangatira i te tangata whenua, mehemea ka tūtū mai te rua, te toru, te whā rānei e mihi ana, e poroaki ana. Ka mutu hei ētahi wā he kupu i whakatakotoria i taua wā rā e mau ai i roto i te hinengaro o ētahi. Ka tae pea ki tētahi huihuinga, ki tētahi mate rānei ka whakaarahia ake anō aua whakaaro rā i aua huihuinga rā, koirā tētahi o ngā painga o ā tātau tikanga.

Tīmoti Ka whakarewaina rā taku pukapuka *Te Reo Rangatira*, ā, i tū hoki ki Ruatāhuna terā hui nui. Ka haramai a Tainui, e rua ngā pahi i haramai, ā, ka mutu ngā mihimihi ka tahuri a Tainui ki te whakatika i a rātau ki te hoki. Ko Te Kirikōwhai, kua mate nei, ka tū, ka tahuri atu ki te whare ka karanga ki te whare, karanga mihi ki te whare. Kātahi anō hoki au ka rongo i tērā tikanga, ka mutu koirā taku rongonga tuatahitanga, whakamutunga, kāore anō hoki au kia rongo i ngā kuia o Waikato e pērā ana. I tū mai a Te Kirikōwhai, tukuna ana āna kupu ki te whare, he mihi noa atu ki te whare mōna i tiaki, ērā momo kōrero, ā, ka huri a Tainui, ka hoki mai. He tikanga ātaahua tērā, engari kāore au e mōhio mēnā he tino tikanga nā Tainui, ko Te Kirikōwhai rānei tērā me ōna whakaaro.

I tētahi hui māua i Te Kūhā, ka tū mai tētahi o ō māua koroua, āhua hātakēhi nei taua koroua rā, ā, ka mihi mai, ko tana waiata ko 'Memories', ka rīria e te tuahine, ko tana tuahine he kuia waiata hoki. Engari koirā ngā āhuatanga o tērā momo poroporoaki, he ngahau kē hoki me te pōhiri i te tangata whenua, 'Haramai ki a mātau ā mea wā.' Hei reira ka takoto tō pōhiri ki iwi nā reira koe i manaaki. Ko ngā tāngata ora tērā e mihi ana ki a rātau anō. He pērā anō i te uhunga, nā te mea hoki e kore te manuhiri e wehe noa iho, he āhua pērā i te mihi ki ngā ringawera, engari ka tū tēnei ki runga i te marae, kaua ki roto i te wharekai. I ēnei wā kua tū ki roto i te wharekai, he hiahia noa iho pea nō ngā manuhiri ki te tuku i tētahi mihi ki te iwi kāinga i mua i te hokinga. He whakaaro ātaahua tērā ki a au, hei reira ka takoto ngā tono, ngā pōhiri, ka kī atu, 'Haria mai te mate ki a mātau,' ērā kōrero ka takoto i taua wā rā.

Te Wharehuia Hei reira anō koe rongo ai i ētahi rerenga o roto i tō tātau reo Māori kāore koe e tino rongo ana i ētahi atu wāhi, ko te āhua o te whakatakoto, ko te rārangi atu o te kupu a tētahi taha, a tētahi taha. Ka mīharo koe ki te āhua o tō tātau reo me ōna rerenga, ko ētahi kei te haere atu ki roto tonu i te ngākau o te tangata, ko ētahi e titi kaha ana ki roto i te hinengaro, ka noho hei whakaaro, ā, ka noho anō hoki hei maharatanga ake mā te ope e haere ana, mā te tangata whenua rānei e noho mai ana ki te kāinga. Ka mau ērā kōrero i a rātau, ahakoa e rua tau, e toru tau, e whā tau kua hipa, kei te puritia e ngā kaumātua rā i roto i ō rātau whakaaro. Ka tae ki tētahi wā e hoki anō ai ki taua marae rā, ka whakaarahia ake, ki te kore, ko te marae nā rātau i manaaki, kua haramai ki tēnei o ngā marae ka whakaarahia ake ērā kōrero e rātau. Kāore he mea pēnei i ngā mea o ēnei rā nei hei hopu i aua kōrero rā, ko te hinengaro noa iho, ko te ngākau hoki o te tangata. Ko tētahi āhuatanga o tērā mahi ka maharatia ake e koe ērā momo whakaaro, ērā momo kōrero. Ki te taka te wā e puta ai tētahi rongo, kaupapa rānei e haere ai koe ki te marae, ki ngā marae rānei o te iwi i haere mai rā ki tōu marae, hei reira, kua ara ake ēnei whakaaro i roto i a koutou, kia haere koutou ki te whakatutuki, he aha rā te āhuatanga kua pā mai ki te marae o tērā iwi i tae mai rā ki tōu marae, kei roto katoa i ērā kōrero. Kāore ēnei kōrero e pūhia e te hau, engari ka whakairia ki ngā pātū o te whare, ka tīkina atu anō. He kupu whakarite noa iho tēnei, kia kaua e pōhēhētia mai ā māua kōrero, engari kia maharatia, koirā te mea nui.

TE WĀHANGA TUAWARU

Takahia te tikanga, kia ora ai te tikanga

Nā Tīmoti rāua ko Te Wharehuia

Tīmoti Ko tēnei te wā o te takahi mana rānei, o te takahi tikanga rānei? Ko te wā rānei o te panoni i te tikanga? He pātai tērā kei te rērere haere i waenganui i a tātau o te ao Māori i tēnei wā, nā te mea kei te kitea te uaua o te ū ki ngā tikanga o te wā i a rātau mā. I uaua ai nā te kore reo o ētahi, nā te kūware tonu o ētahi, he whakahōhātia rānei nō ētahi e ngā tikanga. Koinā e hiahia nei te ao Māori me whakamāmā! Me te aha anō i roto i tērā whakaaro, kua āhua mākihakiha noa iho te āhua o te noho a ngā tikanga. Ko te whakaaro pea e kaha ana te puta i tēnei wā, i te kaha o te rangatahi ki te kōrero Māori me te tika ake o te reo o te rangatahi o ēnei wā, me te mārama ake o te rangatahi o tēnei wā i ō rātau mātua, kaumātua rānei i ētahi iwi, kei te kaha tā māua ko Te Wharehuia whakahau, 'A kāti, e tama mā, e hine mā, e tū ko koutou!' Kei te noho tonu ō rātau kaumātua ki konā kati mai ai, nā reira au i kī ai i tētahi kauhau āku, 'Taipakeke mā, whakawātea mēnā kāore e pahawa i a koe!' Kei hea te mana o tō tūranga ki te riro māu, mā te kore mōhio ērā āhuatanga e kawe, mēnā he mōhio ake tō mokopuna i a koe? Tirohia te wāhi ki a koe, ko tāu he noho, he tohutohu, he āwhina i ngā wāhi ka taea e koe, engari mēnā ki tāu whakarongo, ki tāu titiro, ko tō mokopuna kua eke tonu ki ngā taumata, kāore e kore he wāhanga kei a koe māu hei whāngai atu. I te nuinga o te wā kua eke tonu tō mokopuna ki te karangatanga kaikōrero o runga i tō papa, nō reira tukuna te mana ki a ia, te mana kōrero ki a ia, ko koe e noho i konā i tā te kaumātua noho, he whakarangatira i te āhua o te pae.

Koirā ngā raru kei te pā ki te ao Māori o tēnei wā. Nā reira me titiro pea ērā i roto i te whakaaro i kī ake rā au i te tīmatanga o taku kōrero, he takahi mana rānei tērā, ko te panoni rānei o te kawa kia ora tonu ai te kawa? Koirā hoki te kōrero kei te kaha te puta, 'Ka takahi au i aku tikanga, kia ora ai aku tikanga,' nā reira mā ēnei reanga e whai mai tērā whakaaro. Ki a au nei, ko ētahi o nga āhuatanga kei te takahia mai i ēnei wā, ka aroha au ki ngā tikanga o tērā āhua, engari kei te kaha te kūware haere o te ao Māori ki āna tikanga o runga i te marae. He kūware rānei, he kore tonu rānei i pīrangi whai i ngā tikanga? Aua, koirā pea te pātai tika. Mā Te Wharehuia e whaiwhai mai tērā whakaaro ōku. Ko au kei te whakaaro i tēnei wā, kua hōhā noa iho pea te ao Māori ki te ū ki te tika ahakoa tana mōhio kei te hē tāna e mahi nei, ka whai tonu i tērā huarahi nā te mea he māmā ake.

Te Wharehuia Ka tīmata te tāmatemate haere o te reo Māori i roto i ō tātau iwi. I tērā wā, ka pā mai ngā raruraru, e whakahua ake nei a Tīmoti, ki ngā tikanga o runga i ō tātau marae, o roto i ō tātau whare. Ehara i te mea i runga i te marae anake, i roto i ō tātau kāinga i noho tonu ai tātau i roto. He nui ngā wāhanga o roto i ō tātau whare kei te takahi tikanga tātau, engari kāore i te hoatu he tikanga hou hei whakamārama i tērā. Ko te āhua tonu o te wā e tahuri ai tātau ki te whakarerekē, hei tauira māku, kaua e uta kai ki runga i te tūru nā te mea he wāhi noho tērā mō te tangata. Engari ka haere ētahi ki ngā toa ki te hoko kai, kāore he whakaaro ake, haere tonu mai me ngā kai rā ka utaina ki runga i ngā tūru o roto i ō rātau waka. Kāore e kuhuna ki muri, engari ka utaina ki runga i ngā tūru ki reira noho ai ngā kai. Ki te pātai atu koe, 'He aha i kore ai e mea he kai ki runga i te tūru?' Ō, he tapu,' engari kua tae ki roto i te waka, pai noa iho te uta i te kai ki runga i te tūru. Koinei ngā taupatupatu e ara ake ana i roto i tēnei wā. Me pēhea te whakamāmā? He nui ngā āhuatanga o tō tātau ao Māori i kīia ai e ō tātau koroua he tapu tēnā, he tapu tēnā, he tapu tēnā.

Kei te mahara au ki tētahi mea i te wā i a au e tamariki tonu ana, tekau nei pea ōku tau. Ka tonoa au e taku māmā kia haere ki te toa ki te tiki parāoa mā mātau, parāoa Pākehā nei, kātahi au ka hoki mai. I tērā wā, ko ētahi o ngā kaumātua o te whārua o Rūātoki he tāngata nō Te Hāhi Ringatū, ka mutu he pakeke nō runga i ō mātau marae. Kei te hoki haere mai au, kei te whakahipa haere mai au i te kura o Rūātoki, e waiata haere ana au, kei runga te parāoa i taku upoko, puri haere ana au, e waiata haere ana au. Atā! Kāore au i rongo, engari mea rawa ake kei te titiro kē au ki te rangi. I haramai te kaumātua nei kātahi ka homai te waewae ki taku tou, kei raro au e putu ana! I ohorere nei au, kātahi au ka rongo i a ia e mea ana, 'Kaua rawa koe e pēnā ā muri ake nei!' Koinei te hunga whakatikatika i a mātau i roto i tō mātau nā wā e tamariki ana mātau, kua kore tērā momo e tino kitea ana i roto i ēnei rā. Ko te kōrero tonu atu a ētahi ki a koe, engari ko ēnei ko te pā tonu mai o te ringa ka pākia ō taringa, kāore he kōrero! Ka rongo kē i te ringa, i te rākau, i te aha rānei. He whakatikatika i a mātau kia kaua ai mātau e wareware ki ētahi o ngā tikanga, ki a tātau hoki he tapu te māhunga, tino tapu nei. Heoi anō, he tauira noa iho tērā o te āhua o ngā mea e kitea ake ana e tātau i roto i tēnei wā, āe rānei me whakamāmā? Ko tā Tīmoti, ko te panoni i te tikanga kia ora ai te tikanga.

Ko ētahi o ngā āhuatanga o te ao tawhito kei te kōrero tonutia i roto i ēnei rā. Kia kōrero ake au, ka rongo ake au i roto i tō māua rohe kei te hiahia ētahi o ngā kaikōrero o tō mātou rohe kia kaua e tukuna ngā wāhine kia eke ki runga i ngā komiti, i ngā rōpū kua whakatūria hei whāwhā i ngā moni me ngā aha noa iho a te iwi o Tūhoe. I mua noa atu i tērā, i te wā e ora tonu ana a Te Rangihau me ngā koroua o mua atu, i katia te wahine ki te whakaeke atu ki runga i te Poari o Tūhoe, nā te mea kei te whakaaro ake ngā kaumātua rā, ko tērā wāhanga mō ngā tāne anake. Ko te mate hoki o tērā whakaaro ināianei, he nui ake ngā mea wāhine kei roto i ngā tūranga o te ao hou nei, e tika ana kia tīkina atu ō rātau mātauranga ka heri mai hei āwhina i te iwi o Tūhoe. Nā, kei te hakiri aku taringa ki tētahi kōrero e kōrerotia ana, kaua te wahine e eke mai ki runga i te komiti o Te Uru Taumatua, te poari e whakatūtū ana i ngā āhuatanga hei oranga mō te iwi o Tūhoe. He aha te oranga o roto i terā mehemea kāore he wāhi ki ngā wāhine? Āe, ki runga i te marae o Tūmatauenga, terā pea kei te tika terā, engari kia uru atu ki roto i ngā huihuinga a te poari, he aha te hē o te tiki atu i ngā mātauranga o tētahi o ngā wāhine o tō iwi? Nā te mea he tohunga taua wahine rā ki te mahi e hiahia ana koe.

Ko te nuinga o ō tātau iwi ināianei kua uru kē atu ki roto ki te mahi moni mā rātau anō. Nā, he nui ngā wāhine kei te pērā, he nui ngā wāhine e taea ana e rātau te kōrero. Kāore ngā wāhine i te kī kei te hiahia mātau ki te tū i runga i te marae ki te whaikōrero, engari e hiahia atu ana kia eke atu ki ngā wāhi e mōhio ana rātau ka taea e rātau te whāwhā. Kei te mōhio rātau, kei te pai noa iho ō rātau whakaaro ki ngā tikanga o te ao tawhito, kaua e tū ki runga i te marae ātea, ko Tūmatauenga terā, ki roto i te whare, āe. Engari i ēnei rā kua hoki anō te whakaaro o ētahi rōpū kia kaua ngā wāhine e tukua kia tū ki te kōrero i ētahi o ngā take e pā ana ki ngā mahi e taka ana ki raro i te poari, tō mātau nā poari o Tūhoe. Kāore au e mōhio mō ētahi atu o ngā iwi, kei te kōrero ahau mō tō mātau poari o Te Uru Taumatua. Koinei te whakaaro kei te ara ake i roto i a rātau, kāore e pai ngā wāhine ki runga i te poari. Ki a au, kua tae tēnei ki te wā me panoni, tukuna atu ngā mea mōhio, kaua e whakatūtū noa iho i ngā tāngata. I te mutunga atu kāore he hua e puta ana ki te katoa. Tukuna atu ko ngā mea mōhio, mēnā he wahine kei reira e mōhio ana ki tēnā momo mahi, ka mutu koirā te mahi e kitea ai pea he hua e puta ai he oranga ki te iwi whānui, he aha te hē o terā? Kei konei tētahi o ngā mate nui, he noho nō ētahi o tātau ki te ao pōuri, ki te ao tawhito, kāore e haramai ki te ao hou. Kua rerekē tēnei ao, rerekē noa atu i te wā i a kui mā, i a koro mā, o terā rau tau, o tēnei rautau tonu nei pea.

Tīmoti Hei tautoko noa ake i tā Te Wharehuia e kōrero nei, he nui ngā tikanga kei te whakauaua rānei i te kokenga, kei te whakapōrearea noa iho rānei i te whakaaro o ētahi o tātau, i te mutunga iho mā tēnā marae, mā tēnā marae anō e whakatau he aha te aha. Kia titiro au ki taku taha Kahungunu nei mō tētahi hui i tū ki reira. Kua noho kē te pae, kua mihi kē te tangata whenua, kua riro kē te mana kōrero i ngā manuhiri. Kua tū tētahi o te manuhiri, e noho ana tērā, e haere ana tana waiata, ka eke mai ko tētahi anō o Kahungunu. I kōkuhu noa mai ki te marae kāore i karangatia, kāore i ahatia, he haramai ka noho, mutu ana tā tērā kua tū. Anei kē hoki te rārangi kōrero kua oti kē i a rātau te kōrero ko wai ka whai mai i a wai, i a wai, i a wai. Ka tū ngā pihi o tētahi o ngā koroua o Tūhoe nā te mea ko ia te mea i whakaritea hei whakatepe i ngā kōrero. Ka kōrero tērā rorirori i kōkuhu mai rā i āna kōrero heahea noa iho nei, ka haere te rārangi kōrero, tae rawa atu ki te wā o te kaiwhakatepe. I te kaha o te riri, i whiu noa iho mai i ana moni, i te koha a te katoa ki te rangi, ka noho. Kāore i kōrero nā te hē o te kawa, kua whakamā kē ia i te pae, nā reira kāore i tū ki te whakarangatira i tā tērā i tū mai ai. Nā, ko tērā momo kaumātua kua kore ināianei, engari ko tērā momo koroua, he mea whāngai māua ki tērā ao.

He nui ngā hui a Tūhoe i tū ki te kōrero i tōna kawa. I te mutunga iho tērā pea kua uaua rawa te ū ki ērā tikanga i kōrerotia e ō māua kaumātua, i āta tuhia rā anōhia ērā mea katoa i kōrerotia hei titiro mā Tūhoe. I kōrero ai ngā kaumātua kia kotahi ai te kawa mai i tētahi pito o Tūhoe ki tētahi pito, ahakoa huri ki hea ki roto o te rohe, e mōhio ana te tangata me aha, āhea, ki hea, engari ko tērā ao tērā. Ana, ko māua kua noho mōrehu nei, āhua mōrehu nei, e kōrero nei i ēnei kōrero, kei tēnei reanga te tikanga me aha. Me titiro tēnei reanga ki tāna ka mahi i roto i ngā tau me tana mārama ki tāna i mahi ai i tērā mahi, he aha ia i whai ai i tērā tikanga, me mōhio ia ki te whakamārama nā te mea he reanga pākiki ēnei reanga, ka pātai, ka pātai. Ko mātau kāore i pātai, ka kī mai ngā koroua, 'Ki kō!' ka haere ki reira. Kāore i whakamāramahia mai e ngā koroua, heoi anō tāu he whakarongo, engari tēnei reanga i a koutou nei, he reanga pātai. Nā reira me mōhio koe ki te whakamārama i tāu i whakatakoto ai i kīia ai e koe he tikanga tēnei nāku ki runga i tōku papa, anei, anei,

anei te take i takoto ai tērā tikanga. Koirā te āhua o te ao Māori o tēnei wā.

Ko tā Te Wharehuia e kī nei, nā te ngaro haere o te reo, koirā anō tētahi raru nui. Terā pea kua mate kē ko te reo Pākehā hei reo whaikōrero mō runga i tō papa i te korenga o te reo e mau. Koirā katoa ngā āhuatanga hei titiro i roto i ngā tau kei te tū mai, mēnā ka karanga te wahine ki te reo Pākehā, ka karanga rānei ki te reo Māori. Ko ēnei āhuatanga ka puta i roto i ngā tau kei te tū mai. Ko ētahi āhuatanga, pēnei i a Te Wharehuia me te parāoa i runga i tana māhunga, mā te patu rā anō i a koe ka mōhio koe kei te hē tērā tikanga, ki te kore e kōrerohia mai. Ko te hongihongi hoki i te kai tētahi mahi tino kino ki taku māmā. Kāore e titiro ko te pao tonu mai mēnā i te hongi koe i te kai. Ko ērā āhuatanga itiiti noa iho nei, engari he mea nui ki a rātau, hei reira hoki kua whakamā ko rātau i tō mahi. Mēnā he kai ka utaina mai ki mua i a koe, ki mua i tō aroaro, me kai! Ko ērā āhuatanga kua āhua ngaro haere.

Ka kite au i tētahi o ngā hōtaka i te pouaka whakaata, i te kōrerotia te āhua he aha te Māori i kore ai e pai kia noho te tou ki runga i te tēpu kai. Ka whakaaro au, ha! Heoi anō, ki tā te Māori he wāhi kai tērā nā reira kaua tō tou ki reira – he māmā! Engari kei te kī hoki rātau, ka ukuia te tēpu, kei te mau tarau kē koe, ērā āhuatanga katoa. Koirā te taupatupatu o roto i te wā nei, tō te Pākehā whakaaro ki ā tātau tikanga, ō tātau whakaaro tonu ki ā tātau tikanga. Ko te wahine rawa atu te mea tino hē kia noho mai i te tēpu kai, tino kore, kore nei tērā e pai, ka mutu i a māua i Te Whare Wānanga o Waikato me āta whakaako tērā tikanga ki ngā ākonga, Māori mai, Pākehā mai, engari kotahi te whakaakoranga, ana kua mau. Ehara i te mea me tohe tonu, me tohe tonu, me whakahoki, me whakahoki i te kōrero. Kotahi te whakamāramatanga, kotahi te kīnga atu, 'Kaua tēnei, kaua tērā, kaua tērā, kei te haere tātau ki ngā marae o ētahi atu, nō reira kia tūpato tātau, kia kore ai tātau e kōrerohia, ko tātau hoki ka mate i te whakamā.' Koirā tētahi āhuatanga kei te ngaro i roto i te wā nei, kua kore te Māori e mōhio ki te whakamā, tino kore, kore nei ki taku titiro. I te wā i a mātau, he mea tērā hei patu i a koe, ko te whakamā tonu o tō whānau i āu mahi, ka riro tonu mā reira koe e whakatika.

Ko māua tahi kei te kī mēnā he pai ake te reo o te tamaiti i tō te pāpā, mā te pāpā e whakaae kia tū, me whakaae te pāpā, arā kē te reo pai, ko tō taku tamaiti. I tētahi o ngā Panekiretanga ka tū atu tā mātau tangata, ko te pāpā i whakautu mai i tērā taha! Ka kite ai koe, koirā ngā āhuatanga mā tēnei reanga pea e whakatau. Kei te pai noa iho māua ki te kōrero kua hē noa iho ngā rā o Te Wharehuia rāua ko Tīmoti ki te titiro mai a ētahi, engari he tikanga ērā me whakatau, he raru kei te haere ki te kore. Ko Kahungunu hoki te mea i whakatauira atu i tērā i te tukunga i a Pētera kia tū ki te Koroneihana hei waha mō Kahungunu whānui, ana, ko Pētera kei te rua tekau mā rima nei pea ināianei. Kua kaha tā rātau whakatū i a Tātere, he tamariki noa iho, arā ngā kaumātua, nō reira kua āhua whakaae haere pea ngā kaumātua kia tū ko te mea tamariki, engari he uaua ki ētahi kaumātua te tuku i te mana kōrero ki tētahi ahakoa tō rātau hē noa iho nei. Ka mutu ko ētahi kei te kī mai ki a au, 'Kei te takahi koe i ngā mana o ngā kaumātua, ahakoa te koretake, te maroke, tukuna mā ngā kaumātua.' Ko ahau kei te kī, he aha te hua o tērā? Ko te mana, ko te whakamā ētahi mea e rua kei te ngaro haere i roto i ngā wā nei.

Te Wharehuia Ko te mate hoki ko te reo tonu, kei te riro nā te pūhore o te tangata ki tana reo ka riro mā te tamaiti e kawe nō te mea kua mau i te tamaiti te reo. Ka hoki au ki Rūātoki, ehara i te mea kua matemate ngā kaumātua, engari e hoki ana au ki Rūātoki, i reira tētahi tangata rongonui, he tangata e kitea ana i runga i ngā marae, engari ahakoa i te ora tonu ana karangatanga pāpā, me pērā taku kōrero, ehara i te mea ko tana pāpā, engari ko ana pāpara, tūranga whānau nei. Ahakoa tonu i raro i ngā tikanga i whakatakotoria ai i roto i tō mātau nā rohe e kore e pai kia tū te tangata nei i mua i ana mātua ahakoa he matua kēkē nōna. I tū ia, ka mutu kāore he mea i whakanoho i a ia. Kia kōrero atu au, ka haere ahau ki te whakahoki i te tamaiti nei, i mate mai i roto o Kirikiriroa, he mea hari mai te tamaiti nei ki te hōhipera i Kirikiriroa, ka mate mai i reira. Ko te whaea i Tauranga

Moana e noho ana, engari i te wā i mate ai te tamaiti nei i te taha te whaea i a ia, ka mate. Ka haere au ki te whiriwhiri i te āhua ki ngā whakarite tangata mahi tūpāpaku, ā, ka oti ērā, kātahi mātau ka haere. Ka mea atu au, 'Me haere tātau mā Tauranga Moana kei riri kē mai ngā mea o Tauranga Moana i whakahipa tātau i a rātau.' Nā reira ka huri mātau mā reira kia haramai ngā mea o Tauranga Moana i ō mātau taha ki te haere ki te kawe i te tamaiti nei ki Rūātoki.

Ka tae ki Rūātoki, i te taenga atu ki reira, i taku taha, i haramai i Tauranga Moana, ko taku tuakana. Heoi anō, ka tae atu mātau ki te marae i Rūātoki, ā, e noho mai ana te pae. Nā, ko ētahi tonu o te pae ka noho pāpā mai ki a māua tahi ko taku tuakana, te mate anake, kāore he mea i tua atu i tētahi o māua e taea ana te whakatakoto kōrero, hei pae ārahi rānei mō te ope whakaeke. Nā, kei reira māua e noho ana i te wā e tū mai ana ngā mea o te pae o te kāinga ki te kōrero, kei te kite mai i a māua e kōrerorero ana, nā te mea i tahuri mai taku tuakana ki a au ka mea mai, 'Māu rā tāua e kōrero.' Ka kī atu au, 'E tama, arā ō tāua pāpā e noho mai rā, he raruraru kei te haere ki te tū au.' He roa māua e whakawhitiwhiti whakaaro ana ka kī mai ki a au, 'Kāore e taea e au te kōrero, kāore au e waia ana ki tēnā mahi, māu tāua e kōrero.' Ka kite mai tētahi o ō māua pāpara i a māua e pērā ana, taku tahuritanga atu kātahi ka kapo mai te ringa o te tangata rā, kua mōhio au i tērā wā kei te mōhio ia he aha tā māua e whakawhitiwhiti whakaaro nei i waenganui i a māua. Kātahi ka pēnei mai (ka kati te ringa e tohu ana i te mārama rāua), e rua rāua i pēnei mai, ko Pāora Kruger tētahi, ko te pāpā o Te Ripowai, ko Te Hemopō, tētahi.

Ka mutu mai i tērā taha ā rātau kōrero, ka riro māku e kōrero te kawenga atu o te tamaiti nei me ngā āhuatanga o runga i tō mātau marae. Kei te kite atu ahau i ētahi o ngā pāpara nei kua tīmata ki te kōrero i waenganui i a rātau anō. Kāore he mea i tū mai ki te whakahē i a au i te wā i a au e kōrero rā, engari i te wā i a mātau ka haere atu ki te harirū, ki te rūrū ki a rātau, kua tere tonu te kī mai a tētahi, 'I te hē tō mahi.' Ka mōhio tonu au he aha te tikanga o tana kōrero, 'I te hē tō mahi.' Kua kī mai tētahi i te taha, 'I te pai noa iho, nāku i tuku.'

Kua kī mai te tangata nei, 'He aha i tukuna ai e koe?' 'Nā te mea he rite ki a kōrua ko tō taina.' Ko Tako te tuakana, ko Mōwai te taina, nā, he rite tonu te tū a Mōwai, nō te mea kāore te tuakana e tino tū ana, ā, ka riro ko Mōwai te mea tū. Ka kite atu taku pāpara nei ki ērā, 'He rite tonu ki a kōrua ko tō taina.' Waiho atu mā rātau e kōrero ērā kōrero i muri iho, engari i reira tērā āhuatanga, kua tīmata i tērā wā, ki tāku titiro, te taupatupatu i waenganui i te hunga e noho ana. Ko mātau i haere kē mai i waho i roto i te ao o te tāone, ā, ka haere ki te whakahoki i te mate nei ki te kāinga. I reira ka ara ake nei ngā whakaaro nei me takahi rānei te tikanga kia ora te tikanga, me takahi rānei nā te mea kāore he kaikōrero?

Tīmoti Ki te kore hoki e tukuna, e whakamāmāhia rānei i ōna wā, ka mate te tikanga. Koirā hoki te āhua o te tikanga, e ora nei te tikanga he panoni i roto i te wā. Kāore tātau i te ū ki ngā tikanga i te wā i a rātau mā, nā reira e kī nei māua e ora ai ngā tikanga nei me titiro anō ki te ao o tēnei reanga, mā rātau anō te reanga o muri atu i a rātau me ngā whakatau e pā ana ki tērā reanga. Ko ētahi tikanga ka hē katoa, ki te kore te wahine e whakaū i te karanga, he nui ngā ope kei te karawhiu te wahine o te tangata whenua, engari kāore he paku hamumu mai o te manuhiri. Ki te karangatia mai koe e te tangata whenua, tēnā tētahi paku ngunguru atu nei ki te whakatau noa atu. I ngā wā o mua ka kōrerotia ērā take i mua i te whakaekenga, 'Kei a koe te mea, kei a koe te mea, anei ngā kaikōrero.' Kua kore i pērā. Kei reira hoki te māmā o te whakaeke, kua mōhio te tira anei, anei, anei, kua oti, kāore he raru. He mea nui tērā te kore o te wahine e whakautu i te karanga, he āhua pēnei i te whaikōrero nei ka whakatauhia mai, ka nohopuku koe i konā nohopuku ai, kāore he paku whakautu, ko tērā rite.

Ko tētahi tikanga kei te āhua kaha nei te takahia, ko tērā o tāku i whakahua ake rā, kua noho kē te pae, te manuhiri, kua tae kē te mana kōrero ki reira, ka kuhu māori noa iho mai tērā ka noho. Mutu ana tērā, tū ana ki te kōrero! Nā, ki roto i a mātau, ko te tikanga, mēnā ko te mana kōrero kei te tangata whenua tonu ka taea e te tangata whenua tērā ope te karanga kia eke mai, engari e riro ana i te manuhiri, kua kati te marae, kia mutu rā anō te rūrū ka āhei mai rā tērā rōpū e takaroa mai rā i waho.

Te Wharehuia Kua karangahia mai te ope i waho rā kia whakaeke mai, kua kī atu koe ki te ope kei runga i te marae i tērā wā, 'Taihoa he ope anō kei waho rā, kia karangahia atu kia whakaeke mai.'

Tīmoti Āna, kia kotahi te mihi a te tangata whenua ki te katoa. E whakapae ana, ko ngā reanga katoa o tēnei wā kāore i te mōhio ki tērā tikanga o roto tonu i a māua nā te mea kua kore i kitea. Kua māmā ngā marae, kua kore i rīria te tangata mōna i takahi. Kei te tika tā Te Wharehuia, kua kore i rīria te tangata mōna i hē. Mēnā ko ngā koroua, ē, kotahi atu!

Te Wharehuia I te matenga o Eruera Mānuera i whakaeke tahi atu te ope o te whare wānanga me te ope o Te Tai Rāwhiti. I roto i te ope o Te Tai Rāwhiti ko te kuia rā ko Whaia McClutchie, i tana taha ko Tame Te Maro. Ko tētahi mea ātaahua i kite au i reira, kua kite mai te koroua o te marae i a Whaia kua noho ki te pae o te ope, engari kei waenganui o ngā kaikōrero a Whaia McClutchie. Nā, ka kite mai te koroua rā kātahi ka tū mai, 'Whakamārama! He whakamārama tēnei! I runga i te marae ātea ko te tāne kei runga, engari kia uru ki roto i te whare, kei a koe, kei te wahine te tikanga mehemea e hiahia ana koe ki te tū, e hiahia ana koe ki te noho.' Nā, kāore au i tino tawhiti atu i a Whaia McClutchie, kātahi a Whaia ka kī atu, 'Ka pēhea taku tipuna e tū mai nā, a Ōruataupare? Ka pēhea taku tipuna?' Ka kī atu a Tame Te Maro ki a Whaia, 'E te tuahine, ko au ki waho, ko koe ki roto.' Ka ea tērā tikanga i tērā kōrero noa iho, ka whakaae te kuia rā, engari me taku tute atu i a ia me te kī atu, 'E tū! E tū!' Kia kite ai au ka aha ngā koroua rā.

Tīmoti Kei te raru mātau o Te Panekiretanga i tēnei wā. I te mea ko te wāhi e hui nei mātau kāore i te pai kia tū te wahine. Engari nō kō tonu ake nei, nō tēnei wānanga ka hipa ake nei ka tukuna e rātau ngā wāhine kia tū, ko te katoa o te tau kāore i whakaaetia, ahakoa mihi ki ngā ringawera, kāore tonu i pai mai. I te wā i Te Panekiretanga i roto o Kahungunu i tukuna e mātau ngā wāhine kia tū ki roto i te wharekai ki te mihi i ngā ringawera me ērā mea, engari he āhuatanga ērā hei titiro i roto i ngā tau.

Te Wharehuia Ko ētahi wāhine kāore e tū, engari ka tūturi.

Tīmoti Ko te mea hoki ki roto i a māua, kei ngā tāne te kōrero tuatahi, kia huri tuarua hei reira ngā wāhine ka tū. Nā reira ka taea tonutia e ngā wāhine te tū, engari he tika tēnā, ko te tūturi, ko te aha noa iho a te wahine, koinā te āhua ōna ka kōrero i roto i te whare. Ko te āhuatanga hou kei te uru mai ināianei, kua kaha te wharemate ki te mihi i tōna mate i te pō o mua atu i te nehu, kua tū mai te whānau ki konā mihimihi ai. He āhuatanga hou tērā, i te wā i a māua e tamariki ana e kore rawa atu te wharemate e mihi ki a ia anō, engari kei te kaha te pērā. Kua tukuna te mātāmua, māna rānei e kōrero te wāhi ki ana tāina, kua whai tērā i te āhuatanga Pākehā nā te mea ka tū te tama i te uhunga Pākehā māna te kōrero nui. Kei te tukuna te kirimate kia tū ināianei nā te kore tāngata.

Te Wharehuia Ki a au, mēnā kāore he kaikōrero i tua atu i te kirimate, ko au tēnei kāore au e mōhio ka pēhea ngā whakaaro o ētahi. Ki a au, kaua e kōrero ki te tūpāpaku, engari me mihi ki te manuhiri. Ki te tahuri koe ki te kōrero ki te tūpāpaku, he whakakaitoa tērā, he kaipirau, engari me kōrero mēnā kāore he tangata i tua atu, kāti rā mā wai e whakakōrero te whare?

Tīmoti Kia kōrero au ki a koe, ko māua ko Tātere ka haere ki te tangi mate. Ka tae atu māua ki te waharoa, ka karangatia mai māua kia eke ka haere atu māua, te urunga atu ki te whare ko te tūpāpaku noa iho me tētahi wahine, kāore he tāngata, kāore he aha. Ka rongo ko māua te manuhiri ka puta mai i te wharenui, i hea noa iho, i hea noa iho.

Engari ki a au nei, nō te wahine karanga te hē, ka mahue te whakapā atu ki ana hoa, 'Ēī, he manuhiri tā tātau! Me karanga rānei, taihoa rānei e karanga?' Arā te tūpāpaku e takoto mai rā, kua kapi kē hoki te kāwhena, nā te mea kua whakatata atu ki te wā o te nehu, engari kāore he tāngata i roto i te whare, atu i te tūpāpaku me te wahine e noho ana. Ka haramai te wahine, te hunaonga a te tūpāpaku, ka kī mai ki a māua, 'Kāore he pae, engari mēnā kei te pīrangi mihi koe, e mihi.' I tērā tonu, ka whakaaro au ki a au anō, tō tenetene! Ērā kōrero katoa kei roto i a au. Nā reira kāore māua i mihi. Nō muri rawa ka puta mai te tama a te tūpāpaku me te mihi mai i tō māua taenga atu, engari kua tūreiti, e te iwi, i tērā wā!

Te Wharehuia I ētahi wā ki te kore he tāngata, ka kōrero ki te wharenui. Kei te mihi ki te tipuna, ko te tipuna tērā o te marae. Ka mihi ki te tipuna nā te mea koirā anake te mea e mōhio ana, engari mehemea i reira ā-kiko te hunga e rārangi mai ana o te marae, kua rerekē anō pea tana whakatakoto i tana whaikōrero. Mehemea kei te kati te tatau me riri, he hara nui tērā. Mehemea kei te kati te tatau me te matapihi, kei te moe te whare. Ahakoa kei reira te hau kāinga e tūtū mai ana kei te kati te tatau, te kūwaha, me te matapihi he hara nui tērā, nō te mea kei te kī mai te whare, 'Kaua e haramai.' Kei te moe, kei te moe kē pea ngā tāngata o roto i te whare, kei te moe rānei te whare, engari kaua e haramai. Koirā te āhua o te whakaaro, kāore i te kī mai, 'Nau mai, haere mai.' Koirā hoki te whare tuwhera, kua tuwhera te tatau, kua tuwhera te matapihi, kei te oho te whare, kei te wātea te whare, koirā tana kōrero ki ngā ope whakaeke, 'Anei ahau, kei te wātea au mehemea kei te hiahia koutou kia moe iho.' Koirā i tuwhera ai te kūwaha.

Tīmoti Ka mate te tamāhine ake a ōku mātua whāngai ka takoto ki Waimārama. Ko Te Kapua rātau ko Tiaki Mei, ko Meimei, tokotoru rātau i haramai i taku taha, ā, nā rātau au i ārahi atu ki Waimārama. Ka tae atu matau ki te waharoa o te marae, i te kati mai te kūwaha. Kei te karanga mai te wahine o te marae, kāore mātau i neke. Kei te

Ko Te Wharehuia tēnei e whaikōrero ana mō te ope whakaeke o Te Whare Wānanga o Waikato i te pōhiri i te marae o Oparure. Nō Ngāti Kinohaku, hapū o Ngāti Maniapoto, taua marae, ā, i tū taua hui kia whakawhiwhia a Kahurangi Rangimārie Hetet e Te Whare Wānanga o Waikato ki te Tohu Kairangi Hōnore i te Rātapu, te 14 o Hakihea i te tau 1986. *Nā Rex Julian o Te Whare Wānanga o Waikato*

kī mai a koroua, 'Kaua e neke! Kaua e neke!' Ā, ka tū tonu mātau, kei te karawhiu te wahine o te marae, kāore tonu mātau i neke. Nāwai rā, nāwai rā ka taka te kapa i te koroua o te marae, ka kite i te kati te kūwaha me te matapihi, ka haere ki te whakatuwhera, ka eke mātau. Ko te tohutohu mai a te Tiaki Mei nei ki a mātau, 'Ka haere koutou ki roto o Kahungunu, kei noho koutou ka waiata i te waiata nei a "Te rongo o te tuna."' Engari koirā tā mātau waiata i taua whakaekenga rā. Ka mutu ngā mihi, ka hikitia mai e te koroua, koirā te waiata, engari me te mōhio tonu, kāore aku whanaunga o tērā taha ōku i te paku mārama mai he aha te kaupapa. Koirā te āhua o te kati mai o te whare me ērā mea, kāore e takahi i te marae ka noho tonu i waho me kore e tūpono ka taka te kapa o te tangata whenua.

Te Wharehuia Ko te wā i mate ai a Niwa, e takoto ana i roto i a Tama-te-kapua, kei reira au, kei te kopa iti o te whare e noho ana. Kātahi ka tono mai a Pīhopa Kīngi i te pō i mua atu i te nehu kia tū au ki te kōrero. Ko Pou i taku taha, ka kī atu au ki a Pou, 'Kāore au e tū ki te kōrero, i te mea ki te tū au kei te takahia e au ngā tikanga a tōku iwi.' Ahakoa nā Te Arawa tērā tikanga kia kōrero au ki taku hoa wahine, engari ka kī atu au ki a Pou, 'Māu e whakahoki te kōrero a Pīhopa kia tū au ki te kōrero, ka kī atu he aha au i kore ai e tū, kia mārama mai ai rātau.' Kāore au e takahi i tāku tikanga, ahakoa kei Te Arawa au kāore tonu ahau e takahi i tāku tikanga. He uaua i ētahi wā ēnei mea.

Tīmoti Ka taea te kōrero, mā te kōrero ka kitea he māramatanga. Ko te mea nui he hiahia nōu kia ū ki tētahi āhuatanga nei e Māori ai tātau i runga i ō tātau papa. Koirā pea te whāinga matua a te nuinga, a māua, a ngā tamariki pēnei i ēnei nā e hiahia nei kia mau ki tētahi āhuatanga e noho tonu ai te āhuatanga Māori ki roto i a rātau. Ka mutu ko te marae noa iho te wāhi i roto i tēnei wā e paku taea ai ērā āhuatanga.

Te Wharehuia E kitea ana te nuinga o ā tātau tikanga i ngā wā e takoto ai te mate ki runga i te marae. Ko ētahi mea kāore au e tino kite, engari e mōhio ana au e mau tonu ana mātau o tō mātau nā rohe ki te tikanga nei. Ki te kino a waho, i ēnei rā kua hangaia he wharemate kāore i tino rerekē ake i te wharenui, ka taea te kati ngā tatau o mua kia kore ai te whānau pani e mate i te wai, i te makariri, i te aha rānei. Ka mutu kei tētahi o ngā marae, he kūwaha kei muri o te tūpāpaku ka puta atu koe ki waho ki ngā wharepaku ki te horoi. Ki a au he pai ērā mea mō te hunga e roa e noho ana i roto i te wharemate, ka pai noa iho te haere ki waho ki ngā wharepaku ka horoi i a rātau, ka hoki mai anō ki te whakakakara. He roa hoki e noho ana i roto i te wharemate, e karawhiua ana e te mōrūruru. Nā, ko te wharemate i Kōkōhīnau rā, he hōhonu hoki te wharemate rā. Ka takoto mai te mate i roto i te whare i muri rā anō kāore nei koe e kite. Ana, te tūnga atu o Te Rangihau kāore hoki i te kite atu, 'A koe e takoto mai nā, mēnā kei konā koe, haere atu rā, haere atu rā.' Ko tērā wairua o te ngahau kei te ngaro.

Mehemea kāore he wharemate, ka mutu ka marangai, mēnā i te roro o te whare e takoto ana ka kuhuna atu mā te matapihi kē, kāore e kuhuna mā te kūwaha, ka mutu ka takoto tonu ki reira, ki roto tonu. Ko te kōrero a ngā koroua mō te take i kore ai e kuhuna mā te kūwaha, mehemea te tangata ka titiro ake ki te pare o runga ake i te kūwaha o te whare ka kite tonu koe he wahine tērā i te nuinga o ngā whare, ko te tikanga e pā ana ki te rohe o Tūhoe kia kaua e whakahokia te tūpāpaku, te mate mā roto i te ara o te ora, nā reira ka hoatu mā te matapihi kē, ka puta anō mā te matapihi.

Mō te koha, i ngā wā katoa ko te huarahi kua whāia e au, e rua ngā koha. Kotahi te koha mō te marae, mō ngā raru o te marae. Mēnā nōku te marae, kātahi ka āta mahi au i tērā, kotahi mō te marae, ka mutu mēnā ko te tūpāpaku e noho whanaunga ana ka kōkuhu tērā ki te ringa o tētahi o rātau. Mā rātau tērā mō ngā taumahatanga kei runga i a rātau. Mō ngā taumahatanga o runga i te marae, kua whakatakotoria ki runga i te marae. Me taku mōhio mēnā he toenga e mahue mai ana i ngā raruraru o runga i te marae, kua hoatu e te marae ki te whānau pani. Kei te ora tonu tērā tikanga. Kei te kōrero māua mō māua, mō tō māua iwi. Kāore e tino mōhio ana ki ētahi atu iwi, engari kei te kōrero māua mō tō māua anō iwi i ērā tikanga o te whakatakoto koha. Ko te whakatakoto i te mere, i te nuinga o te wā ko te tangata ka mau i te mere ki tana ringa matau. E toru ngā āhuatanga, mēnā e whakatakoto ana koe ko te mata o te mere kei te anga atu ki te tangata e tiki mai ana, kāore he hokinga mai o taua mere ki a koe. Mēnā ko te kakau kei te anga atu ki te tangata, ko te tohu o te mere kia whakahokia mai ki te tangata, ki te iwi rānei, ki te whānau nā rātau i whakatakoto te mere. Ki te takoto pae kei a koe te tikanga, puritia, whakahokia mai rānei.

E mahara ake ana au i tētahi wā, ka haramai te kuia o Te Tai Tokerau ki Rūātoki, a Whina Cooper. Ka tū ki te kōrero, ka kīia atu, 'E tau koe ki raro, e tau koe ki raro!' Ehara i te mea he aha, engari ko te kuia rā i tana aroha ki te ao Māori, ka wareware i a ia ngā tikanga a iwi kē. Nā, i tēnei wā koirā tētahi i wareware i a ia. Heoi anō, ka rīria e Tūhoe. Kātahi ka karangahia e te kuia rā tētahi hui kia haere ake a Tūhoe ki roto o Tāmaki-makau-rau, ki Te Unga Waka. Ka karangahia a Tūhoe kia haramai, ka haramai a Tūhoe, ā, ko te kaupapa i tonoa ai he whakapāha nā te kuia rā ki a Tūhoe. Ko tana whakapāha ko tana reo me te kākahu. Ka pōkaitia e ia te kākahu ka whakatakotohia e ia ki runga i te papa. Nā, ko te pātai pea, mēnā i pōkaitia, he aha te kōrero mō te pōkai i te kākahu? I te kōrero ngā koroua o Tūhoe ki tērā āhuatanga, ki a rātau hoki mēnā i horaina ai te kākahu, ko ngā here e anga atu ana ki te hunga e whakawhiwhia atu ana, kāore he hokinga mai, engari mēnā i te hurihia ngā here, ka mōhio tonu koe ko ngā here kei te hoki mai kia whakamaua ki runga i te iwi nā rātau i whakatakoto. I pōhēhē hoki au ko tētahi āhuatanga kē, mēnā i hoatu e koe te mea me huri ko ngā here kia anga mai ki a koe, ā, arā ka noho tonu atu ki te hunga i hoatu ai e koe, engari kāo. Ki te huri koe i ngā here e anga ana, e hoki ana, tūturu ka noho ki reira. Koirā te āhua o ērā kōrero. He pērā anō te tūpāpaku. Ki te ūhia te tūpāpaku ki te kākahu me pērā.

Mehemea he kai, kāore e horaina ki runga i te marae ātea, ka haria kētia ki te wāhi o te tahu o te kai, ka mutu ka haere tika tonu atu ki reira, ki muri o te wharekai. Mā muri e whakatika mai ngā kai, mā muri e hora, nā te mea he kīnaki pea ā te tangata whenua i āu kai i heri mai ai.

Tīmoti Ehara i te mea he tapu, engari ki a mātau, ki Waikaremoana, kai ai te tangata i roto i te wharenui. I ngā pō ka noho te manuhiri i tana moenga, ā, ka hora te tēpu, ka haramai ngā ringawera o te tangata whenua, ka hora i tana kaputī, ka mutu ka heria atu. I te awatea kua kai ki waho kua hora ki mua i te whare, kāore hoki he wharekai o Te Kūhā i tērā wā.

Te Wharehuia Nā te pērā, nā te kore wharekai. I pērā hoki mātau i Rūātoki rā, he wharau noa iho ngā wharekai nei. I te nuinga o te wā ka heria mai ngā kai ka horaina i te kūwaha tae atu ki te pou tokomanawa.

Tīmoti Engari ki Waikaremoana, ka pūhia te pūpū. Ko te mea tuatahi he rīwai, he huawhenua rānei, he mīti rānei. Ka tunua hoki ngā kai ki tēnā whare, ki tēnā whare, ki tēnā whare, kāore he wharekai kotahi nei. I Waimārama i mua, i kaputī i roto i te wharenui, ko taku whaea tērā, he kuia Pākehā hoki ētahi o ana tikanga, kia kore ai e makariri, koirā tana whakaaro, he whakamahana i te manuhiri. I pērā hoki a Tūhoe, ki Waikaremoana i pērā, me Rūātoki te āhua nei, me Ruatāhuna anō ki taku mōhio, kia māmā ai ki te manuhiri.

Te Wharehuia I te wā i haere ai mātau ki te tāinga o te kawa o Te Poho-o-Tūhoe Pōtiki ki Te Waimako, kātahi ka whakaeke mai a Ngāti Kahungunu. Nā, he tikanga kē anō tēnei, ka whakaeke mai a Ngāti Kahungunu, i taua wā ka rere mai ngā manu, ngā kererū nei. I rere mai, mai i muri o te wharenui, kātahi ka topa ki mua o te ope o Ngāti Kahungunu ka hoki ake ki roto i ngā rākau i muri o te wharenui i Te Waimako. Terā tērā, ka topa, ka hoki ki muri, engari i mua tata i te wā o te haerenga ki te hākari ka whakaritea mātau e Te Rangihau kia haramai mai i te wharekai, ko ngā wāhine kei mua kei te amo i ngā kererū nei mā te manuhiri, ko ngā mahi a Tīmoti, 'Ka aroha te puke e tū iho nei, ka horehore! Ka horehore! Ka aroha te puke e tū iho nei, ka horehore! Ka horehore!' Ko ētahi o ngā kupu me waiho noa iho, e tā, nā te mea kua kōrero raho, kua kōrero aha noa iho rānei. Nā, kātahi ka haere, ka haramai mai i te wharekai te rārangi ka huri mā muri o te wharenui, ka huri mā te taha mauī e anga whakawaho atu ana o te wharenui.

Tīmoti Ko ahau, ko Te Waiārani, ko Te Rangihau, mātau e ārahi ana i ngā wāhine nei. He roa, ka mamae ngā karu, ka mate te ringa, ka aha noa iho. He mea whāngai ki a Te Whānau-a-Apanui, ka kino kē.

Te Wharehuia Ko tētahi o ngā tikanga mō ngā wā o ngā mate nei, mēnā ko te pouaru tāne, wahine rānei, wehe motuhake rawa te wā ki a ia. Kāore e haramai ana i te taha o te nuinga ka wehea te wāhi ki a ia motuhake. He wā anō mōna hei kai i ngā kai, engari kia kaua e kitea e kai ana, koirā te kaupapa.

Tīmoti Ko tētahi tikanga pea kei te kaha te uru mai, kei te kite au, otirā ki roto i a Waimārama kei te kite au, ka haramai te manuhiri, kua puta mai te wharemate kua kai i te taha o te manuhiri. Ka whakarērea atu te tūpāpaku ki konā takoto ai.

Te Wharehuia Kia whai ake au i tēnei kōrero. I Tāmaki au, i te whare wānanga nei ka takoto mai tētahi tūpāpaku, arā, ki Epsom. E hia rā te roa e takoto ana i roto i te whare, i roto noa iho i te whare. Ka tae mai ngā tāina o te tangata nei, kua pōuri i tēnei wā. Ka tae mai i runga i tō rāua taraka ka peka ki te whare. Te haerenga atu ki te whare kāore he tangata i roto i te rūma noho rā, ko te tūpāpaku anake. Kua mōhio te tokorua rā kei muri kē rā e taki noho ana, e inu ana, e kai ana. Kātahi ka hoatu te kōpani o te kāwhena, kātahi ka hīkina ake, ka heria e rāua ki runga i tō rāua taraka ka haere ki Mechanics Bay, ka tonoa te waka rererangi kia haere. Nō mea hoki, nō Aotea, ka tonoa kia rere rāua ki Aotea i reira hoki te marae. Hoki rawa mai te hunga o muri rā kāore he tūpāpaku. Ka haere, ka rīngihia ngā pirihimana. Ka whaiwhai haerehia, ka pātaihia e ngā pirihimana. I te rā o muri mai ka haere ki te pātai ki ngā mea o te taha moana nei, ka pātai ki te waka rererangi, 'Ā, nā mātau i hari tētahi tūpāpaku ki Aotea.' Nā reira kē i mōhiotia ai kei reira te tūpāpaku.

Tīmoti Koirā te ingoa o te tipuna o Tīmoti nei, ko Tīmoti-whānako-tūpāpaku, nā te kore ōna i pai, ki te kore e pai te manaaki a te iwi, kahakina ana e te koroua, nehua tonutia atu, kāore he tirotiro.

Te Wharehuia I Ruatāhuna e takoto ana a Tio Tākuta, ka tae mai ngā tamariki i te atapō. Ko ngā wāhine noa iho i roto i te wharemate, i te moe kē pea ngā wāhine, otirā i te whakatā. Kāore i kōpanihia te kāwhena, utaina ake ki runga i tō rātau taraka, hoki atu ana ki Waikaremoana. Ara rawa ake ngā tāngata kua kore te tūpāpaku i reira. Koinei ētahi o ngā āhuatanga i tutū ai te puehu i taua wā i te riri o ētahi ki te mahi a ngā tamariki.

TE WĀHANGA TUAIWA

He kōrero ngahau

Nā Te Wharehuia

Tēnā rā tātau i roto i tēnei wā o te whaiwhai haere i ētahi āhuatanga i roto i te ao Māori. E toko ake ai ki roto i tēnā, i tēnā, i tēnā i te wā e noho tahi ana, e kōrero ngātahi ana, e whakawhitiwhiti whakaaro ana, e katakata ana i waenganui i a rātau anō, ā, ka taka ētahi kōrero, ētahi kupu rānei i roto i ngā mea e kīia nei he kōrero paki i waenganui i a rātau anō. I ētahi wā ko te kōrero paki he whakararata i te wairua o te tangata, nō te mea i ētahi wā ka haere mai, ka huihui ngā tāngata kei konā pea kei roto i tētahi, i ētahi rānei, te wairua e āhua pōuri ana, e āhua riri ana rānei. Nā, he kakama tētahi o taua rōpū ki te whakaara ake i tētahi kōrero paki hei whakararata i te wairua i waenganui i te huihuinga. Ko ētahi o ēnei ehara i te mea mō ngā taringa o te hunga kāore e waia ana ki ēnei momo kōrero.

Me pēnei taku whaiwhai ake, ko ētahi o ngā kōrero nei ahakoa ko te āhua e pā ana ki te tinana o te tangata, ki te tangi rānei o te reo o te tangata, o te kararehe, o te aha rānei, ko te kaupapa o te whaiwhai haere i tērā momo kōrero me te whakatakoto o ērā momo kōrero he whakararata i te wairua o te tangata, ka mutu he whakaohooho i roto i tēnā, i tēnā e noho takitahi ana rātau, e noho tokomaha ana rānei rātau ki te whakaara ake i roto i a rātau ngā mea i kite ai rātau i te wā i a rātau e tamariki ana, i rongo ai rātau i te wā i a rātau e tamariki ana, ā, tae noa mai ki te wā o ngā huihuinga o ngā mea pakeke e hiahia ana ki te whakangahau i a rātau anō. Nā, he nui ngā wā pērā, ehara i te mea mā te waipiro, mā te aha rānei te tangata e tīmata ai ki te kōrero i ēnei mea, engari mā te wairua tonu o te hui e whiriwhiri me pēhea te whai i te huarahi e puta ake ai ēnei momo kōrero.

Nā reira, me kōrero au mō tētahi tangata. Ko te tangata nei e noho ana i te roro o te whare. He kōrero pono tēnei. E noho ana te kaumātua nei i te roro o te whare ka kite i ngā wāhine nei, he kuia tokorua e haere ana i roto i te taiepa me te kite atu kei te kawe i ā rāua kete. Kua mōhio te kaumātua rā e haere ana ngā kuia rā ki te kato wātakirihi i te awa kei raro tonu atu i tō rātau kāinga. Ka noho ia ki reira e pāinaina rā ana, nāwai rā, nāwai rā kua kite atu ia i ngā wāhine nei e hoki haere mai ana, e whakawhiti haere mai ana i roto i te taiepa. I a ia e mātakitaki ana i ngā wāhine nei ka kite atu ia i te pūru kau kua whakatūtū mai te upoko o te pūru kau nei. Ka mahara ake te kaumātua nei, ū, he raruraru kei te haere, nō te mea he pūru tuki tēnei. Kāore ngā kuia rā i te kite i te pūru. Ehara, kua kakari te waewae o te pūru i te oneone. Ka kite atu te kaumātua nei i te pūru e kakari ana me te pakiri o ngā niho i te rongonga i te haunga. Kāore ngā kuia rā i te rongo, i te kite i te pūru, kei te warea kē ki te kōrero. Kua mōhio te koroua rā kua tata te wā e haere mai ai te pūru ki te whai mai i a rāua. Mutu tonu te kakari a te waewae o te pūru i te oneone ki runga i te tuarā, kua tū ake te pūru.

Nā, ko te koroua nei, nō tētahi takiwā o roto o tētahi iwi. Ko te iwi nei, ko tō rātau nā reo he reo āhua pōturi nei te whakahua i te kupu. Kātahi ia ka karanga atu ki ngā kuia nei, 'Eeeeei, kei tukia kōrua e te – aiiiii! Kua tukia!' Ka tukia te mea tuatahi rā, ka ara ake. Ka oma tētahi o ngā kuia rā kātahi ka whāia e te pūru. Ka tae atu te kuia rā ki te taiepa, kātahi ka ruku atu rā mā waenganui i ngā waea o te taiepa, ka mau te kuia ki waenganui o ngā waea, e oma mai ana te pūru rā. Ko te panekoti o te kuia rā kua huraina mai ki runga kua kite atu te pūru rā i te tou o te kuia rā, kātahi ka oma atu, ka whakatata atu. Mēnā koutou ka mōhio ki tēnei mea ki te pūru, i te wā e hiahia ana te pūru ki te whakaeke ki runga i ētahi o ngā uwha kua haere ki te hongihongi haere, ana, ka pērā te pūru nei e hongihongi ana i te tou o te kuia nei, kātahi ka whakapakiri i ana ngutu, ā, koirā tērā kōrero.

Ko te kōrero paki tuarua, ko te kōrero mō ngā tangi a ngā kararehe, manu rānei, i te wā kua eke ki te wāhanga o te tau e whaiwhai ai te tame i te uha, te uha rānei i te tame, ka mate kanehe ana. Ko ētahi o ēnei kōrero, he kōrero noa iho mō ngā tangi, ko ētahi ko te āhua o te whakautu a tētahi o ngā kararehe ki tētahi. Nā, me tiki atu au ko te tangi tuatahi tonu a tētahi o ngā karerehe, ko te kararehe nei he kāihe. Kātahi ka rongo te tāriana kāihe e hau mai ana ki tana ihu te kakara o te uha. I te wā ka rongo i te kakara o te uha e kawea mai ana e te hau ka huri haere te ihu o te kāihe rā, kātahi ka kite atu i te kāihe uha e tū mai ana. Kua hau mai te rongo o te kakara o taua kāihe uha rā ki te tame, ka oma atu te tame kāihe ki te wāhi kei reira te uha nei. Nā, kei reira e tangi atu ana te kāihe tame nei ki te uha, 'Hīhō! Hīhō! Hīhō!' Kātahi ka hoki mai te whakautu a te kāihe uha, 'Hōhā! Hōhā! Hōhā!' A koia tērā, ko tērā kōrero tērā.

Nā, anei anō ētahi kōrero mō ngā kararehe nei. Ko te peihana, ka eke ana ki te wā e hiahia ai te tame peihana ki te uha peihana, kua tangi te tame peihana, 'Tēteke! Tēteke! Tēteke!' Koirā te tangi a te tame ki te mea uha. Nā, mehemea ko te poraka, ngā mea kei roto i ngā repo nei e noho ana, kua tangi te tame poraka, 'Ekeeke! Ekeeke! Ekeeke!' Kua kī atu te uha poraka, 'Ai! Ai! Ai!' Koirā te tangi a te uha. Heoi anō, ka tae ki te koera, ka whaiwhai haere te tame koera i te koera uha, ā, koinei anō te tangi a te koera, kua kī atu te tame koera ki te koera uha, 'Tonetone! Tonetone! Tonetone!' Kua kī mai te uha, 'Tō tou! Tō tou! Tō tou!' Tērā tērā.

Tērā ka noho ngā tāngata nei, ko Tame tētahi, ko Wiremu tētahi, tā rāua mahi he pāhūhū kānga. Nā, kia whakamārama ake au i te pāhūhū kānga. Tērā ētahi momo kānga ka eke ki te wā kua pakari aua kānga rā kua waruwaruhia te tātā kānga kia noho ai ko ngā hua o te kānga. Nā, ka hari atu koe i te kānga ki te hōpane, he parai, ka raua atu e koe kia iti noa iho nei te pata ki roto ka whiua atu e koe ngā kānga ki roto i te hōpane nei, ka uta atu ki runga i te ahi. Kāore e roa kua rongo koe e pahū mai ana ngā kānga nei, koirā te āhua o te pāhūhū kānga. Nā, kei te noho ngā tokorua nei ki te kai kānga pāhūhū, nā, mōhio koutou ka āhua kī ana tō puku i te kānga pāhūhū kua āhua nui te hau o roto. I tērā wā kua puta mā muri, e kōrero atu ai mā muri nei. Nā, kei te noho ngā tokorua nei, kei te tatari i ā rāua kānga kia pahū mai i roto i te hōpane i runga i te ahi. Ka pahū mai tētahi ka kī atu a Tame ki a Wiremu, 'A, nāku tērā!' Pahū mai anō tētahi kua kī atu a Wiremu, 'A, nāku tērā!' A, pahū anō kua kī atu anō a mea, 'Nāku tērā!' Kātahi ka roa e pērā ana, ka patero a Wiremu, ka kī atu a Tame, 'Nāku tērā!'

Ko tō mātau marae, he pītiti e tipu ana i muri o te wharekai. Nā, ko ngā pītiti nei, ko ngā pītiti nunui tonu nei, ka mutu ka marū ana, te reka o ēnā pītiti! Kāore tō mātau koroua i whakaae kia haere mātau ki te kai i ngā kai nō te mea ki a ia me kohikohi katoa ērā hua rākau ka rau ki roto i ētahi kete hei tohatoha haere ki ngā whānau, engari ko mātau ngā tamariki kei te kite mātau i ngā pītiti rā, kei te hiahia mātau ki te kai.

Ka ngaro tō mātau koroua, i haere i runga i tana taraka ki te toa, kua mōhio mātau ka roa atu ia e ngaro ana. Ka piki mātau ki runga i te rākau, kei te kōrero mātau me te kai i ā mātau pītiti. Ko au anake te mea i te aro tōku kanohi ki te ara e hoki mai ai te koroua rā mā runga i tana taraka. Ka kite atu au i te taraka e huri mai ana, mai i te taha o te wharekai, e huri mai ana ka tū. Ana, ko mātau ko aku tāina, i runga katoa mātau i te rākau rā e noho ana. Ko au te mea kua kite i te koroua, tere tonu taku whakataka i a au ki te whenua, ka oma au, he pari tahataha nei ka taka atu au ki te pari tahataha. Ka titiro ake au, kei te taki kai, ka mau i taku koroua. Ara mai te rākau a taku koroua, 'Haere mai koutou.' Kāore rātau e makere mai nā te mea he mataku kei hauhauhia ō rātau waewae ki te rākau. Kei reira e noho mai ana, kei te kī mai te koroua rā, 'Makere mai! Makere mai! Heke mai ki raro!' Kei te mataku katoa taku taina me aku karawa. Ana, kei raro kē au, kua taka kē atu au i te pari tahataha rā nā te mea kua kite au, te makeretanga mai kātahi ka hauhauhia ngā waewae e te koroua, 'Kei noho koutou ka whānako koutou!' Nā te mea ki a ia hoki ko ērā kai mā ētahi, me hoatu mā ētahi i te tuatahi, kāore e pai mātau kia kai nā te mea ko mātau tonu ērā, engari me hoatu ki ētahi kē i te tuatahi. He pērā hoki tērā tikanga, te hua rākau tuatahi kua marū me hoatu e koe ki tētahi, kaua koe e kai, me tuku kē koe ki tētahi kia hua tonu ai taua rākau rā.

Ka tonoa mātau e tō mātau tumuaki o te kura ki te ngakingaki haere i ngā māra o te kura. Nā, i reira tētahi rākau āporo makimaki. He momo hua rākau tērā, kāore he huruhuru o waho o te kiri o te mea nei, he maheni tonu te kiri, ka mutu he pūwhero te āhua, āhua wherowhero nei te āhua o te hua rākau nei. Ana, ko mātau i te kura, ka kī mai tō mātau māhita, ko Oscar Holyoake tana ingoa, 'Tā koutou mahi he haere ki te ngakingaki haere i ngā māra o te kura.' Koinei hoki tētahi o ngā āhuatanga hei ako i a mātau ki ngā mahi ahuwhenua, ngakingaki haere i ngā māra o te kura, engari kua mōhio mātau kua haere te tumuaki rā ki Tāneatua ki te hoko aha rā i Tāneatua. 'Ana, e hoa mā! Arā ngā hua rākau i runga rā. Me piki tātau.'

Kua wareware pea i te tumuaki tētahi mea kāore mātau i mōhio, kāore mātau i kite e hoki mai ana. Kei roto mātau i te rākau rā e noho ana e kai ana i ā mātau āporo makimaki. Ka tae mai te motukā o te tumuaki rā, ko au anō te mea i kite i a ia e haramai ana. Kāore ia i te kite i a mātau i roto i te rākau, tere tonu taku heke ki raro, ka noho atu, e rua, e toru rā ngā mea i runga i te rākau e taki kōrero ana ki a rātau anō. Ka rongo a Oscar Holyoake ka haramai, kāore te tokotoru rā i te mōhio. Kātahi ka titiro ake te Oscar Holyoake rā, kātahi ka mea, *'You enjoying that boys?'* I tērā wā tonu ka wehe te ao mārama i te tokotoru rā nō te mea kua mau. I te mutunga atu hoki ka hauhauhia ngā ringaringa ki te rākau i roto i te wharekura. Ko au te mea i waimarie, engari kei reira ērā e kī ana ki a ia, *'Jimmy Milroy was another one.'* Ana, ka kī atu au, *'I wasn't on the tree sir,'* kāore au i runga i te rākau.'

I tētahi taha o te awa mai i tō mātau kāinga ko te kāinga o te kaumātua nei ko Tuhitāre tana ingoa. Nā, he tangata mōhio ki te whakatō kai, ko tētahi o ana kai i whakatōkia ai e ia he merengi. Kei te mōhio mātau ki te wā kua pai ngā merengi ki te kai, inā te roa, inā te teitei, inā te rahi. Ko au te mea tamariki o mātau, i tētahi pō kua moe te koroua rā, koirā tō mātau mōhio. Ka haere ahau me taku tuakana me aku whanaunga o tua tata atu i tō mātau kāinga, ka whakarite mātau ki te huihui, ka huihui mātau. Ko au te mea iti o mātau, ko tāku mahi he ngaoki haere i waenganui o ngā tipu o ngā merengi ki te whāwhā i ngā merengi.

Nā, e mōhio ai koe kua pai te merengi mehemea kua maroke te taunuke, ana, ka whāwhā koe. Mēnā kua maroke kua mōhio koe kua rite te merengi rā mō te kai. Ka mutu ki te pātōtō koe i waho o te kiri o te merengi ka whakarongo koe, nā, mōhio katoa ana hoki au ki ngā tangi ki te pātōtō, kei te mata tonu tēnei, pātōtō, kua āhua pai haere tēnei. Ngā mea e mōhio ana koe kua pai, ka rongo tonu koe he rerekē te tangi o te mea kua pai i te mea kei te kaha tonu te mata. Ko au e pātōtō haere ana, ā, kei muri, 'Anei, e hoa mā, anei tētahi, anei tētahi.' Ka tae au ki te mea nunui nei, he hua nunui, merengi nunui. Ka wareware au kei waenganui mātau i te māra a te kaumātua nei, kātahi au ka karanga atu ki aku hoa, 'Anei, e hoa mā, anei! Anei!' I wareware i a au. 'Anei, e hoa mā! He merengi! He merengi nunui!' Ka pakū mai te pū! Pakū mai! Ka kite rā au i ngā hōta e rere ake ana, pōhēhē au ko mātau tonu ērā e pūhia mai rā e te kaumātua rā. Kei runga au! Kātahi au ka rere, ka oma! Kei tētahi taha hoki o te awa tō mātau kāinga, ka oma, ana, he kuiki nei ka ruku au mā waenga tonu i te kuiki ka rapirapihia taku kanohi e ngā tūtū o te kuiki, ka oma au ki te kāinga.

Tae atu au ki te kāinga kua mōhio kē taku māmā i haere ahau ki te taha i ētahi ki ngā merengi nei. Kāore i roa ka rongo mātau i te māmā o ētahi o ngā whanaunga nei e tangi haere ana, rongo atu mātau, 'Kua mate aku tamariki, kua mate aku tamariki i te pakūtanga o ngā pū.' I mōhio tonu te wahine rā kei te haere āna tama ki te whānako merengi. Nā, koia tētahi o ngā āhuatanga, āhahā! I te wā i pakū ai tana pū e rua ngā pakūtanga ka kite au e rere ana ngā hōta i te takiwā, pōhēhē au ko au tonu tērā e pūhia mai rā, engari he mea whakapakū kē ki runga kāore i pupuhi i a mātau. Ko au te mea i whakaaro kei te pūhia mātau e te koroua rā nā te mea i rongo au i tana reo i muri i te pakūtanga tuarua, ka rongo au i te reo, 'Āhahā! Kua mau koutou i a au! Kua mau koutou i a au!' Kātahi au ka oma!

Ko taua koroua nei hoki he koroua e kīia ana he koroua whaiwhaiā, mākutu, me te mataku kei mau ka mōhio ia ko wai mātau, engari ko te māmā o ō mātau whanaunga, mōhio tonu ia ko āna tamariki i haramai ki te whānako merengi. Ka haramai e tangi haere ana i runga i te huarahi, i te haramai i te kimi haere i ana tama, ā, ka mōhio te kaumātua rā nā wai ngā tamariki i haere rā ki reira. Ka mahue tā mātau merengi nunui ki reira. I tēnei wā kei te aroha tonu au ki taua merengi rā nō te mea kāore au i whai wāhi ki te kai.

Koirā te āhua o ngā mahi i mahia ai e mātau. Ehara i te mea he mea pai nā te mea kei te tāhae koe i ngā kai a ētahi atu, engari mō te hunga tamariki, ki a mātau ko te reka o te merengi tā mātau i hiahia rā, kāore mātau i te whakaaro ake mō te āhua ki ngā raruraru ka pā mai ki tēnā whānau, ki tēnā whānau, ki tēnā whānau. Nā reira, ki te noho mātau ināianei ka hoki ō mātau whakaaro ki tērā wā, ka kata mātau ki a mātau anō mō tō mātau pōhēhē ki ā mātau mahi, he ngahau ki a mātau ērā mea, tērā mahi te whānako merengi i te whārua o Rūātoki. He reka ake ngā merengi a ētahi i ā mātau ake, nā reira ka haere kē mātau ki te tāhae, ki te whānako i ngā merengi a ētahi kē, kāore e tatari ki te wā e rite ai ngā merengi o tō mātau kāinga. Koinei te āhua o ēnei kōrero nā te mea ka kōrerotia i roto i ngā wharenui, i roto i ngā kāuta i muri iho te āhua o ngā mahi a ngā tamariki, nā te mea e hoki ana ki te wā i a rātau e tamariki ana kei te mōhio rātau ki ngā āhuatanga i mahi anō rātau i ērā mahi.

Hei whakamutu ake i aku kōrero ko tēnei, i te wā i a au e tamariki ana kua tekau tau nei pea taku pakeke, kua kaha te whārua o Rūātoki ki te mahi tou korere i roto i ngā kēna miraka. Ka haere ka hokona mai he hapi, he īhi, kātahi ka raua ki roto i te wai kia koropupū ake, ā, ka pāhukahuka a runga. He rawe hoki ki a mātau, ki ngā tamariki ki te haere ki te koko i te hukahuka o aua mea, he tou korere te ingoa o ngā mea rā, ā, ki te inumia e koe te inu rā i mua i te wā e rite ana ka mate tō puku, ka rere a muri. I tēnei wā kātahi ka mahia e ō mātau tuākana me ō mātau whanaunga ngā tou korere ki roto i ngā kēna miraka, ka mahia ki roto, nā, e tatari ana, ka koropupū ake te huka ki runga. I te wā o tētahi hui nui i reira ka haere mātau ki te patu i ngā poaka, ka mutu ka pokaina e koe te puku, ka tango i ngā terotero o te poaka rā ki waho ka whiua e koe. I whiua noatia ai e mātau ki te pari kātahi ka tanu ai ki te oneone, engari i tēnei wā kua roa ngā puku o ngā poaka nei e takoto ana i reira kua muia e te ngaro, ka iroiro katoa hoki a roto i ngā terotero rā. Ka mutu te tangihanga, ka mutu te mahi a te hunga tunu kai, whakarite i te marae, ērā mea katoa, kātahi ka haere ki te inu i tā rātau kēna tou korere. Heoi anō i taua wā, tū mai te kēna tou korere nei, ka heria mai e mātau ngā puku o ngā poaka nei e iroiro ana, ka ruiruia ngā iroiro ki roto i te kēna tou korere nei.

Nā, ka mutu ngā mahi a ngā tāngata rā ka haramai ki te inu i tā rātau mea, ana kua inu. He āhua pōuri hoki, kāore hoki he rama pēnei i ēnei i ērā wā, he kānara noa iho ngā rama. Ka haramai ngā tāngata rā ki te inu i ā rātau tou korere, ka roa e inu ana, kua uru ngā iroiro rā ki roto i ētahi, 'He aha kei roto i tā tātau inu?' 'E aua!' 'Engari he pai ki a au!', e kī ana tētahi. Kātahi ka toua te māti ki te titiro, kei roto kē hoki i te pōuri tēnei e koko ana i tā rātau inu, ka toua te māti ki te titiro kātahi ka kite, 'E hoa mā! Kua iroiro katoa o roto i tā tātau inu! Nā wai rā tēnei mahi?' Kei reira mātau ngā tamariki e kata ana ki a mātau anō. Kei te titiro atu mātau ki ō mātau tuākana me ō mātau pakeke e noho ana, 'Ko wai te pokokohua nāna tēnei mahi?' Nā mātau, nā ngā tamariki i rau atu ngā puku o ngā poaka nei ki roto i te tou korere! Ana, ka teretere ake ngā iroiro rā ki runga! Ki tō mātau koroua he kai hoki te iro, ka kī mai ia, 'Kaua e whakahīhī ki te iro, kāinga te iro, i te mea ki te kore koutou e kai i te iro ka kāinga ko koutou e te iro.' Koirā tana kōrero mai. Heoi anō, koirā ā mātau mahi, he mahi whakangahau, engari ētahi o ā mātau mahi ehara i te mahi pai pērā i te ruke i ngā puku o te poaka ki roto i te tou korere nei kei reira e kōutuutu ana i ā rātau kapu ki te inu. Ko ētahi kei te heke ngā iro ki roto i a rātau, ko ētahi kei te āhua rongo i te pukupuku i roto i ō rātau waha, kei te pōuri kē hoki. E taki inu ana, e taki waiata ana, nō muri kātahi ka kite tētahi, he iro! E kōrerorero ana au i tērā mea nā te mea ahakoa ko ngā mea pakeke ērā e inu rā ko mātau ko ngā mea tamariki i pai ki a mātau te koko i te pāhukahuka o runga i te wai nā te mea he reka, kei reira katoa te reka o te inu rā, kei te

HE KŌRERO NGAHAU

pāhukahuka o te wai o te inu rā. Heoi anō, tērā tērā, ko ngā mahi tinihanga a mātau, a ngā tamariki.

I reira tētahi tangata, kei te ora tonu te tangata nei, he motupaika Indian tōna, engari he hoihoi hoki taua mea nei. Ka mataku katoa ō mātau hōiho i tana motupaika. Ka whakaaro ake māua ko taku taina me here he mea, ehara i te aho, engari he āhua mātotoru ake i tēnā, me here i te huarahi. Nā, i te wā ka rongo mātau e haruru haere mai ana ka whakangaro atu ki ngā toa o Rūātoki, ka haere māua ko taku taina ki te here i te aho nei, ehara i te aho mātotoru, engari he rahi tonu. Nāwai rā ka rongo māua e rarā haere mai ana te motupaika nei i runga i te huarahi. Kei reira māua e huna ana i roto i ngā paina ki te mātakitaki, kātahi māua ka kite, nā te mea e hia rā ngā whakawhitinga a māua i ngā tuaina i runga i te huarahi rā, kāore hoki te tangata rā e kite. I te taenga mai kātahi ka mau te uma, ka motumotu haere te aho rā kua mōhio ia he raruraru tēnei, nā te mea kua kite ia e rere ana ngā aho rā i a ia e tukituki ana ki aua aho rā. Kāore i herea e māua kia teitei kei whara te kanohi, engari he mea here kia tau mai ki te puku. Ana, koirā ngā mahi hei whakakatakata mā mātau, engari kāore mātau i te mōhio he raruraru anō kei roto, ki te āta whakaarotia ake mēnā i teitei ake ka herea ki te kanohi rā tērā pea ka whara te tangata rā. Nō te mea i mau i a māua ko taku taina te tuaina ka kite māua e tukituki ana, he hoihoi nō tana motupaika, ana ka mataku ō mātau hōiho, ka tumeke. Ia te wā ka whakahipa te tangata rā kua oma ngā hōiho i te mataku, ana koirā i herea ai e māua.

I a au e mahi hōia ana i te puni hōia o Papakura, i tō mātau wharau, nama 21, ko ngā Kōpū, ko rātau ētahi o aku hoa. I roto anō i tō mātau rōpū tētahi tangata, he moeroa. Ahakoa pēhea ka whakaohohia e koe, ka oho ake ia, engari tere tonu tana hoki anō ki tana moe, he pērā te tangata nei. Me āta whakaara tonu ake ka whakamau i ana pūtu, i ana kākahu. Ana, i tētahi wā e ngongoro ana te ihu, kua tae kē ki te wā kia haere mātau ki runga i te papa whakawai hōia ki te mahi i ā mātau mahi, ki te haratau i ā mātau mahi hīkoi haere, mau pū, ērā mea katoa. Kātahi mātau ka whakaaro ake he raruraru kei te haere,

111

te take, mehemea ka hē tētahi o koutou o roto i tō koutou whare nō te katoa te hē, me mahi tahi katoa koutou. Kia tangi mai te piukara kua maranga mātau, kua horohoroi, kua whakatikatika i ō mātau kākahu, kua whakapīata i ngā mera i ō mātau pōtae me ō mātau hū. Ko te tangata nei kei te moe tonu, kātahi ka whiua te taura, ka herea, ka kūmea e mātau, ka whakairihia e mātau te moenga o te tangata rā ki runga rā anō kia piri ki te tuanui. Kei te moe tonu! Ka herea e mātau ki reira kātahi ka puta mātau ki waho. Kātahi ka karangahia mai tō ingoa, 'Private Milroy?'

'*Present sir!*'

'Private Kōpū?'

'*Present sir!*'

'Private Christie?'

'*Present sir!*'

Tō mātau wharau nō Mātaatua te nuinga. Ana, i te taenga mai ki te tangata nei kāore i reira, ka pātaitia mai, '*Where is . . . ?*'

'*He's still in the hut sir!*'

Ka haere ki reira kei te titiro noa iho, kāore i te kite kei runga kē rā e iri mai ana. Kua puta mai kua kī mai, '*There's no one in the hut! Does anyone know where he is?*'

'*He's in the hut sir, check the roof!*'

Ka haere.

'*Who's responsible for this?*'

Ka mōhio mai te Heihana Meitia ki tā mātau mahi, he kore i moata nō te ara o te tangata nei.

Ki a au, i te nuinga o te wā mēnā he ōkawa te kōrero ka mau koe ki te ōkawa nā te mea ko te tapu kei roto i ērā kōrero me he ia ko te hunga whakaeke he iwi kē, he ope kē nō wāhi kē. He pai mehemea kei te mōhio koe ki a rātau, engari ehara i te mea kia whati atu koe mai i te kōrero ōkawa ki te kōrero ōpaki. Me mōhio tonu koe ki te wā e pērā ai koe, ko te take, kei pāmamae ētahi i te rongo i ētahi kōrero, ahakoa ki a koutou ehara i te kōrero tino kino, engari ki ētahi ka pāmamae pea ki ērā kōrero. E mōhio ana au ko Te Tai Rāwhiti tētahi iwi kaha ki te whakangahau i runga i ō rātau marae me ā rātau kōrero, ko ētahi he kōrero pono tonu pēnei i ētahi o āku e kōrero nei, ko ētahi he kōrero paki tonu. Te nui o ēnei kōrero he kore hoa kōrero nōku kua wareware noa iho i a au ngā kōrero nei. Ehara i te mea kei te Māori anake ngā mea pēnei, ngā iwi katoa o te ao kei a rātau ā rātau momo kōrero hei whakakata i te tangata. E mōhio ana au ki ētahi o ō mātau pakeke ko te kaupapa e whakakatakata ai nā te mea i ētahi wā kei te āhua pōuri ngā whakaaro o ētahi, ka whakamāmāhia e koe te mea nei mā roto atu i te kōrero paki, te kōrero whakangahau i te wairua o te tangata. Āe, ko ētahi he mahi tinihanga, ehara i te kōrero paki, engari he mahi tinihanga ki ētahi o ngā mea o te kāinga tonu.

Arā tētahi tangata, ko tētahi o ōna waewae he rākau. I a ia ka hoki ki te moe ka tangohia tana waewae rākau, ana, he rite tonu tana tuku i tana waewae rākau kia tau ki runga i te papa kia pai ai tana heri mai i te waewae pai kia whai mai i te waewae rākau. Nā i tēnei wā, i a ia ka oho ake, he tangata haurangi hoki, ka oho ake, ā, kāore i te mōhio kua tango kēhia tana waewae rākau e ana hoa. Kātahi ka mea ki te ara ake i runga i tana moenga, ka huri ki te waiho atu i tana waewae ki runga i te papa, kei raro e putu ana te tangata nei.

Hei whakakapi ake i tēnei wāhanga, anei aku whakaaro mō te kōrero whakangahau:

1. Ki te kōrero whakangahau koe me mōhio pai koe ki tāu e kōrero atu rā. Me mōhio ko wai ia/tērā/rāua/rātau rānei nō te mea kei kawa, kei pāmamae ki te āhua o tō whakatakoto atu i ō whakaaro, ahakoa ki a koe he ngahau.
2. Mēnā ko ngā kōrero mō tōu whānau tonu, i te nuinga o te wā, kāore he raruraru. Nā reira, māu tonu e tātari me he ia ko tāu/āu o te whānau e kōrero atu rā koe kei te kite, kei te rongo tonu a roto i a koe ka kataina ō kōrero. Ki te kore e kata, e kōrero ngahau mai anō hoki ki a koe ka taea te hari ki tētahi taumata. Ko te mea nui kia mōhio koe ki āu e kōrero atu rā, otirā, me pēhea te roa e whaiwhai ana i taua momo kōrero ka whakarere ai.

3. Kia maumahara koe i a koe e kōrero whakangahau ana, ko ō kupu e whakamahia ai e koe, kia kaua e tāwai, e tino whakahē rānei i te/ngā tāngata kei pōhēhē ngā hunga e kōrero atu rā koe ko ia/rāua/rātau rānei te kaupapa o ngā kupu e whiua ana e koe.
4. Ki te hanga kōrero whakangahau koe, kia mahara ko hea te wāhi/rohe e kōrero ai koe. Hei ngā huihuinga mārena, huritau, kua takoto kē ngā tauira o te kōrero whakangahau. Hei ēnei huihuinga, ko ngā kōrero whakangahau he kōrero paki, otirā he maha ngā momo kōrero pēnei e whakapuakina ana e te huhua o ngā kaikōrero.
5. Kia tūpato ki ngā tangihanga ina tū koe ki te kōrero, kaua e wareware he wā nō te pōuri, nō te aroha, nō te mamae whakahaehae. Me mōhio hoki koe ki ngā whakaaro hei whakapuaki ki ērā. I ētahi wā, e pai noa ana ētahi kōrero whakangahau i te mea he hoa tata te kaikōrero ki te tūpāpaku me te whānau. I ētahi wā anō, kaua e poka noa ki te kōrero whakangahau, i te mea kei tūpono ka pāmamae te hoa rangatira i runga i tōna kore e mōhio ki aua kōrero. I ēnei wā, pēnei i ngā tangihanga nei, he pai kē atu kia noho tapu ēnā momo kōrero, ki te kore hoki, he wehewehe tangata te otinga atu.
6. Ko ngā tāngata kua kaiaka ki te kōrero whakangahau e mōhio ana me pēhea te whakanoho i te whakaaro tōtika ki aua momo kōrero.
7. Ko te tūmanako, ko te reo Māori te reo hei kawe i nga whakaaro o te kaikōrero. Ki te pērā, kātahi nā te tikanga pai hei whai.
8. Hei ētahi wā kua noho ko ngā wāhine kia kōrero ki a rātau anō, he kōrero whakangahau te momo kōrero e whāia ana e rātau. E kī ana ahau kāore e whāiti ana ki ngā tāne anake te āheinga ki te kōrero paki, kōrero whakangahau rānei.

TE WĀHANGA TEKAU

Iti te kupu, nui te kōrero

Nā Tīmoti rāua ko Te Wharehuia

He kīwaha, he kīrehu

Tīmoti A tēnā, kia tahuri ki te kōrero mō ngā kīwaha me ngā kīrehu, kia whakamārama noa ake au, ko ērā kupu he mea kite mai e māua ko Te Haumihiata i a māua i Te Taura Whiri. Ko te whakamāramatanga o te kīwaha ko aua rerenga o roto i te reo kāore nei e whai i ngā ture ake o te reo, engari he rerenga kōrero Māori ake nei, Māori ake nei. Ko te kīrehu he kōrero pērā anō, engari kāore e ora roa. Nāwai rā, nāwai rā ka kōrerotia, ā, kua ngaro tēnā rerenga. Nāwai rā, nāwai rā kua ngaro anō hoki tērā. Tēnā kia whakatauira ake au ki te kōrero i ō māua tīpuna nei ko te 'tūkuru' mō te mihi ki tētahi mea pai. Ko te 'tūkuru', mai i te reo Pākehā *too good*, he kīrehu, engari kua kore i kōrerotia e ngā reanga o ēnei wā, kua ngaro tērā kīrehu. Āhua pērā anō pea i te 'tumeke', ko tērā ka ngaro haere i roto i te wā, he kīrehu tērā, engari anō ngā mea pēnei i te 'Anā tō kai!'; 'Kaitoa!' – ērā rerenga, kai te mau tonu – mai, mai ērā. Nō reira, koirā te kīwaha.

Ko ētahi whakarekanga o te reo, ki a au nei, ērā momo rerenga, ka riro mā reira te reo e whakarākei i ōna wā, e whakanikoniko i ōna wā, e whakanakonako i ōna wā nā te mea ka riro mā tētahi o ērā rerenga te kōrero e whakarāpopoto ki te kupu iti, engari inā noa atu te nui o te kōrero, o te whakaaro kai roto i ērā rerenga. Kore rawa nei he reo o tēnei ao, kāore ōna kīwaha, kei tēnā reo, kei tēnā reo, kei tēnā reo. Nā reira, e whai noa iho ana, kāore tātau i rerekē ake i ngā iwi katoa o te ao, e mau nei te kīwaha i a rātau. Ko te rerekētanga pea kai waenganui i a tātau, kai te ngaro haere ērā āhuatanga reo i te nuinga o ngā iwi, ki taku whakarongo. Nā reira, me tahuri tēnei reanga kōrero Māori ki te kimi i ngā kīwaha me ngā kīrehu mēnā ki te mōhiotia, a ōu nā iwi anō, a ō rātau iwi anō. Nā reira, he whakahau tēnei i te reanga kōrero Māori o ēnei wā, tēnā, tahuri, haere, whakaora ake anō hoki i ngā kīwaha a tōu nā iwi, tae noa atu hoki ki ngā kīrehu. Ko te wawata nui, te inoi nui kia kaua e tino pērā rawa te ngaro, he kore noa iho i kōrerotia e ngā reanga kōrero o ēnei wā. Nā reira, kia kaha koutou te reanga kōrero o ēnei wā. Ki a au nei, mā te kīwaha me te kīrehu e Māori ai te wairua o te kōrero. Nā reira, puritia e tātau ērā nā tērā āhuatanga.

Mō te kīwaha, e kite ana kua hōrapa whānui ināianei ngā kīwaha a ētahi iwi o te motu. Kua hōrapa ā Tūhoe, nā te mea koinā ngā mea i whakaakona ai ki te hunga ako i te reo Māori, engari ko ngā mea pēnei i te 'Haramai tētahi āhua!' Tā Ngā Puhi, koirā tētahi kei te kōrerotia. 'Meinga meinga!' – nā Ngā Puhi, ka mutu ehara pea i a Ngā Puhi anake, engari nā Te Tai Tokerau whānui.

Te Wharehuia I a Tainui anō tērā, ko te kuia rā hoki, he kaha nei ki te whakamahi i taua kōrero, arā, ko te kuia o Taharoa rā, ko Ngāhinatūrae.

Tīmoti Ko ētahi pea o ngā kīwaha a Ngāti Porou kua āhua hōrapa pēnei i te 'Pakaru mai te haunga'; 'Parahutihuti ana te haere'; 'Taputapu' – kāore au e mōhio ana mēnā kei te whānui tonu te whakamahia o tērā, engari 'taputapu' he tino kīwaha nā Ngāti Porou. Takitahi nei pea ā tēnā iwi, ā tēnā iwi, engari kei te ora tonu. Ākene kia kōrero rā anō te hunga matatau o tērā iwi i waenganui i a rātau anō hei reira kua maringi mai, he āhua pēnei i a mātau nei. He pai te pātai, engari kei te riro mā tēnei reanga ērā e kimi mai, ki te kore hoki ka ngaro tonu atu. Nā reira au e whakahau nei i ngā reanga kōrero Māori o tēnei wā kia tahuri ki te kimi.

Mō te taha ki te mōhio o ngā hapori ki ngā kīwaha a tētahi atu, nā i a mātau nei, mai i Waikaremoana ki Rūātoki e mōhiotia ana, engari o waho, kāore e tino mōhiotia ana. Mai i Waikaremoana ki Te Waimana, i reira anō ētahi nā rātau ake. Ki a mātau ko te 'pere hītimi', he purei māpere ki Rūātoki. He 'tiāmu' ki a mātau, he 'tiamu' ki a Te Wharehuia. Engari ehara tērā i te kīwaha he rerenga kētanga ā-whakahua noa.

Te Wharehuia Ko te 'hītimi' hoki he *hit me*. Engari he perepere hītimi.

Timoti Āe, he perepere hītimi, ā, he pere tehe, he marepā ētahi ingoa āhuatanga perepere hītimi. Ko tētahi o ngā tākaro a ngā koroua he whiu kapa ki te rangi, ana ki te ōrite i te taunga iho, kua waimarie. Me ōrite te taunga mai ki te whenua, e kīia nei he 'tūapu', mai i ngā kupu Pākehā, *two-up*, engari he momo tākaro, kite ake nei kua ora mai anō i waenganui i tēnei reanga nei.

Te Wharehuia Tērā tērā kōrero. Kua tīkina atu anō tētahi kupu Pākehā e rite tonu ana anō te tangi o te reo ki tēnei, te 'tuapu' nei, arā, he *swap*. Ko tērā āhuatanga o te reo kāore i roto i ngā kōrero nei, kei roto pea i tētahi o ngā wāhanga. Ko te 'tūkuru' nei hoki tētahi he mea tiki atu i te reo Pākehā, engari i kī ake nei au, kua kore i whakamahia e māua, engari ō māua koroua, he tino rerenga kōrero tērā, arā, 'Tūkuru kē te mahi a te tangata rā.' 'Tūkuru kē koe, e hoa.' He momo mihi he momo whakatoi anō hoki. Kei te āhua anō o te whiu i te kōrero, e rua ngā aronga o te kīwaha. He āhua rite tonu ki te 'pīki whara tō taiaha'. Ki te tirohia e te mea kāore e mōhio ki te kōrero Māori, ka titiro noa iho ki ngā kupu kāore i te mārama. Ki konā koe wherawhera ai i tō Wiremu, he aha te aha. Ko ērā momo rerenga o roto i ngā waiata whakangahau nei a ngā kuia, a ngā koroua me āhua kōrero Māori anō e mārama ai.

He kupu whakarite

Te Wharehuia Mō tēnei mea, mō te kupu whakarite. E tirohia ana ngā titonga o ngā tangi me ngā waiata aroha o roto i ngā mōteatea rā, ngā oriori, ērā momo titonga a te Māori, ka kitea iho i roto i ērā rerenga kupu ētahi o ngā kupu whakarite. Hei tauira ake:

'He tōtara haemata.' He kupu whakarite tērā nā te mea kei te naomia atu te rākau tōtara, teitei te tipu, ka mutu e whakamahia ana tērā rākau e te ao Māori mō ngā momo mea katoa – he hanga whare, he hanga rākau whawhai, he tokotoko, he aha atu ngā mahi i whakamahia ai e te Māori te tōtara. Engari he rākau nui tērā i roto i te ao Māori, nā reira ka kīia i ētahi wā e whakarite ana i te tangata ki te tōtara, 'He tōtara haemata.' He uaua hoki ki te tope i ērā rākau kia hinga ki raro. Ka tiwhatiwha te toki i te mārō o te rākau.

Arā atu anō pea ētahi o ngā kōrero e taea ai te kī he kupu whakarite. 'He whare tū ki te wā', mō te tangata, mō te iwi rānei e hanga ana i ō rātau whare ki tētahi wāhi e taea ai e te hoariri te whakaeke. Kei te wehe te whare rā i te nuinga o ngā tāngata e taea ai te kaupare atu ngā whakaekenga mai a te hoariri ki runga i a rātau. Tērā, tērā kōrero. He kupu whakarite tērā mō te āhua o te hunga, o te tangata rānei i wehe atu ia i te kāhui, i te nuinga o te whānau, o te hapū, o te iwi. Nui noa atu ngā kōrero pērā.

Nō muri mai nei, ka puta mai anō ētahi kupu whakarite pēnei, 'Taku hei pīwa.' Tērā mea kei roto i ngā waiata. Ko te 'hei pīwa' hoki, ko ngā mea e awhitia ai ki te kakī o te tangata, e hei ai ki te kakī o te tangata, me pērā kē te kōrero. Ka heia ki te kakī o te tangata, ana ko te huruhuru o te *beaver* tērā e kōrerohia rā. Kāore hoki he pīwa o konei, engari i haria mai e ngā Pākehā ngā huruhuru nei, ka manakohia e te Māori aua huruhuru rā, he pēnei anō i te kiri paihamu nei. Nā, ka whakairihia ki ngā kakī o ngā wāhine – 'taku hei pīwa.' Tērā tērā momo rerenga kupu whakarite e whakarite ana i te āhua o te ātaahua rānei, o te pai rānei o tēnei mea, o te hei pīwa rā ki te tamaiti, mokopuna rānei. Koirā ngā momo kupu whakarite. He nui noa atu ngā kupu whakarite e taea ai te tiki atu i roto i ā tātau waiata, i roto i ā tātau kōrero. Engari kei te kapokapo noa iho au. Anei ētahi atu tauira:

'Taku tuarā whānui', mō te tangata i kaha ki te hāpai i ngā kaupapa, i ngā mahi a tōna whānau, a tōna hapū, a tōna iwi rānei. He 'tuarā whānui' tērā.

Te 'ringa wera', he kupu whakarite anō ērā mō te hunga e taka kai ana. Kei te mōhio koutou ki te āhua o tēnei mea o te whakarite i te kai mā te manuhiri. Mēnā e nui ana ngā manuhiri, āe, he mahi nui ki te whakariterite i ngā kai. Nā reira he 'ringa wera' ērā.

He 'upoko mārō', mō te tangata kāore e tino whakarongo ana ki ngā tohutohu a ētahi. Tērā pea he oranga kē kei roto mōna, engari he upoko mārō. Hei ētahi wā he tangata ka ū ki tāna i whakaaro ai, i kōrero ai. He 'upoko mārō' anō tērā.

He 'taringa rahirahi', mō te tangata kakama ki te riri. Kāore i pai ki ētahi kōrero ka kīia he taringa rahirahi, ka rongo i ngā kōrero. Ko te areare o te taringa e rongo ana i ngā kōrero whiu mai a ētahi, ā, i tērā wā kua kawa a roto i a ia. He 'taringa rahirahi' tērā.

He maha ngā kupu whakarite o roto i te ao Māori. Ka noho tātau ki konei pō noa, ao noa, e kōrero ana i ēnei mea, engari he tauira noa iho ērā o te āhua o tō tātau reo Māori me ngā kupu whakarite maha kei roto e takoto ana.

Ka titiro atu ki ngā waewae o te tama Māori, 'E tama, he tumu rākau kē ērā!' 'Tumu rākau', arā, he nunui. Ka titiro atu, 'E tama, he kākaho noa iho ngā waewae o tērā!' Koirā te āhua o ngā kupu whakarite nei. Koinei ngā tauira e taea ana te whakatakoto atu ki a tātau i roto i tēnei wā. Arā noa atu te maha o ngā momo kupu nei.

E kōrero ake nei a Tīmoti i tana titonga waiata o Te Aumangea, 'Kurupākara ana tērā.' Kei roto i tērā titonga, he nui ngā kupu e taea ai e koutou te nanao atu.

Tīmoti Ko te mea kē hoki, ko te tangata tū ki te kōrero, kia taea e ia ngā kupu whakarite te whakamahi, ka tito mai rānei i āna ake. Koirā kē te tohungatanga o tērā mahi. Ko taku tauira hoki ki te nuinga o ngā ākonga ko tērā: 'E koutou, e noho mai ana i ngā pāpāringa o te moana o te motu, tēnā koutou.' Ana, ko te kaiwhakarongo e mōhio ana ko wai tērā e mihia rā. Ehara i te mea me whakahua te ingoa o te rohe, engari mā ngā kupu whakaahua, whakarite rānei e tohu ko wai tāu e mihi rā. Kei te ngaro haere hoki te kupu whakarite i roto i ngā mihi o ēnei wā nei, ana i pērā ai pea nā te kore reo tonu, nā te kore i mōhio whānui ki te reo. Ka taea tonutia e tēnā kaikōrero, e tēnā kaikōrero āna anō kupu te kimi mai. He wāhanga nui nō roto i te kōrero a te Māori, he wāhanga nui anō hoki nō roto i te whaikōrero, o te tito waiata. Kei te tika tā Te Wharehuia, kei roto i ngā waiata o te ao tawhito, kei reira pea te nuinga.

Kei ngā kōrero ōpaki anō, kei roto i te kāinga, pēnei i 'he tou tīrairaka', ērā momo. Ka taea te whakatoi, ka taea anō hoki te whakatairanga i roto i te āhua o te whakamahi i te kupu whakarite. He 'tara mākūkū' noa iho tērā.

Te Wharehuia He 'tara koikoi'.

Tīmoti Ērā momo kōrero ka whiua mō ētahi.

Te Wharehuia Mēnā he nui te taonga o te tāne he 'tā kakau'. E rua ngā kupu. Heoi anō, koinei ngā kupu e whakamahia ana, e whakaritea ana ki tētahi āhua.

Tīmoti Āe. He 'tou pātara'. Nā Tūhoe. Kāore au i te rongo i ētahi atu iwi e whakamahi ana i tērā rerenga.

Te Wharehuia Ko te tikanga hoki o tērā, o te 'tou pātara', kāore koe e kite atu i te puku o te tou, o te kumu, taparere iho ana. Kāore i te rangona te 'tou pātara'.

Tīmoti Ka whakapae au he tino Tūhoe tērā whakaaro, kāore au i te rongo i ētahi atu iwi e whakamahi ana. Ko te mea nui, kia mōhio tātau kei roto i ngā āhuatanga Māori katoa te kupu whakarite. Waiata, haka, whaikōrero. Koirā ngā āhuatanga e mōhio ai koe he tohunga tērā tangata ki te kōrero mēnā ka taea e ia tētahi paku kupu whakarite, āna ake rānei, kua rongo rānei i wāhi kē, ā, e hāngai ana ki te kaupapa, ki te horopaki o te wā, ka whakamahia mai ana.

Te Wharehuia Ko ētahi kupu whakarite e tika ana mō tētahi horopaki anake, ko ētahi anō mō tētahi horopaki kē anake. Ki te kī ake au, 'E, te tāriana e noho mai rā.' Engari ia mēnā he tāriana, he tama. Ki te whakaaro ake koe ki te pūru kau, me ngā uha o roto i te kāhui kau, nāna katoa ērā, mēnā ko ia anake, tōna kotahi. Engari mēnā he mea atu anō kei reira hei whakataetae ki a ia, kua tukituki rāua. Koirā te aronga o tērā kōrero, 'he tāriana', 'he hōiho' – he pērā anō te 'hōiho'.

Tīmoti Mai i te kupu Pākehā ēnei tauira.

Te Wharehuia *Stallion*. Nō nā noa nei ēnei, nō roto i ngā rau tau ka pahure atu nei, engari he nui ngā kupu whakarite o roto i te ao Māori. Nō nā noa nei ka tirohia e mātau ko aku ākonga te kupu whakarite. Ko te nuinga i kite mātau e hāngai ana ki te taiao i nōhia e ō tātau tūpuna, arā, te ngahere. Ka kite mātau i te 'karaka māoa', te 'tou tīrairaka'. Ngā mea kāore i pakeke mai i te tuawhenua, kāore i te mōhio ki te rākau karaka, kāore i te mōhio ki te pīrairaka. Nā reira ko ērā momo kupu whakarite ka ngaro i roto i te wā. Me pēhea rā?

Tīmoti Me āta whakaako, mā reira anake hoki e mau ai, ka mutu me kakama te tangata kua akona ki te whakamahi. Ko te mea kē kāore tēnei reanga i te tito i āna ake. Ana, he tohu tērā, ko te reo tēnā kāore anō kia tino mau. Ko tōna tikanga, mā ia reanga āna anō e tito, koirā tētahi āhuatanga o te ao Māori o tēnei wā kua kore i tito kīrehu, aha rānei, ehara i te mea kāore e taea. Ākene pea kei te whakamahia, kei te titoa mai e wai rānei, e wai rānei, kāore tātau i te mōhio, he kore nō tātau e rongo. Kei roto i ngā waiata, kei roto i ngā whaikōrero, kei roto i ngā kōrero te kīwaha. Ka mutu ko te mahi, ki a au nei, a tērā rerenga kōrero he whakanikoniko, he whakanakonako, he whakauru mai i te wairua Māori ki roto i te rerenga kōrero.

Te Wharehuia 'Taku tōtara haemata', te 'parāoa tere wai', ērā momo.

Tīmoti 'Hei mokimoki', ērā mea katoa.

Te Wharehuia He aha atu ētahi? 'Taku rau tāwhiri'. He nui, he nui ērā momo kupu kei roto i ngā waiata. Kua kore i whakamahia nā te mea kāore i te waiata i ngā waiata kei roto ngā kupu nei. Kua kore noa iho e mōhio ngā tāngata ki ēnei mea, me taku māharahara, anipā nei ki te āhua o te hinga atu ki ngā tauira Pākehā kāore i te hua mai i roto i te hinengaro Māori, i ngā tauira o roto i te ao Māori, engari kei te tīkina atu i te ao Pākehā. He āhuatanga pea tērā ka pā mai ki tō tātau reo ā tōna wā. Ko ngā tauira e tīkina atu ana, nō te ao hou nei, engari ehara i te mea kia whakahāweatia nā te mea kei te hāngai ki te wā o te oranga o te tangata. Koirā ētahi o ngā āhuatanga o tō tātau reo Māori nei, he nanao atu ki ngā whakaaro e taea ai e koe te whakaahua ki ētahi atu tāu e hiahia ana kia mōhio rātau.

Tīmoti Ki te rongo koe i te kōrero e kī ana, 'E kite ana au, e hine, i tō taimana e katakata mai ana,' ka mārama rānei te kaiwhakarongo ki tērā kōrero? Me tangata mōhio ki te reo. Ko te kōrero, 'tākiri te māti i te waenganui pō'. Kua tākiri i te māti, kua titiro, ā, 'Kei te kite atu au, e hine, i tō taimana, *sikisiki* ana.' E kī ana ngā kuia, he hikihiki – '*Sikisiki* e kata mai ana'. Nā, he kupu whakarite katoa ēnei, ā, ki te kore koe e mārama, ka whakaaro pea, he aha i 'tākiri' ai? He āhua pēnei i te waiata e kawea ana e mātau ā tērā wiki, kei reira hoki e mea ana, 'Tākiri te māti, whāriki te moenga.' Nā, he waiata haurangi nā ngā koroua me ngā kuia. Nāku anō i tiki atu ngā rārangi, nā te mea, he mea tito kē hoki kia rongo mai ko te taringa Māori. Kei te haria ki tētahi kaupapa i te taha o ngā Īniana, kua mate pea au ki te whakamārama he aha te tikanga. Ko tā te Pākehā hoki, 'Ka rarapa te uira, ka papaki ngā tai', ka aha noa iho. Ko te Pākehā tērā, kāore pea te Māori e kōrero ana mō ērā āhuatanga, engari he kupu whakarite ērā.

Te Wharehuia Pēnei anō. I te pēnei taku ringa [he matimati tohutohu], mēnā kei te āhua tohetohe kōrua, ka pēnei atu au ki a koe, kua kī mai koe ki a au, 'Hei aha noa iho tō patu pihipihi mai.' Nā te mea, mēnā koutou e mōhio ana ki te pihipihi, he manu tērā, ka mutu ka tīkina atu e koe he rākau, ka hāua e koe ngā manu nei kia mate, hei kai ngā manu nei. Engari ka pēnei ana koe, he pēnei i te patu i te manu nei, patu pihipihi. Koia tērā. 'Hei aha noa iho tō patu pihipihi mai.' Arā, kaua e pēnei [he matimati tohutohu] mai ki a au.

Tīmoti Arā, kaua tō matimati e tū atu ki te tangata. Ākene ko mātau anake pea te iwi kai pihipihi, nā te mea he manu pakupaku noa iho, ka whakahāweatia e ētahi atu iwi he nui ngā manu, engari ko mātau te iwi i kai i ērā manu.

Te Wharehuia I haramai i tāwāhi, i tōna wā, te pihipihi, engari kua roa e noho ana i konei. Ka mau i a koe e rua tekau, e toru tekau, e patua ana ngā manu nei. Ko ētahi hoki mā te tāhiti e mau ai i a koe. Ka whiua e koe ngā parāoa ki roto kua haramai ngā manu rā. Ka tākirihia e koe, kātahi ka patua e koe, ka tahuna he ahi ki roto i tētahi rua, ā, nāwai rā, nāwai rā kua wera te rua rā, ka kokoa ake e koe ngā pungarehu, ana ka whakanoho atu i ngā manu ki roto. Kātahi ka uhi atu ai i ngā manu rā, he rau rākau pea, he aha rānei, he paru rānei, kātahi ka uta atu i te paru ki runga, ka whakanoho atu ki reira tunu ai. E hia rā te roa, he hāwhe hāora pea mēnā kei te kaha te wera o ngā toka me te oneone. Kua makere noa iho mai ngā huruhuru.

Tīmoti Kāore au i kai, me taku whakapae kāore pea a Te Wharehuia i kai. . .

Te Wharehuia I kai au, e rua nei pea aku kainga, kāore noa iho i mākona, he paku noa iho nō ngā manu, āhua paku iho i te tūī. Ka mutu ehara i te mea he pērā rawa te reka. Me mate kai tonu te tangata, kātahi anō ka tahuri ki te kai. Kei te kōrero au mōku tonu.

Tīmoti Nā te kore kai o tō mātau nā rohe i mua i te taenga mai o te Pākehā, i mate ki te kai i ngā kai i whakahāweatia nei e ētahi atu iwi.

Te Wharehuia Ngā riroriro, ngā hōrirerire. Koirā anō ētahi o ngā manu pērā, he iti noa iho, engari he kai te kai.
'Ko koe te whakawhiti o te rā'; 'Ko koe te whakaāio o te whenua'; 'Ko koe te whakatāhuna o te ngaru.'; 'Ko koe te whītiki o te kī.' Ērā kupu katoa, he kupu whakarite.
Ki te kī atu au ki a koe, 'Haramai e taku weriweri.' He aha te tikanga o taku kōrero ki a koe? Kei te rongo ahau i te reo o te kaumātua e kī ana, 'Haramai e taku weriweri', ki tana mokopuna.
Ka hoki anō ki te kupu 'tāriana', ko taku whakamārama i te kōrero rā, kāore pea koe i te kōrero mō te iti, mō te rahi o tētahi mea, engari kei te kōrero koe mō te kaha o tana ekeeke. Ki tētahi atu e kōrero ana mō te rahi o te mea kei waenganui i ōna waewae. 'Taku rākau ē', ki a koe tō titiro, ki a au tāku.
Mēnā ko koutou i tipu ake ki roto i tētahi ahurea kotahi, i ōrite katoa te ahurea i tipu ake ai koutou e noho ā-whānau ana, ā-hapū ana kāore pea e tino rerekē ake tāu titiro i tāku, nā te mea ka hōrapa ērā momo kupu ki waenganui i a koutou, ērā rerenga i waenganui i a koutou, nā te mea, ko koutou ngā mea kei te whakamahi i aua rerenga rā. Nā reira, ka noho ki a koutou ērā mea, engari ki te haere mai he tauhou i waho ka whakarongo ki a koutou e kōrero ana ka noho kīrehu ērā ki a ia nā te mea kāore i te mārama ki a ia ērā kōrero, kei te rehurehu kē.

Tīmoti I a ia e whiu rā i te kōrero tāriana ehara i te mea he whakahāwea, he whakaparanga, he aha rānei. He titiro atu nōna ki tērā nā, me te pakari mai, me te aha mai, tō te kararehe pakari. Ko ngā āhuatanga katoa o te kararehe pakari, ana koirā katoa ngā āhuatanga o tērā momo kararehe. Ehara i te whakahāwea, i te aha rānei, kei te āhua tonu o tana whiu. Pērā i tana kī atu ki a koe, 'Haramai e taku weriweri.' Ahakoa he weriweri tōna tikanga, he kupu mihi kē tērā i roto i te āhua o tana whiu.

Te Wharehuia I te nuinga o te wā, ki te whakamahia terā kupu weriweri, 'taku weriweri', he mihi kē, he aroha kei roto i te kōrero. Ahakoa i tīkina atu te kupu 'weriweri' nei, hei ētahi wā hoki ko ētahi o ngā tamariki i te wā i a rātau e tamariki tonu ana, ko ētahi o ngā āhua e rerekē noa iho nei nā. Kia pakeke rawa, kātahi anō ka āhua pai mai te āhua, engari i te wā e tamariki ana, arā noa atu, pēnei i te makimaki nei, i te aha rānei, i te kīore nei te āhua. Nā reira, ka pērā te hoatu i te kōrero ki a ia, 'E taku weriweri.' Ehara i te mea e whakahāwea ana, e aha ana rānei, koirā tētahi o ngā āhuatanga o tātau, o te Māori, he hāngai tonu atu te kōrero.

Tīmoti Ko te tikanga, anei te kupu, arā kē tōna tikanga. Māu tonu e mārama atu ko tēhea o ērā e whakamahia ana e te kaiwhiu i te kupu.

Te Wharehuia Ko tāu e kōrero nā, ki te rongo koe i te tangi o taku reo, i te hī, i te nguru rānei o taku reo, ā, kua mōhio koe, anei kē pea te tikanga o te kōrero rā, anei kē rānei te whakaaro kei roto i te koroua rā.

He arearenga taringa

Te Wharehuia Tērā ētahi kupu iti nei, te 'ū', te 'ā', me te 'oi'. Katoa ēnei kupu ka puta i te waha o te tangata i a ia ka rongo i tētahi āhuatanga i taua wā tonu, ka mīharo i ētahi wā, ka wehi i ētahi wā. Nā, kia whakatakotoria tētahi horopaki.

Kua whārikihia te whenua, kātahi ka utaina atu ngā kai ki runga i te marae, i haria mai i te hapī, i te hāngī, ka horaina. Me kī koinei te wā e hākari ai i muri o ngā hui a te hapū, a te iwi, a te whānau tonu. Hei ētahi wā ko ngā kai o muri mai i te karakia – te hāpati a te Ringatū, te tekau mā rua a Te Ringatū, ko te Hūrae, ko te Hānuere rānei a te Ringatū. I tērā wā, horaina ai te kai ki runga i te papa, i te whenua, ngā wāhi kāore i whai wharekai. Kei te mahara ake au ki tōku marae tonu, i tērā wā kāore anō kia whakatūria te wharekai i taua wā rā. He kāuta i reira, engari kāore i uru katoa ngā tāngata ki roto, ā, kātahi ka horaina ngā kai ki runga i te papa i reira, ana kua kai.

E maumahara tonu ana au, hei taina ki a au te tangata nei, kua mate te tangata nei. Engari, kāore anō kia karakiahia ngā kai, kua toro te ringa ki te tiki i te mea, kātahi ka rīria, ka rīria e tētahi o ngā kaumātua. 'Ē! Ū!', he momo whakamataku tērā i te tamaiti, kua mōhio te tamaiti kei te hē tana mahi. He pēnei i te mea nei 'Ākene tō tou te pākia ai e au!' Neke atu i tērā. 'Ō taringa te kōwirihia ai!' Koirā te 'ū!', āna. Ko te titiro hoki o te kanohi, kei te haere ngātahi me te āhua o te tangata, tana reo me te tamaiti rā, ahakoa mōhio tonu te tamaiti, he raruraru kei te haere. Ērā momo mea katoa, kua ngaro i tēnei rā, ā, kua uru mai te 'hei'. Nō muri mai nei tēnā.

Ko te kupu 'oi!' nei, he reo nō te Māori, me pērā taku kōrero, he reo nō te Māori. Engari kāore au e kī ana i hua mai i te kupu 'hei'. E kī ana au, nā te Māori anō tāna 'Oi!' Ka mutu kei roto i ngā hapori o te iwi e mau ana ērā mea. Mai i Waikaremoana, kei te kōrero au ināianei mō tō māua nā rohe, mai i Waikaremoana puta noa mai ki Rūātoki, ki Ruatāhuna, ki Te Waimana, ki Waiohau, ka mau katoa ērā rerenga i aua hapū rā, nō te mea, he rite tonu te tūtakitaki ki a rātau anō, koirā te āhua o ērā rā, he kanohi kitea he mea nui tērā. Nā reira, ka haere anō te reo i te taha. Nā, kua mau i ngā whanaunga, kua mau anō i ngā tamariki a ngā whanaunga, ana tauwhitiwhiti i ētahi o ngā rerenga nei. Ka mea, kua haere ki Waikaremoana, he rerekē ngā kupu kei te haere mai i reira, kua kapohia atu ērā, kua heria mai ki tēnei pito o te whenua.

Ahakoa anō i roto i ngā whaikōrero, te kōrero ōkawa, kei konā anō ētahi rerenga kōrero, ehara i te mea e noho motuhake ana, engari ka heria mai i tētahi pito o te rohe o te iwi ki tētahi pito kē anō. Kua rongo ngā taringa o tēnei pito, kua kapohia atu tērā hei kōrero. Kaua e wareware, i ētahi o ngā tūtakitakitanga nei ka noho rātau ki roto i ō rātau whare e whakawhitiwhiti kōrero ana i waenganui i a rātau. Ka rongo i ngā kīwaha, i ngā kīrehu, i ngā kōrero, i ngā kupu o roto i te kōrero ōpaki, me ngā kupu o roto i ngā kōrero ōkawa e whakamahia ana. Ka mau atu ngā horopaki rā i a rātau me te mōhio me pēhea te whakamahi i aua kupu rā. Koinei tētahi o ngā raruraru i ēnei rā, kei te whakamahia ētahi o ngā kupu nei e Te Panekiretanga, engari ka puta mai i runga i te pouaka whakaata he horopaki kē noa atu e whakamahia ana e ngā kaikōrero o roto i te pouaka whakaata. Nā reira, koirā pea ētahi o ngā uauatanga kei te hiahia ētahi kia mōhio ki ētahi o ngā kōrero nei, engari kei te rongo noa iho, kāore i te mōhio me pēhea te tiki atu i te horopaki e rite ana mō aua kupu rā.

TE WĀHANGA TEKAU MĀ TAHI

'A' me 'O' – Tā te Māori titiro ki tōna ao

Nā Tīmoti

Kua kaha nei te ngaro o te reo Māori, kua kaha anō te whakaakona o te reo Māori. Kua tahuri te hunga ako ki te kimi ture e pai ai tā rātau whakatakoto i te kupu. Kei ngā reo Māori katoa o Te Moana-nui-a-Kiwa tēnei mea e kīia nei ko te 'a' me te 'o'. Kei tēnā iwi tāna whakamahi, kei tēnā iwi tāna whakamahi, ā, i te nuinga o te wā kei te ōrite. Terā pea ko te tino wehenga o te 'a' me te 'o' ko te kī, he rangatira ake ētahi āhuatanga i ētahi atu, āhua pērā nei. Mēnā he wāhanga nōu ake te kaupapa e kōrerotia ana, ka noho tērā hei 'o'. Mēnā he kaupapa nāu, mēnā he koha nāu ki tētahi atu, ka noho tērā hei 'a'. E rangona ai te rangatiratanga o te reo o tētahi kaikōrero me tika te whakamahi i te 'a' me te 'o'. Koirā ngā tohu o te matatau o te tangata ki te reo.

Nā, i roto i ngā āhuatanga o tēnei wā nei i kī ake rā au e kimi nei te tangata me pēhea e māmā ai te hopu i te reo, kua pīrangi kia whakaturetia te whakamahinga o ēnei āhuatanga. Ana, kei tēnā pukapuka āna tohutohu, kei tēnā pukapuka āna tohutohu mō te whakamahi i te 'a' me te 'o'. Engari, ina whakarongo tātau ki te hunga matatau ki te reo kāore i ako ā-pukapuka nei, ka whakamīharo tātau ki te āhua o te whakamahinga mai o te 'a' me te 'o'. Nā reira he āhuatanga me tino matatau te hunga ako, mēnā ka pīrangi rātau kia kīia he matatau ki te reo. E āhua māharahara ana au ki ētahi āhuatanga pēnei i te inoi, i te mutunga o te karakia, 'Kia tau ki a tātau katoa ngā manaakitanga *a*', ki a au nei, ka rongo ake nei tātau i te 'o' e whakamahia ana me taku pātai ki a au anō he aha i 'o' ai, me te kore nei i taea e te hunga karakia te whakamārama? Engari ki a au nei, kei te mārama, mārama pai nei, he aha i 'a' ai tērā rerenga. Āhua pēnei i ngā hau 'a' Tāwhirimātea – ki a au nei me 'a'. Nā te mea ko te atua ko Tāwhirimātea, katoa ngā āhuatanga kei raro mai i tōna maru, i tōna mana, nā reira me 'a' tērā āhuatanga. Koinā taku whakamīharo ki te karakia a te Pai Mārire e kīia nei, 'Nāu te korōria.' Arā, ko te atua hoki kei runga i ngā mea katoa, nā reira ka noho 'a'. Ki a tāua, ki te tangata, ana, nōu te korōria, āhua pērā nei. Ko te ao o nāianei, kāore ngā taringa i te āta whakarongo, kei te rongo, engari kāore i te whakarongo. Tērā pea kua tae ki te wā, i runga i te aroha ki te hunga kei te ako, me whakatakoto he ture. Mā ēnei reanga e kōrero Māori ana i ēnei wā nei e whakatau, he aha tērā i 'a' ai, he aha tēnei i 'o' ai.

I te pō rā, i kī a Rāhera ki a Dean, 'He wai māori māu?' Whakatikahia atu e Te Wharehuia. Me te tika o te pātai a Rāhera, 'He aha ai? Nā te mea ko te tī, ko te aha, ko te aha, he "a".' Ka pātaia e te hinengaro koi, he aha i 'a' ai ērā, i 'o' ai te wai? Engari mēnā tāua ka whakahoki i te whakaaro ki ngā kōrero a ō tāua tīpuna ki a rātau, 'Haramai ki te kai tī, haramai ki te kai rama', ērā mea. Nā reira pea i whai ai i tērā āhuatanga o ērā inu. Ko te wai ki a au nei, e kore koe e ora ki te kore he wai. Ka taea te ora me te kore kai, engari e kore e taea te ora tonu, ki te kore he wai. Nā reira ko tāku nā whakamārama ki a au anō, ki āku ākonga i roto i ngā tau, e, me tino 'o' te wai, nā te mea kei runga noa ake tērā i ngā āhuatanga katoa e ora ai te tinana.

Nā reira au e kī nei, tērā pea ko tātau, ngā kaiwhakaako o ēnei rā, me tahuri ki te whakatakoto ture. Tirohia ngā ture kua takoto i ētahi atu kaititiro i te reo, ka tiro atu, 'Āe kei te whakaae au ki tēnā, ki tēnā, ki tēnā. Kaua ki tēnā, ki tēnā, ki tēnā. Nā te mea, nā te mea, nā te mea.' E māmā ai te huarahi ki te hunga kei te ako i te reo me takoto i a tātau ngā ture. Ki a au nei ko te tohu o te tangata pai ki te kōrero Māori, ko te tika, tika rawa atu nei o tana whakamahi i ngā 'a' me ngā 'o'. Tokoiti tonu te hunga reo rua kua eke ki tērā taumata e

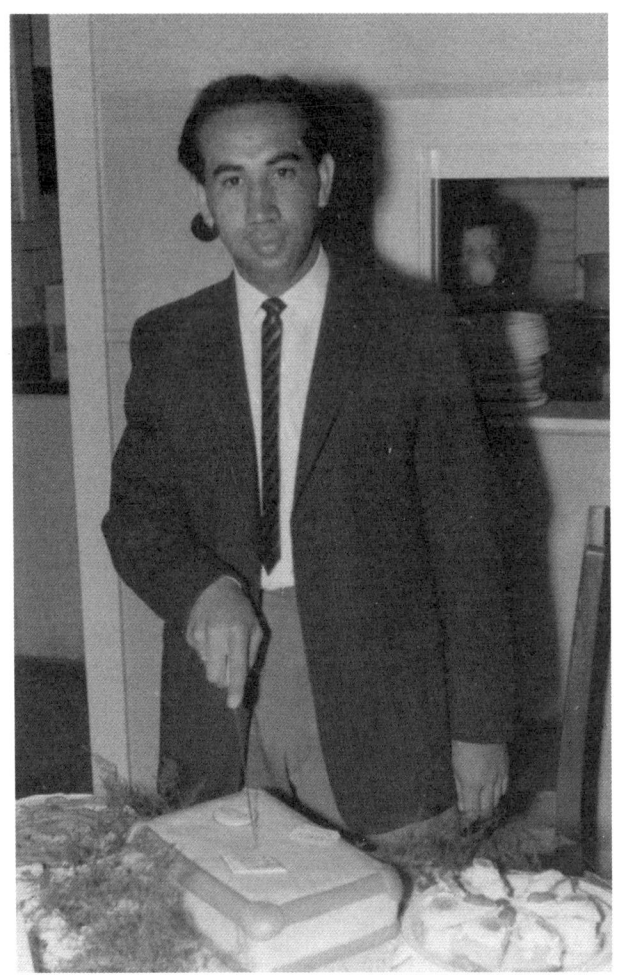

I te tau 1961 i haere a Tīmoti ki tāwāhi, ki Rānana, noho ai, mahi ai. I whakaritea he hākari e tana whānau hei poroporoaki i a ia. Kei *Te Wharekura 9* ētahi o ngā kōrero a Tīmoti mō taua haerenga.
Kei a Tīmoti te mea tūturu o te whakaahua nei

kōrerohia ake nei e au, nā te mea, kāore he ture. He ture tonu, engari kāore pea i te whakaūngia. Me kaha tātau ki te whakaū i ngā ture kei te takoto, engari me whakaae tātau ngā kaiwhakaako i te reo Māori, huri, huri, anei te ture. Me whakaae tātau katoa, anei ngā tikanga mō te whakamahi i te 'a' me te 'o', kia kotahi ai te whakamahi huri i te motu.

Kei te whakarongo au ki ngā kaikōrero o ēnei wā, kāore rawa i te pērā rawa te ū. Ki tāku titiro, ki tāku i mōhio ai i a au e tamariki ana, i a au e whakarongo ana ki ngā kaumātua e kōrero ana, kāore i te ū. Nā reira, ko mātau hoki i te wā i a mātau kāore i āta whakarongo nē? I mau noa iho te tauira i te taringa, ā, ka whakamahia. Kāore i āta whakaaro, he aha i 'a' ai, he aha i 'o' ai, engari i tēnei wā o te pātai, o te hinengaro pākiki, me pērā, me takoto he ture, me takoto he whakamārama, kia mārama ai, ka tahi, kia māmā ai te whai i te reo, ka rua. Ka tere hōhā te reanga ako, mehemea kāore i kotahi te ture. Ka haere ki a Hēmi, anei te whakamārama. Ka haere ki a Tīmoti, anei kē te whakamārama. Ka haere ki a Te Wharehuia, arā kē te whakamārama. Nā, ko te ākonga koi te hinengaro, ka tere hōhā, nā te mea hoki, he aha i rerekē ai ki tēnā, ki tēnā, ki tēnā mēnā e kotahi ana te whakamahinga, nā reira, āe, e tino whakaae ana au, kua tae ki te wā, tātau kaiwhakaako reo Māori nei, tēnā tahuri tātau ki te whakakotahi i ngā ture whakamahi i te 'a' me te 'o', kia kotahi ai hoki te whakamahi, ka tahi, ka rua, kia māmā ai ki te hunga whai mai.

Ko tētahi āhuatanga e rangirua nei ētahi, kei te mārama ki te nuinga o ngā whakamahinga, engari kei reira ētahi kupu, pēnei i te uri, te wahine me te tāne, ka rangirua pea ētahi i ērā, me taku whakaae ki tēnā rangirua, kei te whai noa iho hoki. Ko tāku i ngā tau ki muri he titiro ki ngā waiata o nehe, kaua ki ngā waiata i tuhia, i titongia mai i te taenga mai o te Pākehā, kia kite i pēhea rā te haere o te kupu. Nā, i roto i tētahi o ngā waiata āhua kaioraora nei a Tūhoe mō Ngāti Kahungunu, kei reira te uri o Tūhoe moumou kai, moumou taonga, nā reira au e mau ana ki tērā. Nā te mea, ki a au nei, i pērā te whakamahi a ōku tīpuna i te āhuatanga ki tērā kupu. Ki te āta whakaarohia e koe, e te tangata koi te pīnati, he aha i kore ai i rite ki te tamariki, ki te mokopuna? Koirā tāu e pātai nei, koirā tō wero, ana koirā tāku e kī nei, kua tae pea ki te wā me titiro e tātau.

Tau atu ki te tāne me te wahine, ko te hoa tāne 'o', engari ko te tāne 'a'. Ana, ka pātai anō te hinengaro koi he aha ai? Kei te mārama te hoa, engari te tāne me te wahine me 'a' rānei me 'o' rānei? He aha i 'a' ai, he aha i 'o' ai. He rangatira tētahi nō tētahi? I ōrite rānei te mana o tētahi ki tō tētahi? Kua wetekina ngā here, ngā tapu? Āe, ērā mea katoa.

Kei te āhua pai ki a au 'te tāne a . . .', 'te wahine a . . .'. Kei te āhua pai tērā ki a au, nō te mea, e kī ana tātau, he ōrite ngā mana o te wahine ki ō te tāne, o te tāne ki ō te wahine, ana, i roto i ngā tirohanga o ēnei wā, ka tino hāngai ki tērā whakaaro, engari ko ētahi atu āhuatanga o te whakamahi ngā mea whakararu. He waiata tēnei mā Hēmi, he waiata tēnei mō Hēmi. Kei te mārama tērā ki a tāua, ā-tāngata whakaako nei, engari ka titiro mai te hunga ako, ka whakaaro he aha kē te rerekētanga o tētahi i tētahi. Mēnā ki te āta whakamāramatia, ka pai noa iho pea ki te ākonga. Mēnā ko koe te kaupapa ake o roto i te tuhinga, a kāti, ka 'o' tērā. Mēnā he koha atu ki a koe kua 'a'.

Nā reira e pai ana kia tautohetia, ki a au nei, me tautohe e tātau. Me tautohe e tātau, e te hunga whakaako i te reo, kia puta ai ngā whakaaro katoa, hei reira whakatau ai – anei, me pēnei. Nā runga i ngā taupatupatu, nā runga i ngā tautohetohe, nā runga i ngā aha, ngā aha, ngā aha, me pēnei. Me titiro e tātau ngā whakatipuranga kei te haere mai, ka hē kē atu ki te kore e whakatauhia e tātau, e tēnei reanga nei. Ki te kore e puta i a tātau he whakatau, e kore e mau, ki a au nei. Nā reira i runga i te aroha me te hōhā, i te hē o te whakamahi mai a ētahi, engari me taku mōhio, kāore pea i tika te whakaakona atu. I whakaakona atu rānei, engari kāore i whakarongo ngā taringa. Ki te āta takoto ērā mea ki tētahi wāhi, ki a au nei ka taea e taua tangata rā, ki reira wherawhera ai he 'a' rānei, he 'o' rānei tēnei.

Ko te 'a' me te 'o' te matapihi ki tā te Māori titiro ki te ao. Ki taku mōhio e kore hoki pea tērā whakaaro e hipa i ērā wā. I ōrite pea te whakamahi a ngā koroua puta i te motu. Ko te huringa kē nei ki te reo Pākehā, ka uru kaha mai nei te reo Pākehā ki roto i ā tātau rerenga, ka taupatupatu nei ngā whakaaro. Ka mutu ko ngā ture katoa mō te reo i tuhia e te Pākehā, ehara i te Māori i tuhi. Kāore i ahu mai i te tangata pakeke mai ki te reo ngā ture nei, i ahu kē mai i te tangata o waho ka titiro whakaroto mai ka whakatau i runga i tāna i kite ai, i rongo ai. Nā reira pea, i te wā kei te ora tonu te momo pēnei i a Te Wharehuia nei, me wawe tā tātau noho ki te tohe, arā a Wharehuia, a Pou, ngā mea matatau o tēnā iwi, o tēnā iwi, ka whakatau ai me aha. Ki tāku whakarongo ko te nuinga o te hunga kōrero Māori e tika ana te whakamahia o te 'a' me te 'o'. E whakapae ana au kei te pērā katoa ngā iwi. Ko te nuinga e tika ana. Kei tōna takitahi nei, kei reira ētahi e rangirua ai te hinengaro. Pēnei i te kupu 'uri' nei, ki roto o Maniapoto, hei tā Ānita Moke he 'a' ahakoa tana mārama ki ngā taha e rua.

Engari ka taea tērā te whakakotahi e tātau i tēnei wā nei, me kī he rite ki te mokopuna, he rite ki te tamaiti nā reira ka 'a'. Ki ētahi iwi ko te irāmutu he 'o' me taku kore i mōhio he aha ai; ki Te Tai Rāwhiti he 'o' te irāmutu, ki Te Tai Tokerau he 'o' te irāmutu. Ka pātai tāua, 'He aha ai?' Engari koirā ngā āhuatanga me titiro. Kua roa au e tohe ana ki āku ākonga ka noho 'a' te irāmutu ahakoa pēhea. Haere mai koe i tō iwi i a koe e noho ana, ki a au he 'a', he 'o' ki tō iwi pōhēhē, ki reira 'o' mai ai. Engari koirā ētahi āhuatanga kei te whakararu i te hunga ako.

Ka kī tātau ko Te Atairangikaahu me tōna iwi, e kore tātau e kī ko Te Atairangikaahu rātau ko tana iwi. Ko te 'me' kei te whakarewa i tētahi. Kei te kī kei raro mai ētahi i ētahi, ko tērā āhuatanga kei te ngaro haere. Koirā pea tētahi āhuatanga hei titiro mā tātau. Ko ērā momo kupu, ko ērā momo whakaaro e ngaro haere nei, e ngaro haere nei. Āe rānei ka whai hua te pupuri tonu? Āe rānei me tuku, ka whai noa iho i ngā āhuatanga o tēnei wā? Koirā katoa ngā kōrero hei kōrero mā tātau.

Tērā tētahi kōrero me whakakore te 'a' me te 'o'. Me pēhea e taea ai? Me 'a' katoa ngā mea katoa, me 'o' katoa? Ka mutu e mea ana ētahi i ngā tau e whā, e rima, mai i te tīmatanga ki te ako me 'a' katoa ngā mea katoa. Tērā whakaaro pōhēhē hoki. Ko te tohungatanga ki te reo tā tātau e whai nei. Ana mā ngā 'a', mā ngā 'o' e kitea ai he tohunga ake tēnei i tērā. Waiho ērā kia noho mai hei whakatohungatanga i te tangata e whai nei i te reo. Ka noho tonu ētahi ka pai ake ētahi i ētahi, ahakoa pēhea. Nā reira, waiho ērā hei āhuatanga e kitea ai he matatau ake tērā i tēnei.

TE WĀHANGA TEKAU MĀ RUA

Ngā taumata o te reo

Nā Tīmoti rāua ko Te Wharehuia

Tīmoti Tēnā kia tirohia ake ēnei kupu, *passive speaker, heritage speaker,* me te *native* speaker. Ko tāku whakamāori i te *passive speaker*, he tamaiti tino mōhio ki te whakarongo ki te reo, engari kāore e taka mai he kupu i te waha, ko tērā tērā. Ākene ko tātau katoa he *heritage speakers*, tāku na whakamāori i tērā kōrero. Kei te mōhio au he rerekē anō te whakamāori a ngā tohunga o tēnei mea, o te wāwāhi i te reo ki ōna āhuatanga katoa. Ko te *native speaker*, ki a au, he tangata i pakeke mai koirā tana reo tuatahi i rongo ai, koirā tana reo i pakeke mai ai, ā, kaumātua ai ia. Mēnā koirā tōna reo tuatahi i rongo ai, ka rerekē tāna whakamahi i te reo i tā te tangata whakamahi nō muri kē mai i te mōhiotanga ki te reo Pākehā ka ako ai i te reo.

Ko tēnei momo i a māua ko Te Wharehuia i waimarie nei kia ponitakatia e ngā kaumātua matatau ki te reo me te tūpono, ā, ka mau i a māua nā runga hoki i te auau o te rongotanga o te reo e kōrerotia ana e te hunga nō rātau taua reo. Haere mai ki tēnei wā, ko taku aroha nui ki ngā mea o tēnei wā kei te ako i te reo, kāore i te karapotia e te hunga matatau kia mau ai ōna rerenga katoa. Kei runga kē hoki i te āhua o taua wā rā, i puta ai ngā kupu mō taua wā rā. Ko Te Panekiretanga ināianei tētahi wāhi e taea ai e te tangata te kōrero Māori mō te katoa o te wā, ka mutu ko ētahi he matatau kē ake i ētahi. Ko te mea nui kei te whai wāhi e rongo ai rātau i te reo e rere ana, ka mutu kei reira ētahi atu hei paku whakatika ake i te rere. Koirā anake te wāhi o te motu, ki tāku titiro. Kei te kōrerotia ngā marae, kāore he take o ngā marae, mutu ana ngā mihi, kua kore i kōrero Māori, nā reira, ka aroha ki ngā tāngata kei te ako. Ko ngā kura reo pea tētahi wāhi atu, mēnā kei te ū i waho mai i ngā wāhi whakaako, engari kei te mōhio anō tāua, puta ana ki waho ki te whai ao ki te ao mārama, kua kōrero Pākehā!

Nā reira mēnā ka kitea e tātau tētahi āhuatanga e Māori noa iho ai te reo, pērā i te iwi Airihi, kua roa nei e pakanga ana kia pērā he wāhi koirā anake tōna reo, toa mai, pakihi mai, pahi mai, aha mai, kotahi tonu te reo e kōrerotia ana ko te reo Airihi. Mēnā ka taea e tātau tētahi wāhi pērā, terā pea ōna rerenga katoa ka mau, me te āhua tonu o te ngākau o te tangata, ko tēhea rerenga ka puta i a ia. Mēnā ka mamae, ka pēnei, mēnā ka riri ka pērā, mēnā kei te whakaipoipo ka pērā, mēnā kei te whaikōrero, ka rerekē anō te whiu i te kupu. Ko ērā āhuatanga o te reo me titiro e tātau kia pai ai hoki te hoatu i ngā kōrero e tika ana mō tērā āhuatanga. Engari kei te itiiti haere ērā wāhi e taea ai nā te kore e rongo i te hunga matatau, engari kāore au i te tangiweto nui ki tērā āhua. Ko tāku kē e mea nei, ahakoa pēhea mātau o tō mātau reanga, ā tōna wā ka riro mā tō koutou me te reanga o ā koutou mokopuna te reo e whakatau me pēhea, me pēhea. I tēnei wā i a mātau e ora nei, ā, ka riro mā mātau e paku whakaaweawe te reo kei a koutou, ā tōna wā ko tō koutou reo ki ā koutou mokopuna heke iho, heke iho. Nā reira, āe rānei ka pai ake, āe rānei ka hē kē atu? Aua! Kāore tāua i te mōhio.

Engari ko au kei te kī, ko tēnei reanga te reanga e kaha ake ana te whai i te reo i ngā reanga o mua atu, me te kaha ake o tēnei reanga ki te kōrero i ngā reanga o mua atu. Ahakoa nā ētahi te waka i whakarewa, te waka o te whakaora i te reo, o te aha rānei i te reo, ko tēnei reanga pea kei te kaha te whakatutuki i tērā whakahau. Nā reira, ahakoa i tīmata mai i te reo Pākehā te hunga e ako nei, engari kua tino matatau nei. Mēnā tāua ka titiro ki ngā kaikōrero o te reo Māori i tēnei wā e whakamīharotia ana e te ao Māori, ko te nuinga i tīmata kē mai i te reo Pākehā. Ahakoa ko Te Manahau tēnei e whakamīharotia nei i tīmata kē mai i te reo Pākehā, a Pānia, a Kīngi, a Hēmi, a Te Heketū, a wai ake, a wai ake, a wai ake, katoa ērā nā te reo Pākehā i whāngai i te tuatahi kātahi anō ka tahuri ki te reo Māori, ana, e ekea nei ngā taumata. Nā reira, ko rātau kei te whakaū i te kōrero, ka taea. Kei te pīkoko tonu o te tangata, kei tana whakapau i ōna kaha e eke ai ia ki ngā taumata o te reo.

Ko ētahi iwi o te ao Māori tonu kei te whakatairanga ake i te tangata, i te kaumātua i tupu mai i te reo Māori. Kāore i te tuku i te mana kōrero ki te rangatahi ahakoa he pai noa ake te reo. Nāku terā kōrero i whiu ki te pō whakanui i te reo o Kahungunu. Ko tāku kōrero ki a rātau, 'Kua tae ki te wā, tukuna te rangatahi kia kōrero. Kua tukuna kētia e koutou a Pētera, he tohu pai tērā, kei te whakaae koutou kei te rangatahi te reo, arā a Tātere, arā a wai, arā a wai, arā a wai.' I tautokona mai taku kōrero e Ngāhiwi Tomoana. Ko ngā kaumātua kua roa e noho ana hei kanohi, hei waha mō Kahungunu ki ngā marae o te motu, i nohopuku, kāore i kōrero. Hē ake nei, hē ake nei ngā reo o ētahi kaumātua e noho ana i ngā pae. Nā reira, he taiapa tērā kia peketia e koutou ā tōna wā, kia turakina rānei. Ko te mea kē, kia whakaae ngā kaumātua, mēnā ka taea e māua ko Te Wharehuia te whakaae, ā, he aha kāore e taea e ētahi atu te whakaae? Nā te mea, ki te rite tonu te pēpēhi i te rangatahi e kore rātau e tahuri mai, ka hōhā.

Nā reira, me tahuri tēnei reanga kaumātua ki te āta titiro, ka whakaaro, 'Āe, kei te pai taku mokopuna, māku e āwhina.' Koirā kē te whakaaro e tika ana kia puta mai i ngā kaumātua o ēnei rā nei, 'Tukuna taku mokopuna kia tū, māku e whakatika; māku e whakawhānui atu tana mōhio ki ngā rerenga kōrero e tika ana mō runga i te marae.' Me pērā kē ngā kaumātua ināianei, ki te kore ka takahia mai e tēnei reanga. E kore tēnei reanga e noho mō ake tonu atu ki konā nohopuku ai, nā reira me tahuri ngā kaumātua o tēnei wā ki te whakaaro ki ā rātau mokopuna.

Ki a au nei kāore he mana o ērā karangatanga mō ngā taumata o te reo, arā, o te *native speaker*, te *heritage speaker*, te *passive speaker*, me te *second language learner*. Ko te mōhio ki te reo, koirā te mea nui, tōna pai, tōna eke, tōna aha rānei. Ka taea katoatia hoki e ēnā karangatanga kua whakahuatia mai nā. Ko tāku e aroha nei ko ngā mea e kīia nei he *second language speakers*, ko rātau te momo kei te kawe i te reo. Kei te kaha ake te reo i waenganui i tērā karangatanga ākonga i te kaha o te reanga o ēnei hunga e kīia nei he matatau. Ko te hunga e kīia nei he matatau, he tere te huri ki te reo Pākehā. I ngā marae, i hea noa iho, i hea noa iho, ko rātau ngā mea ka kōrero Pākehā, ko ngā mokopuna ngā mea ka ū. Kua roa rawa e noho ana, ānō nei he atua rātau, te hunga matatau, engari kua kitea atu e ēnei reanga te uku o ngā waewae.

Nō ngā tau rua tekau, toru tekau i huri ai tērā tai. Ki te titiro whakamuri ko ngā tāngata i pakeke mai ki te reo Māori ētahi o ngā tino kaikōkiri i ngā kaupapa, engari i taua wā anō rā, ehara i te mea ko te hunga tino matatau. Mēnā ka whakaaro tātau ki Ngā Tamatoa, tērā rōpū i kaha nei te kōkiri, ehara tērā rōpū i te rōpū kōrero Māori. Te Reo Māori Society, tērā rōpū, ko te nuinga o ērā ehara i te tamariki kōrero Māori, kāore i pakeke mai e kōrero Māori ana, engari nā rātau i kōkiri kia mau te reo, kia uru te reo ki roto i ngā kura, kia kaha tātau ki te kōrero Māori, kia kaha tātau ki te kōkiri i tō tātau reo. Nā ērā rōpū kore reo kē, e ora nei te reo, e noho maho rā te hunga matatau, maho ake nei, maho ake nei, ānō nei kāore he raru o te ao. Me kore ake ngā rōpū kore reo nei e kaha nei tātau i te rā nei. Me mihi tātau ki ērā hunga, ahakoa i tutū i a rātau te puehu, kāore i pai ngā kaumātua, kāore i aha, engari i te mutunga iho kua kite tātau i te hua o ā rātau mahi.

I kite au i te kōrero, 'E kīia ai te tangata he Māori ia, me reo Māori.' Nā Apirana te kōrero, nāna tērā kōrero i whiu ka whakaohongia ake e au. Nā, ko te whakapae, i whiua ai e ia tērā kōrero, nā te mea i te wā tērā o te whakaora i ngā whare whakairo o te motu. Ana ko tana kōrero, ki taku whakapae, he aha te hua o te whare whakairo ki te kore he reo i te taha? Me taku whakapae anō, ko te tikanga o tērā kōrero he āki kia pukuriri ngā Māori kua tahuri ki te reo Pākehā, ngā mea kore reo.

Ka tangiweto ngā mea ka kī mai ki a au, 'He toto Māori ōku, nā reira he Māori au', ahakoa te Pākehā, Pākehā nei o te āhua. Ki ō tātau kaumātua, ahakoa pēhea te iti o tō toto Māori, menā he uri koe nō tētahi tipuna he Māori koe, koirā tā te Māori titiro. Kāore e whakawā i te nui, i te iti rānei o te toto, ko te Pākehā ka pērā. E kī nei ngā Pākehā, kua kore kē he Māori, arā, ka titiro ki tēnā, ki tēnā o roto i te ao tākaro, ka kīia, 'Ehara terā i te Māori, ehara ia i te Māori', nā te Pākehā o te āhua.

Engari mēnā tāua ka titiro ki ō tāua kaumātua nā te mea he mokopuna i heke mai i a ia ahakoa e hia whakatipuranga, he Māori. Nā reira, ko tōku whakaaro kei te whai i tērā āhua, engari ko tāku ki tēnei kōrero āku i whiu ai ko tērā, ki te kore koe e mōhio ki te kōrero Māori, ka pīrangi hoki kia karangatia koe he Māori, tēnā, e ako i te reo. Koirā hoki tētahi atu āhuatanga o tēnei mea, o te Māori, ko tōna reo. Koirā anake te āhuatanga i te ao nei e rerekē ai tātau i tētahi atu tangata, ko tō tātau reo. Kei kī tātau he iwi manaaki tātau, kei ngā iwi katoa tērā āhuatanga o te manaaki, manaaki kaumātua, aha rānei, aha rānei. Kei ngā iwi katoa tērā whakaaro, ko te reo me ngā tikanga, koirā anake te mea e rerekē ai tātau i ētahi atu iwi. Nā reira kia kaha tātau ki taua mea kotahi e motuhake ai ō tātau mana, ō tātau ihi, ō tātau wehi, ō tātau tapu, tihei mauri ora!

Ngā rangatira o te reo

Te Wharehuia Mōku tonu, kia mahara ake, e tipu haere ake rā koe, ko koe kei tētahi reanga, ko ētahi kei tētahi reanga kē atu, ko ētahi kei tētahi reanga kē atu, tae atu ki ngā koroua me ngā kuia, kei tētahi taumata kē te āhua o ō rātau reo. Ngā mea e noho ana i tōu taha i te nuinga o te wā he kōrero ōpaki noa iho – ngā kōrero o ia rā, o ia rā, o ia rā. Engari kua uru koe ki roto i ngā āhuatanga o tēnei mea o te tangihanga, o te hui a te whānau, a te hapū, a te iwi, ā, i roto tonu rānei i ngā tūtakitanga o ētahi atu o waho atu i tō whānau, i tō hapū. Hei tērā wā kua rerekē te āhua o te reo, nā te mea i te wā o te mihimihi he kōrero ōkawa kei terā wā. Ka rongo tonu koe i te whakatakoto a tētahi i ōna whakaaro, a tētahi i ōna whakaaro i ngā kōrero ōkawa, arā, ko ngā mihimihi, ko ngā whakatau, ērā mea katoa, tae atu ki ngā karakia i ētahi wā. Ka rongo tonu koe i te rerekē o te whakatakoto a tētahi tangata i tā tētahi atu.

Pērā anō ngā wāhine. Kaua e pōhēhē kei te kōrero māua mō ngā tāne anake. Ko ētahi o ngā kuia, ko ētahi o ngā wāhine, o roto i ō tātau iwi, i a rātau ētahi reo ātaahua. Me taku mōhio ake, nā te mea i rongo au i ngā kuia e noho ana i muri i te pae o ngā tāne, ana ko tā rātau mahi i ētahi wā, mehemea kei te hiahia rātau, he turuki, he turuki i te kaikōrero hei āwhina i te kaikōrero kia tika ai te rere o ōna whakaaro. Kei te tīmata tonu ki te kimi whakaaro mōna, kātahi ka hoatu he kupu, he kupu turuki ki taua kaikōrero rā kei muri te wahine rā e noho ana. Nā, ērā āhuatanga katoa o roto i tēnei mea o te whaikōrero, te ōkawa me te ōpaki o tō reo.

Mōku tonu, ki te haere au ki tō māua rohe me tīmata mai au i reira, nā te mea, ko ngā tauira i whāia ai e māua, ko ngā mea tonu o roto i tō māua rohe i te tuatahi. Nā, ko Te Rangihau terā. Kei te kōrero au ināianei mōkū tonu. Ko Te Rangihau, ko Kūpai McGarvey, ko Te Kahu Tihi, kei te kōrero ahau mō ngā mea i mōhio au i roto o Rūātoki. I mua atu i ērā reanga, ko Taihākoa. Ka tae tonu mai au ki taku tipuna, ki a Takurua, ki a Kino Hughes, ki a Te Hauwai Wharetuna, ki a Tangohau. Koinei ngā mea i te wā i a au e tipu haere ake ana. Ko Tuiringa Tāwera. I a ia tētahi reo ātaahua. I hiahia au ko ia hei tauira mōku, ko Tuiringa Tāwera, he ātaahua ki te whakatakoto kōrero.

Heoi anō, koirā pea ngā mea tāne. He wāhine anō i reira, ehara i te mea e tū ana ki te whaikōrero, engari mō te whakatakoto kōrero, ana, ko te karangatanga tuahine o Te Hauwai Wharetuna nei – ko Pihitahi Wharetuna, engari i moe i tana tāne, ko Pihitahi Trainor, ātaahua ki a au tōna reo. Te kuia nei i moe i a Hou Heremia, he kuia reo ātaahua nei tōna.

He nui ngā kuia i te ora i taua wā he pai ki te kōrero, ka mutu ka haere atu koe ki roto o Ruatāhuna, i reira anō ētahi, ka haere atu koe ki te rohe o Waikaremoana, i reira ētahi kuia ātaahua ki te kōrero. Kia mahara ake e tamariki tonu ana au i te wā e ora ana ngā mea nei, engari kei te rongo ahau i te rerekē o ō rātau reo i ngā mea o ō mātau māmā, me ngā tuāhine o roto i tō mātau whānau e kōrero ana i te reo.

Ka whakarongo atu au ki ngā kuia nei e whakatakoto ana i te whakaaro, nō tō rātau ao tō rātau reo. I ētahi wā i noho ai au i muri i ngā koroua ki te whakarongo ki a rātau e whaikōrero ana i runga i te marae, ā, noho anō ai au i muri i ētahi o ngā kuia nei i te wā e noho ana i roto i te wharenui. He mahi moni mō te marae, engari ko tā rātau mahi he purei kāri hei mahi moni mō te marae. Ana, kua taki kōrero i te wā i a rātau e whiuwhiu kāri ana. Ana i reira ētahi rerenga kua kore e rangona i ēnei rā, nā te mea kua matemate katoa te nuinga, torutoru noa iho pea kei te ora. Ko te kuia nei, ko Te Uru, tino mōrehu, rā. Kua kore katoa o tōna pito i te wāhi ki a ia, i te wāhi ki Ruatāhuna, ki Waiohau, ki Te Waimana, kua matemate katoa ngā kuia o tērā reanga i rerekē ake tō rātau reo. Ki te whakarongo koe ki ngā reo o ngā kuia o tēnei wā, e kore pea ahau e pai kia whakaputa i tētahi kōrero. Ki a au, kua maninohea noa te āhua o te whakamahia o ētahi o ēnei reanga, tāne mai, wāhine mai, i te āhua o ō rātau reo kōrero. He reo kaupoai noa iho.

Timoti I hau ō rātau rongo nā tō rātau pai ki te whaikōrero, koirā kē te haunga o te rongo. A Te Rangihau mā, a wai mā, a wai mā, e mōhiotia ana he tāngata pai ki te kōrero. Katoa ngā kaumātua i whakahuatia ake nei e Te Wharehuia me ngā kuia hoki ka rongonui tēnei nā te pai ki te karanga, nā te pai o ana kōrero, ērā mea katoa. Koirā kē te hau o ngā rongo o tēnā, o tēnā, o tēnā. Nā, ka haere ki ngā hui ka whakatūria ko mea, ko mea, ko mea. Mōhio tonu ko ērā ngā mea pai ki te kōrero, kāore hoki e whakatūria ko ētahi atu. Ka mutu ki a au nei, ko te reo Māori o te katoa o tērā reanga, he pai rawa atu. Ko te reanga ki taku māmā whāngai nei, ki tōna whaea i te ora tonu hoki taua kuia rā i a au e tino pakupaku ana. Ka mutu he kuia kāore nei i paku mōhio ki tētahi kupu Pākehā kotahi nei, engari ka rongo koe i a ia e kōrero ana ki a mātau, ki āna tamāhine, arā, ki taku māmā whāngai, he reo kē noa atu tērā me te āhua tonu o te kōrero. Nā reira, kāore he hua o te tangiweto ki tērā reo. Kua riro tērā wā, engari ko tātau ki konei whakatau ai me aha.

TE WĀHANGA TEKAU MĀ TORU

Ngā reo ā-iwi

Nā Tīmoti rāua ko Te Wharehuia

Tīmoti I ēnei wā nei, kei te kaha te ara ake o te whakaaro kia mau tēnā iwi ki tōna reo, kia mau tēnā ki tōna. Whakaaro rawa ake ki tērā, kua kore kē aua reo rā e ora mai. Ko tāku nā whakapae e kore ngā reo ā-iwi e ora. I roto i te rima tekau tau e tū mai nei, kua kore nei māua i konei, kotahi te reo Māori o ngā iwi katoa. Kāore e kore ka whakaaweawetia te reo e ngā kīwaha a tērā iwi, e ngā rerenga kōrero a tērā iwi, a wai ake, a wai ake, engari i te mutunga ko te tangi o te reo o tēnā iwi, o tēnā ka ngaro i roto i te wā, kua ngaro tonu i tēnei wā. Ko te tino tangi o te reo o Tūhoe, kua kore koe e rongo, otirā, te pōhēhē o te iwi, 'Anei te tangi o te reo o Tūhoe.' Ko tērā momo kei te ngaro.

Te reo o Ngāti Porou kei te ngaro haere e kore koe e rongo. Kahungunu kua tino ngaro, ki a au nei, kāore koe i te tino rongo i te tangi o te reo o Kahungunu. I a au ka kōrero pērā, kei te whakaaro au ki tērā hunga pērā i a Wī Huata mā, te āhua o ā rātau nā kōrero i te wā i a rātau, kāore au i te rongo i tērā rere o te kōrero i waenganui o Kahungunu. Ana ko Hana e whakaora mai nei i te tangi ki tana whakapae, ki tōna whakaaro, o te reo o Ngāi Tahu. Ka pēhea rā i roto i te rima tekau tau e tū mai nei? Ka ora rawa ake rānei, ka kore rānei e ora, engari ka kōrero Māori noa iho nei rātau?

Ko ngā reo ā-iwi, kei te riro mā ngā reanga o tēnei wā tērā whakaaro e kōkiri. Nā te mea ko rātau kei te pīrangi, 'Kia motuhake tōku reo, kia kaua e rite ki tō tērā rā.' Nā reira ki tāku nā whakapae, e kore e ora ngā reo ā-iwi. Ākene ko ētahi o ngā kīwaha, ko ētahi o ngā rerenga, e motuhake ana ki tēnā iwi, ka ora. Ko te tangi o te reo tāku e whakapae nei e kore rawa atu e ora i tēnei wā tonu nei, kua tino tata kē te ngaro. Ko te mea nui kei te mārama tātau ki a tātau. Ina kōrero Māori, kei te mārama mai tēnā iwi, tēnā iwi, tēnā iwi ki ngā kōrero. Ākene ko ētahi kupu noa iho ka rerekē, ka 'tiaki' mātau i te tangata, ka 'tatari' mai koe i te tangata. Tērā momo, āhua pērā. Atu i tērā, ki a au nei, e kore ngā reo ā-iwi e ora. Ākene ka whakahētia mai, engari koirā tōku nā whakaaro i tēnei wā.

Ki a au nei hei aha noa iho te whakapau kaha ki te whakaora mai i ngā reo ā-iwi, ko te mea nui kē, ko te reo Māori kia ora. Ahakoa nō wai te reo, ahakoa ngā kōrero e kōrerotia ana e koe, ko te mea nui kia Māori te takoto, kia Māori te tangi, kia mārama ki te taringa kōrero Māori. He aha i tua atu i tērā? Ki konā koe warea ai ki tōu nā reo ake, ā, he aha te aha? Ko te reo Māori kia ora, koirā tāku, ko tō reo Māori kia ora, kia mārama ki te katoa ahakoa nō wai te reo.

Te Wharehuia Kua uaua kia mau tonu i ngā iwi ō rātau ake mita, ō rātau ake reo. E uaua ana nā te mea kei te mōhio katoa tātau, ko te reo i haere mai ai ō tātau mātua, ō tātau tīpuna i te wā i haere mai ai ngā waka, he reo kē anō tērā i te reo e kōrerotia nei e tātau i tēnei wā. Āe, kei te mōhio ki ētahi o ngā kupu, engari ko ētahi anō kua puehu kē, kua haere, kua pūhia e te hau. He nui ngā kupu hou i hua ake i roto i ngā rau tau e noho ana te Māori i roto o Aotearoa nei. I te mea kua kaha tēnei ao hurihuri ki te whakapiripiri i a tātau, ko te reo irirangi, ko ngā waea pūkoro, ko te pouaka whakaata, ka rangona ngā reo o ngā iwi katoa e kōrerotia ana i te wā kotahi. Me te aha, ki a au, kei te whakakotahi haere tātau i te āhua o tō tātau reo i runga i tērā āhuatanga. Ka riro mā ēnei mea katoa e whakakotahi haere tō tātau reo, kotahi te reo Māori.

Kei te whakaae ahau ki tā Tīmoti, ko te mea nui kia kōrero Māori tātau. He mea nui mehemea ka taea te pupuri te reo ā-iwi, engari he nui rawa ngā maunga kei mua i a tātau e whakaeke ai tātau e taea ai te kī, ka mau te reo Māori nei. Nā reira, he pai ake kia whāngaihia e tātau ā tātau tamariki. Mēnā koutou ka whakaaro ake ki ngā kaiako, ko wai ngā kaiako, nō hea ngā kaiako hei whāngai i ngā tamariki ki te reo motuhake o tēnā iwi, o tēnā iwi, o tēnā iwi? Ki te haere mai he mea nō roto o Tūhoe ki te whāngai i te reo, ka hokihoki atu rātau ki roto i tō rātau rohe. Ko te nuinga o rātau kei waho kē e noho ana. Kāore e hokihoki atu ana ki reira ki te ako i tō rātau reo, kei konei kē e whāngaihia ana, kei waho kē mai o te rohe e whāngaihia ana ki te reo Māori. He reo Māori tēnei, kāore i te kī he reo Tūhoe, he reo aha rānei, engari he reo Māori. Pai ake tā tātau whakamau atu ki tērā whakaaro kia kaua ai te reo Māori e mate, tēnā i te whaiwhai haere i tētahi mea e noho kēhua mai ana ki mua i a koe, ā tōna wā, ka pērā. Nā reira ka mihi au ki te hunga e hiahia ana ki te whakaora i tō rātau reo taketake, engari he mahi nui ki te pupuri. Kei te huri te ao, mā wai e ako? Ko wai ngā mea hei whāngai? Me pēhea te whakatū i ngā kura e noho ai ko te reo motuhake anake o tōu iwi, o tōu iwi, o tōu iwi e rere ana i roto i aua kura rā. He mahi nui.

Ko te reo e kōrerotia mai ana i runga i te pouaka whakaata, nō ngā rohe katoa. Kua whānui te ao o tō tātau reo Māori, kua kore i whāiti noa iho ki tēnā me tōna reo, ki tēnā me tōna reo, ki tēnā me tōna reo, ki tēnā iwi me tōna reo. Kua whakawhānuitia tō tātau reo. I kī ake nei au, arā te pouaka whakaata, arā te reo irirangi, arā ngā momo taputapu katoa o te ao hou nei e kawe ana i te reo nei, engari he reo hou. Ahakoa pēhea te tohe a ētahi o tātau ka puritia e tātau ētahi wāhanga o tō tātau reo. Ko te nuinga o ngā kupu, ko te nuinga o ngā rerenga e ahu kē mai ana i roto i te ao hou. Kei te whakatakotohia ēnei kōrero i ēnei rā kia ōrite katoa ai te whāngai i te reo Māori ki ngā tamariki, ki ngā mokopuna. Mēnā koe ka whakarongo ki ngā tamariki e puta mai ana i roto i ngā kura kaupapa me ngā kōhanga reo ko te rere o te kupu, ko te rere o te reo o te motu katoa. Ehara i te mea nō tēnā iwi, nō tēnā iwi, nō tēnā iwi, ko te nuinga o ā tātau tamariki e pērā ana, ā, koinei ka tautoko ake i tā Tīmoti nei.

Tīmoti Ka pēnei pea i te reo Pākehā nei, ka hōrapa ki te ao, engari paku nei te rerekē o te whakahua a tēnā, a tēnā, engari ko taua reo tonu rā. Ka rerekē anō pea ētahi kupu, engari ko te nuinga o te reo ka mārama ki te katoa o te hunga kei te ako i te reo. Koirā hoki tētahi o ngā āhuatanga, ko ngā kaiwhakaako nō iwi kē. Ahakoa whakahē ai ētahi iwi i te reo o ā rātau mokopuna nā te mea nā Tūhoe i whakaako, nā Ngāpuhi rānei i whakaako, kua rerekē noa te reo o te mokopuna. Mēnā kāore ērā kaiwhakaako kua kore tērā mokopuna e kōrero Māori inā hoki mēnā i te pīrangi rātau kia kōrero i tō rātau ake reo, a kāti, whakaakona, kāti te waiho mā ētahi atu. Tahuri, whakaakona tōu nā reo ki tāu nā mokopuna mēnā kei te pērā te whakaaro. E mōhio ana au he nui ngā mea whakaaro pērā, engari kāore au i te aro atu. A kāti, e mahi i tō mahi, me taku mōhio e kore e pahawa. E kore e pahawa i roto i tēnei wā nei e mōhio nei tāua kei te whai kē tātau i te reo Māori whānui. Ko ngā reo ā-iwi, ki a au nei, e kore e ora, engari mēnā ki te āta tirohia, e kore ngā reo ā-iwi e ora i te tino tokoiti o tēnā iwi, o tēnā iwi e mōhio ana ki tōna anō reo.

Ko Ngā Puhi tētahi iwi e whakamīharo ana au. Ko te tamaiti nei a Keanu, i pakeke mai i Ōtepoti, engari Ngā Puhi ake nei, Ngā Puhi ake nei te tangi o te reo. Nāna i āta whai kia pērā te tangi o tōna reo, nā runga i te whakarongo ki a Quinton Hita. Ko ērā kāore i pakeke mai ki te reo Māori, pērā i a Ānaru, e kore e ngaro. Ahakoa kāore i whāngaia mai ki te reo e ai ki a ia, engari ko te tangi o tōna reo, e, nō Te Tai Tokerau tōna reo, kei te āhua kaha tonu te rangona o tērā reo. Ākene pea ko te wāhi ki a mātau ko Ngāti Awa, o tērā wāhi o te motu me ngā mea o Ngāti Porou e kōrero Māori tonu ana, pērā i a Herewini mā rā, ka rongo ana koe i te reo, kāore e ngaro nō Ngāti Porou. Ko te nuinga o ngā iwi, nau mai, nau mai ki ēnei reo e kōrero whānuitia nei, kāti te tangiweto ki tōu kua ngaro nei. E whai i te reo kei te kōrerotia whānuitia e te iwi Māori, ana, he whenumitanga nō ngā reo katoa. Tērā hoki tētahi kupu, te mita, e whakamahia ana e te marea i ēnei wā nei. Kāore au e whakamahi ana i tērā kupu, ki a au nei, i haramai mai i te reo Pākehā. Kei te kī noa ētahi ki a au he kupu Māori tūturu.

Te Wharehuia Ki a au he Pākehā tērā kupu, nā tātau i tiki atu.

Tīmoti Engari e kōrero kē ana mō te reo ā-iwi koirā pea te tikanga. Ki taku mōhio i ahu mai i te kupu *metre*.

Te Wharehuia Kei roto hoki i ngā titonga rotarota nei.

Tīmoti Koirā pea tōna whakamāoritanga he reo ā-iwi me ōna āhuatanga motuhake katoa o tēnā iwi, o tēnā iwi, o tēnā iwi. Ka kīia ko te mita o mea, ko te mita o mea, ko te mita o mea. He kupu nō ēnei tau noa iho nei. Kāore hoki māua i rongo i a māua e tamariki ana, nā reira he kupu hou.

Te Wharehuia Kei te mahara ake au ki ngā wā e akona ana mātau ki ngā momo titonga o roto i te ao Pākehā, arā, he *pentameter*, ērā mea katoa. Nā reira, ki a au he mea nanao atu i reira ka heria mai, nō roto i ngā titonga a Wiremu Rūrūtao mā. Koinā i tika ai tā māua whakapae i ahu kē mai i te reo Pākehā te 'mita' nei. Nā te mea, kei tēnā iwi te taki anō o tōna reo, kei tēnā anō te taki o tōna reo.

Tīmoti Mēnā tāua ka whakaaro ki te reo Pākehā o Aotearoa, he reo piki. Ahakoa ehara i te pātai, ka oti te kōrero ki tōna pikinga. Nā reira, he nui ngā tamariki Māori e pērā ana te kōrero, kua whai i te reo Pākehā, ka haria mai tērā tangi o te reo ki roto i te reo Māori, ka rerekē hoki te reo Māori. Engari whakarongo, ko te nuinga o ngā tamariki Māori e kōrero Pākehā ana he pērā, hei te otinga o te kōrero ka piki, ahakoa ehara i te pātai. Ko te Māori ka heke, ka noho tonu rānei ki tērā taumata, engari ko te reo Pākehā o Aotearoa nei he pērā, ahakoa Pākehā mai, Māori mai.

Te Wharehuia Āhua pērā i te *neat eh*. Ki te āta whakarongo ki te reo Pākehā o te nuinga o ngā tamariki Māori he pērā, ka piki, nā te mea he pērā katoa te hunga kōrero Pākehā o Aotearoa nei. He tino tohu tērā nō Aotearoa tērā reo Pākehā. Ana ko ngā mea kei te ako i te reo

Māori kua āhua kawe mai i tērā taki, i tērā kawe i te reo ki tō tātau ake reo.

Kia whakamahi koe i ēnei kupu e rua, 'Tau kē', pēhea ai te tangi o tō reo? Tau kē tō mahi, tau kē, tau kē. Tau kē te wahine rā ki te haka. He tika tāna, kei te āhua tonu o te horopaki tō whakahua i ērā kupu, mehemea ka piki i konei, ka ngunguru rānei i konei. Tau kē!

Tīmoti Koirā hoki. Nā reira, kei te kī atu māua, e kore, ki tā māua titiro, ki tō māua whakaaro, ngā reo ā-iwi e ora.

Te Wharehuia Ka uaua te whakaora i te reo ā-iwi.

Tīmoti Kei te paratī hoki tātau ki ngā iwi katoa o te motu. Kua ekeeke noa iho ngā iwi o waho i tōu ake iwi, nā reira! Ka mutu ki roto i a Tūhoe, ko te reo Māori tonu ki taku mōhio. Kāore rātau i mea ko te reo o Ngāti Porou tērā e kōrerotia ana, ko ngā pane kākā ērā e kōrero ana mō māua.

Te Wharehuia Āe, he pērā ērā kōrero. Ka whakarongo au ki te reo irirangi, kāore e kore i pērā anō a Tīmoti. I te wā i a au e tamariki ana, ko te reo irirangi anake te wāhi e rongo wawe ai koe i ngā reo o waho atu i tō rohe. Ko te take, kāore koe e puta atu i tō rohe, engari ka rongo koe i runga i te reo irirangi. E kōrero mai ana te reo o Apirana, o Māui Pōmare, ngā tāngata rongonui o te wā, ngā tau o te whā tekau, taka mai ki te rima tekau. Ko Wiremu rāua ko Hēnare Ngata o Ngāti Porou ēnei e kōrero nei i tēnei wā. I uru atu ai rātau ki roto ki ērā mahi. Heoi anō, ka tōaitia te kōrero rā e kore e ora te reo ā-iwi. Ka ongaonga katoa au, ka anuanu rawa ki a au te mātakitaki i te reo o Tūhoe e tuhia ana kāore he 'g' o roto. Ka whakamātau māua i ngā tuhinga o tētahi tamaiti, he tamaiti ki a māua, i te tuhi ki te reo o Taranaki, nā reira hoki te matua, he pērā anō. Kāore i pai ki a au. Ka noho koe ki reira, e hia tō roa e whakamātau ana ki te pānui he aha te tikanga o tēnei kupu, o tēnei kupu, o tēnei kupu.

Tīmoti Ko tōna reo tonu, ko tōna reo tonu tētahi. Kua kore i a tātau ngā reo katoa o tēnā iwi, o tēnā iwi, kotahi te reo me te kotahi kē atu ki tōku whakaaro i roto i te rima tekau tau e tū mai nei, kaumātua rawa ake koutou, kotahi te reo Māori ahakoa huri koe ki hea, ko taua reo anō rā. Anā, kia tae mai koe ki a māua ka whakaatu mai ki a māua, 'Āe, i tika tā kōrua, e koro mā!' Kia tae mai ki a māua, ki runga rā māua, ko koe pea ki raro rā, engari ko māua ki runga rā, ana ka kī mai koe ki a māua, 'Āe i tika rawa atu tā kōrua.' He uaua rawa, ka takitahi pea, ka tohe, ka tohe, ahakoa nō hea, ka tohe tonu.

Te Wharehuia He pai te ora o ērā reo i tēnei wā, kāore he raruraru. Mēnā kei te titiro koe ki te rima tekau tau, kotahi rau tau kei te tū mai i mua i te aroaro, mā wai e ako te reo o Te Tai Tokerau? Mā wai e ako te reo o Te Waipounamu?

Tīmoti I a au hoki i tae tuatahi ai ki Tūrangawaewae, he tangi motuhake tō te reo o Waikato. He tangi motuhake tō te reo o Te Arawa, kāore i te rangona i ēnei reanga nei. Kei te kōrero Māori rātau, engari ko te tangi ake o te reo o Te Arawa, kāore i a rātau. Ka whakarongo ki a Hamuera mā, ērā koroua, Te Ariki tonu, te mōrehu koroua o Te Arawa i tēnei wā. Me whakarongo rawa ki a ia e rongo ai koe i tā Te Arawa kōrero, i tō Te Arawa reo. Engari kua tino kore haere, ka ngaro ana a Te Ariki mā. Ko te reo Māori o te nuinga ka kōrerotia, ana nā ngā āhuatanga o te wā, ko te mihi nui kē kei te ora tonu te reo.

Ko ngā panonitanga, arā, ngā rerenga kētanga o roto i te reo. Arā, ko ngā kīwaha, ko te kupu rānei kei te rerekē. Ki a koutou pea, kāore au i te mōhio ki tā Maniapoto, engari i rongo au i a Te Ata e kī ana, ki te kī atu koe, 'Kei te pēhea koe?' Ka mea 'Ka pai nā.' E kore mātau e kōrero pērā, engari koirā tāna, 'Ka pai nā.' Ki a mātau hoki, te mutunga kē mai o te pai o te mahi rā, ka kī mai 'Kia pai mai hoki.'

Te Wharehuia I kōrero ake rā pea ahau, he iwi haere tātau, he iwi nekeneke. Ka mutu kua tōia mai te ao whānui ki roto i ō tātau whare e ngā momo hangarau o tēnei wā. Nā reira, ahakoa pēhea, he wawe kē atu tō uru atu ki roto i a Ngā Puhi, i Te Tai Rāwhiti, i Te Tai Hauāuru, i Te Waipounamu rānei i roto i ngā hāora e rua, e toru rānei kua tae koe mai i tētahi pito o te motu ki tētahi pito o te motu, ki reira kōrero atu ai ki ngā tāngata e huihui mai ana i reira. Ka mutu i roto i aua huihuinga rā, ko ngā tāngata nō ngā iwi katoa o te motu nei. Ana, ko te nuinga o te wā kāore pea e rangona te reo o Te Waipounamu, engari ko ngā reo kua whenumi nei hei reo kotahi, hei reo Māori e kōrerotia ana. Kāore hoki mātau o Te Panekiretanga rā i te kī kaua e whaiwhai i tō koutou nā reo.

Tīmoti Kei te āki au kia whāia ō koutou reo me ā koutou kupu kia ora mai ai i a koutou e matatau nei, koirā kē te whāinga.

Te Wharehuia Engari ko tēnei reanga tēnei, ko ngā reanga o mua atu i a koutou, engari ngā reanga ka whai mai i muri i a koutou, tērā pea ka kitea ka pēhea ā koutou mokopuna.

Tīmoti Ki a au ko te kuia e whakatauira mai nei i te reo o Tainui, ko Rina Ngātaki tonu. Ka mutu ātaahua te rere. Ka tino mōhio koe, nō Tainui tērā kuia i te āhua o tana whakatakoto i te kōrero, i tana whakahua i te kupu, i te aha noa iho. Engari kei te ngaro haere. Ehara i te take e tangiweto ai te tangata ki te ngaro tērā āhuatanga, me mihi kē te tangata kei te ora tonu te reo, koirā kē tāku e mea atu nei. Koirā te mea hei whakanuitanga mā tātau katoa, ko tōna oranga tonutanga, ahakoa ngā raru o te wā, ngā whakapōrearea o te wā.

Te Wharehuia Te reo o Rarotonga rā, he nui ngā kupu me ngā whakatakotoranga a ngā iwi o Rarotonga i tau mai ai ki konei. He pērā anō a Tokelau, te haerenga mai o ngā mea o Tokelau e taea ana te kōrero ki a rātau. I takea mai rā hoki i te reo kotahi. E taea ana te kōrero ki a rātau, Niue, Hawai'i tonu, Tahiti. Engari a Hawai'i he tino tata ake a Hawai'i ki a tātau, ahakoa te tawhiti. Me te aha hoki kei te naomia mai e rātau ētahi o ngā kupu kei konei.

Whakawhiti atu, whakawhiti mai, kāore he raruraru o tērā. I haere katoa mai tātau, ngā iwi o Te Moana-nui-a-Kiwa i te tumutumu kotahi.

Ngā tauira o te reo

Tīmoti Kua roa au e kī ana ko ngā āhuatanga ā-reo o tēnā iwi, o tēnā iwi, o tēnā iwi, i roto i te wā nei ka ngaro. I pērā ai taku kōrero nā te mea he nui ngā iwi kua tino itiiti nei ngā tāngata tino mōhio ki te reo o roto i taua iwi rā me te aha, kei te riro mā waho te reo e whāngai atu ki ngā uri o aua iwi rā. Nā, i runga i tērā whakaaro e kī nei au, ka ngaro ngā rerenga kētanga ā-iwi nā te mea kei te whenumi haere te reo o tēnā iwi, o tēnā iwi i te mahi a ngā kaiwhakaako o waho atu i te iwi. Tērā pea, ko tētahi raru o tērā āhuatanga, ko ngā kīwaha, ko ngā kīrehu, ērā āhuatanga katoa o te reo ka whāngaihia atu e te kaiwhakaako ki ngā mea e mōhio ana ia. Nā reira i te nuinga o te wā, ko ērā rerenga kōrero ka ahu mai i iwi o te kaiwhakaako, kaua mai i te iwi e whakaakona atu rā. Koirā pea te āhua e kī nei au ka ngaro ngā rerenga kētanga ā-iwi. Ko te tangi tonu o te reo o tēnā iwi, o tēnā iwi, kei te ngaro. Kua kore koe e rongo i te kōrero tonu nō mea iwi tērā kaikōrero.

Me whakamihi au ki tā māua tamāhine, ki a Hana, nā te mea e kore e ngaro Te Waipounamu i te reo o Hana. Kei te kaha ngā iwi o Te Tai Tokerau. Ka rongo ana koe i tērā iwi e kōrero ana ka mōhio tonu koe, āe, nō Te Tai Tokerau tērā tangata. Ka haere ki te whārua o Te Wharehuia, kua tuwhera noa iho te waha o ngā mea o reira, nō te iwi o Te Wharehuia ērā. Kāore hoki mātau o te taha whakarunga i kōrero pērā. Heoi anō, koinā tāku e mea nei ki te riro, kei te kaha te riro mā waho te reo e whāngai ki tēnā iwi, ki tēnā iwi nā runga i tērā āhua, ka ngaro ngā āhuatanga ake o tērā iwi, ngā āhuatanga ā-reo tāku e mea nei o taua iwi rā ka ngaro. He aha te mate o tērā? Ko te mea nui ko te reo Māori ka kōrerotia. Ko tētahi reo Māori e whenumi katoa ana ngā āhuatanga o te reo nā te mea i ahu mai tētahi kōrero i kō, tētahi i kō, tētahi i kō, me te aha he reo ātaahua ka puta. Otirā, koirā te wawata o Tīmoti.

Te Wharehuia Ki te tīmata atu tātau i ngā kōhanga reo, he maha te hunga o roto i ngā kōhanga reo ahakoa me kī kei te rohe o Te Tai Rāwhiti, ko ētahi o ngā tāngata e mahi ana i roto i ngā kōhanga reo nō iwi kē, i whāngaia kētia mai rānei te reo i roto i ngā kura e whakahuatia ake nei e Tīmoti. Ka mutu ko taua reo rā, he reo Māori, engari kāore e taea te kī he reo ā-iwi nei, nō te mea kua ngaro haere te mita o te reo o te iwi o tēnā rohe, o tēnā rohe, o tēnā rohe. Ko te ao tēnei e huri huri nei i roto i tēnei wā. Kāore pea he take o te tohetohe kia whai tonu, kia mau tonu rānei tātau ki ngā mita o tēnā iwi, o tēnā iwi, o tēnā iwi. E kī ana au ko ngā iwi e kaha ana ki te mau ki tō rātau mita i tēnei wā, ko ngā iwi o Te Hauāuru, o Taranaki, o Whanganui, o Te Tai Tokerau. Ētahi atu rohe, kua tīmata te ngaro haere o tō rātau ake mita. Ehara terā i te mate nui. He wawata terā nō te nuinga kia mau i a rātau tō rātau reo. Pēnei i tō māua reo ko Tīmoti nei, i pakeke mai māua i roto i te ao o ngā koroua, o ngā kuia o tō māua nā wā, ā, taka iho ki ngā whaea, ki ngā mātua, ā, tae mai hoki ki a māua nei kua eke ki terā taumata ā-pakeke nei. Ko te reo i mau ai i a māua ko te reo o ō māua mātua, o ō māua tīpuna tae mai ki ngā pakeke o roto i ngā whārua, i ngā rohe o Tūhoe.

Kāti, mehemea kei te kōrero i te āhua o te tauira o te reo Māori, pai kē atu ki a au kia tukuna te reo kia tipu haere i roto i te ahurea o ngā tau e maha kei te tū mai i mua i ō tātau aroaro. Ahakoa pēhea, ka rerekē te reo, ahakoa pēhea. Kāore hoki e taea e tātau te kī ināianei ko te reo i haria mai ai i Hawaiki e ō tātau mātua, e ō tātau tīpuna ko te reo e kōrerotia nei e tātau i tēnei wā. E kore rawa e taea e tātau terā kōrero nō te mea kua uru mai ētahi āhuatanga o te ao, o ngā ao i tipu ake ai ō tātau mātua, ō tātau tīpuna. Ia reanga, ia reanga, ia reanga he wāhi iti nei kua rerekē ngā āhuatanga o taua ao.

Nā reira, mō te āhua o te whakaora i tō tātau reo, ko tōku whakaaro tonu he pai kē atu ahakoa tohea tēnei kōrero e ētahi, he pai kē atu kia taea e tātau te kōrero, te whakahua ngā kupu Māori. Ahakoa nō iwi kē, nō rohe kē rānei i roto i tēnei ao e taea ai e tātau te mātakitaki te pouaka whakaata, te whakarongo ki te reo irirangi, ki te haere mai i tēnei takiwā ki tērā takiwā, he wā poto noa iho. I ngā wā i a rātau, mā raro tonu haere ai ki tētahi rohe kē, he tawhiti te haere, nā reira kāore e taea ana e ngā reo o tētahi rohe, o tētahi rohe, te tāmi te mita me ngā kupu e whakamahia ana nā te mea he tawhiti te nohonoho i waenganui i a rātau. Kua tae mai ki ēnei rā, he poto noa iho, ko te ao kua poto. Ka tae mai te reo mai i Ingarangi, mai i hea rānei, mai i hea rānei ka taea e au te kōrero mai i Amerika ki Aotearoa nei i roto i te wā poto noa iho kua tae mai taku reo ki konei.

Nā reira, koinei te āhua o te ao e noho nei tātau i tēnei wā. He uaua ki te kaupare atu i ngā whakaekenga mai a te wā nei, a te ao hou, ā, ko te reo tētahi. Ahakoa pēhea ka uru mai ngā āhuatanga hou o te ao ki roto i ā tātau mahi ia rā, ia rā, ka kimi i te reo, ka kimi rānei te iwi i ētahi kupu e taea ai te whakaahua mai ngā mea hou e kitea rā e tātau, e pā mai ana rānei ki a tātau i roto i tō tātau ao hou nei. Nō konā tōku whakaaro, kotahi noa iho te mita o te katoa nō te mea ko ngā kaiako o roto i ngā kura, ko ngā kaiako kei waho, ko ngā kura reo e whakatūria ana, i te otinga atu, kei te nanao atu tātau ki te reo e whāngaitia ana e ngā kaiako ki te hunga e manako ana, e hiahia ana, e matekai ana ki te reo, e haere mai ana kia whāngaihia rātau. Ngā tamariki o roto i ō tātau kōhanga reo, ngā kura kaupapa, kāore e taea te kī he ōrite katoa te reo o ngā kaiako o roto i ngā kura kaupapa huri i te motu. He uaua tērā ki te pupuri kia kotahi noa iho te mita o te katoa, kia rua rānei, kia toru rānei, arā, ngā reo ā-iwi.

I tēnei wā kei te kaha te mau o te reo o ētahi o ngā iwi, engari e titiro ake ana au ki tō māua iwi, ki a Tūhoe, kei te kite au kei te whakamātau ētahi ki te whakahoki mai i te reo kore 'g' o roto. He anuanu ki a au ki te titiro iho kāore i rite ki te reo kua waia au ki te pānui. Mā wai e pānui te reo o Tūhoe mēnā ka tukuna atu ki waho ki te whare pāremata, ki hea rānei, ko te reo e manakohia nei e rātau hei reo. Kei te mōhio au i ēnei wā, kia kotahi noa iho te reo e mārama ai te katoa he aha te hiahia o tēnā, o tēnā, o tēnā, he aha ngā tohutohu a tēnā, a tēnā, a tēnā, ko te mea kē me Māori te reo. Ko ā Tīmoti kupu,

'Ko te reo kia tika, ko te reo kia rere, ko te reo kia Māori.' Koirā te mea nui, kāore i mea ko te reo kia tika, ko te reo kia rere, ko te reo kia Tūhoe, kia aha rānei, engari kia Māori.

Tīmoti Kia whaiwhai noa ake au i ētahi o ngā kōrero a Te Wharehuia. Tuatahi, e tino tautoko ana au i te whakaaro o te tohetohe kia ora te mita ā-iwi. I roto i tērā whāinga, ka mahea ētahi atu āhuatanga reo mai i tēnā iwi, i tēnā iwi e ātaahua ana. Ka aukatihia ērā ki waho i runga i te kaha o te hiahia o taua tangata kia ora mai ko tōna anō reo, kāore nei pea ia i te mōhio he aha taua reo rā nā te mea kāore i kōrerotia e ia mai i tana whānautanga mai. Ko tērā take tērā. Ko te whai haere i te tangi o te reo ahakoa kei te pōhēhē te motu whānui ko Tūhoe whānui e ōrite ana te kōrero. Ko te tangi o te reo o ngā kaikōrero o Tūhoe e kore e ngaro. I te tangi tonu o te reo ka mōhio koe nō Tūhoe tērā tangata. Ehara i te mea nā te kore 'g' i roto i te rerenga kōrero. Ko te tangi tonu o te reo e motuhake ana tērā pērā i tō Ngā Puhi rā. Tuatoru, ko te tautoko noa ake i te whakaaro kia kaha tātau ki te whāngai i te reo Māori, ahakoa he aha te reo Māori e whāngaihia atu ana kia tika te takoto. Ka kapokapo noa iho i ngā kupu a ētahi. Ko te 'tou areare' he kupu e hē ana te whakamahia. He tino kupu Tūhoe tērā, kāore au i te mōhio ki ētahi atu iwi. Ko te tou areare hoki ki roto o Tūhoe, he tangata hao i te kai. Koirā kē te tikanga o te kupu, he matapiko i te mutunga iho. He matapiko nō te tangata, ana ka pīrangi māna katoa ngā kai, engari i te mutunga iho, kāore i pau aua kai rā! Nā, ka kīia tērā e mātau he tou areare. Engari ko te whakamahi a te kaipānui ānō nei he tangata tarahae. Nā reira, i rongo tāua i te ata nei i te rerenga o te kupu ānō nei kei te hē te whakamahi a te nuinga o ngā kaikōrero o ēnei wā nei. Ana mā te paku whakamārama kua tika, mēnā kei te whakarongo mai ngā taringa. Ko ērā mea.

Engari he nui ngā rerenga a tēnā iwi, ā tēnā iwi, he ātaahua. Pai noa iho te kapo atu, te whānako mai ka whakamahia e au ki roto i aku tuhituhinga. Kua rere hoki ngā whakapae me ngā heitara ki a mātau tokotoru nei, ka haramai koe ki Te Panekiretanga ko Tūhoe te reo. Ka Tūhoe ngā tikanga, ka Tūhoe te aha, ka Tūhoe te aha. E taea e mātau te aha nā te mea i ahu mai mātau i tērā ao. Kāore e kore ka whakaaweawetia mai mātau e tērā āhuatanga o tō mātau Tūhoetanga, engari ko tā mātau e whakaako nei ko te whānuitanga o te reo. Ko tāku tērā e whakamahi ana, ana i aku kaimahi i taku taha, i a Pānia rāua ko Te Heketū, mātau tokotoru e whai ana i te whānuitanga o te reo kia mārama, kia tika, kia eke, kia ātaahua, kia wana, kia ihi, ērā kōrero katoa, koirā te whāinga matua. Mā tēnā anō e hoki ki tōna iwi kimi mai ai i āna ake kupu mēnā koirā tōna hiahia. Kāore mātau i te aukati i tērā, whakamahia mai ko tōu nā reo. Koirā tonu tā mātau whakahau i ā mātau ākonga, whakamahia mai ko tōu nā reo mēnā kei te mōhio koe he aha te rerenga, ki te kore mātau e mārama, ana, māu e whakamārama mai. Ko te tino whāinga matua, ko te reo kia ora. Ahakoa pēhea, kia ora ko te reo. Kia mārama hoki te reo ki a wai ake nei kei te pīrangi whai mai.

Kei te ao o te whaikōrero pea ētahi tauira o ngā momo whakatakoto kōrero e ōrite ana te katoa o ngā iwi, e rerekē ana rānei ētahi iwi. Kei reira pea ka tino kitea ai. Ko te mea kei te ngaro ki tāku titiro, ka noho noa iho māua ka kōrero ka puta he rerenga i a au, ka puta mai rānei he rerenga i a ia, ka whakaaro au me whakaako au i tērā ki Te Panekiretanga. Kāore au i te rongo i ngā tamariki o ēnei wā nei e whakamahi ana i tērā momo rerenga. Ana me pērā. I a koe e whakaako ana ka whakaaro me whakaako au i tēnei, i tēnei, i tēnei, ka mahue tonu tētahi mea i a koe. Mā te noho i te taha o tētahi e rite ana ki a koe te matatau ka maringi noa mai te kōrero, ko tērā āhuatanga tērā. Ki a au nei kāore i ōrite te whakatakoto a ngā iwi. He nui ngā kupu nā ngā iwi katoa. Kāore e taea te kī nā Tūhoe, nā wai, nā wai, engari e whakamahia ana e ngā iwi katoa. I maumahara au ki te kupu i homai e Te Ata mō te porowhiu, mō te 'tītai' e kī ana a Tainui. Nāna tērā kupu i homai i whakamahia e au i roto i taku tuhinga o kō ake nei, ka waea mai ko Te Haumihiata, 'Kāore tērā kupu i roto o Wiremu.' Ka kī atu au, 'Nā te rangatira tonu tērā kupu i homai ki a au. Nā reira, kua mana i tērā.' Ā, engari koirā tāku e mea nei, kei tēnā iwi ētahi kupu ātaahua – tēnā iwi, tēnā iwi, tēnā iwi. Ki te uru mai ki roto i taku kete kupu, ē, whakamahia ana e au ahakoa nā wai. Kāore āku nā aukati i te kupu mai a tētahi iwi.

Te Wharehuia Ehara i te mea kei a Wiremu, kei te pukapuka a Wiremu anake. He nui ngā kupu kāore i roto i te pukapuka a Wiremu, ko ngā kupu ā-iwi nei. Ko ētahi ka noho motuhake i taua iwi rā, engari kāore i uru ki roto i te pukapuka a Wiremu. Nā reira, ehara i te mea ko te pukapuka a Wiremu me ana kupu o roto te tīmatanga me te mutunga o ngā kupu Māori. Koirā pea taku whakaaro, engari kua oti pea i a Tīmoti te āhua o te whakamārama i ērā mea. Kei tēnā iwi, kei tēnā iwi anō ētahi rerenga ātaahua nei, tīkina atu.

Mehemea ka titiro au ki ētahi o ngā niupepa Māori, he maha ngā kōrero kei reira, he rerekē ētahi o ngā kupu. I ētahi wā ka pānui i ngā kōrero kāore i te tino mārama ki ngā kōrero nā te rerekētanga o te whakatakoto. I tā Wiremu whakamārama, ki a mātau ko te pekepoho, ko te pōtiki tērā ki a mātau nei. Nā, he rerekē te whakamārama a Wiremu. Nā reira e ū ana mātau ki tā mātau nā te mea koinā tonu te whakamahinga a ō mātau koroua i tērā kupu. Ana, he nui ngā kupu o roto o Wiremu, ā, me mihi ki a ia mōna i kohi ka whakarārangi mai, ka mutu ka noho i te taha o ngā tohunga o te reo o ērā wā hei whakamārama, hei whakatauira. Me taku mihi anō i ngā wā kāore i taea e rātau te kupu te kite mai, ko tōna tikanga rā tāku e mea nei, kāore i homai, kāore rātau i kimikimi, i waiho e rātau kia noho, ā, mā ngā reanga whai mai pea e homai te tikanga o tērā kupu. Koirā tētahi āhuatanga i emi ai ērā kupu; i emi ai ērā kupu, nā Wiremu. He nui ngā kupu ā-iwi kei a mātau kāore i roto i a Wiremu. Kei tēnā iwi, kei tēnā iwi, kāore e kore ka pērā, he nui ngā kupu.

Tīmoti Ko tētahi mate o ngā papakupu, kāore e kī ana nō tēhea iwi taua kupu, pērā i te 'whakakurīmōri'. He kupu hou kua kitea mai nā Ngāti Porou pea tēnā kupu. Nā te mea ki taku mōhio nā Reweti Kōhere i tuhi taua kupu. Māna, he mea tito ake i taua wā rā, he pērā hoki tātau, nē? Kei rere te kōrero kua pīrangi tētahi, tiki noa atu! He pērā, engari he nui ngā kupu ā-iwi nei. Pērā i tā Taranaki mō te kākahu i rongo ai au i tērā kupu i a Pat Hond, te māmā o Ruakere mā. Mō ngā 'mai', mō te kākahu nei, kātahi au ka rongo i taua wā rā, engari koirā te kupu a Taranaki mō te kākahu e ai ki taua wahine rā. Kāore au e mōhio mēnā kei roto i a Wiremu, engari koirā tāku e mea nei, ērā momo kupu a tēnā iwi, a tēnā iwi, a tēnā iwi.

Ko te taha kīwaha tāku e māharahara nei i te mea ko mātau, ka mutu ka uru mai hoki a Te Haumihiata i ētahi wā, kei te kaha te whakamahia e ngā iwi ngā kīwaha a Tūhoe. Ka mutu e riri ana au ki a au anō nā te mea nāku i tīmata tērā mahi te whāngai atu ki Te Panekiretanga, nā rātau kua hōrapa. Engari ko ētahi i hē te hopu mai nā reira kei te hē te whakamahi. Ka whakaaro au ki a au anō me mutu pea taku whāngai i ngā kīwaha. I āta noho au ki te kōrero, i kōrero au ki a Pou me mutu pea tā tātau whāngai i ngā kīwaha nā te mea kei te moumou noa iho i tēnei reanga. Nā te mea he reo kē noa atu hoki tērā, he reo kē noa atu tērā, kāore i te mārama ki ēnei reanga, ka mutu kāore i te rongo i te auautanga o te whakamahinga. Takitahi nei ngā wā ka rongo e whakamahia ana, engari mā reira te reo e Māori ai ki a au nei. Whakaurua mai tōna kīwaha i taua wā – kua oti te whakaaro i roto i te kupu iti.

Engari kia tae ki te wā o te whakapākehā, hei reira kua raru tēnei reanga te kimi i tētahi whakapākehātanga e puta ai te wairua o tērā kīwaha, i te kūware tonu o ēnei reanga ki te reo Pākehā koirā tētahi raru nui. Ahakoa i whāngaia mai rātau ki te reo Pākehā tino kore nei e mōhio ki te kōrero Pākehā. Heoi anō ko tērā, he raru anō tērā. I haramai kē rātau ki te whai i te reo Māori, engari ko tāku e kī atu ana kia raka te mauī, kia raka te katau. Ana, kia ōrite te matatau ki ngā reo e rua, engari he tino moemoeā e kore nei e ea. Nā reira, mā te aha i te wawata, mā te aha i te wawata.

Te Wharehuia Kāo, he raruraru nui pea, ki tō tātau reo nei, reo Māori nei. Ko te henumi haere o ngā mita me ngā kupu i kī ake rā au kua poto katoa ngā mea katoa. Te haere atu mai i konei ki Rotorua, ā, i roto i te wā poto noa iho kua tae koe ki reira. I ō rātau nā rā o mua, e hia rā e haere ana, e hia marama e haere ana, kua pirau kē te tūpāpaku ki te pokohiwi. Nā reira, kāore i pēnei te wawe o te rerekē, o te tiki atu rānei o te nanao atu i ngā kupu a ētahi ka kuhuna mai ki roto i te mita o tēnā iwi, o tēnā iwi, o tēnā iwi. Ana, e mōhio ana au, kei te kōrero au mō mātau o Tūhoe nei, ka haere koe ki Ruatāhuna he āhua rerekē te reo me te tangi i ngā mea o Rūātoki. Ki tērā pito ki a mātau, āhua pēnei i te pū hurihuri nei ngā mea o Rūātoki ki te kōrero, he tere. Kaua a Rāna Tahi, kia rongo au i a Rāna kua hiamoe au, āta haere noa iho, he āta kōrero noa iho.

I te wā o te Taura Whiri te whakaterenga o te waka o te Taura Whiri, 'Me hoki ki te ao Māori' koirā hoki te whakatau a tērā rōpū. Ko te koroua tonu rā ko Kīngi rāua ko Kāterina, kāore hoki a Kāterina i rata, nā reira he nui ngā kupu i puta mai i a ia. Ahakoa kei te whakamahia whānuitia i tēnei wā, i ahu mai i a Kāterina, engari i whai mātau i tērā whakaaro. Kimihia ngā kupu tahito, whakaarahia mai anō me panoni rānei i te tikanga o te kupu mēnā e tata mai ana te tikanga ake o te kupu, tīkina atu, ka whakamahi. Koinā tāna mahi i roto i te ao o te reo o ēnei wā nei, ko te tiki noa atu i te kupu Pākehā ka whakamāori ai i te tangi pēnei i te eropereina nei. I te wā i a rātau, kāore he tirotiro, he tiki noa atu. Pēnei i a mātau mō te perepere hītimi, mō te purei māpere ki ētahi, ki taku mōhio, engari ko taua kupu Pākehā noa iho me tiki noa atu ka whakamāori i te tangi, ana kua Māori te kupu!

TE WĀHANGA TEKAU MĀ WHĀ

Te reo me te waiata, te whakaoho mōteatea

Nā Tīmoti rāua ko Te Wharehuia

Tīmoti Kua kitea i roto i ngā tau, ko te ara o te haka tētahi ara tō mai i te rangatahi Māori ki te reo, nā reira kia whāia atu tērā whakaaro. Ehara i te mea ko ngā kupu kei te tō mai, ko te tū kē ki te haka kei te tō mai, kāore tonu pea te nuinga o ngā kaihaka i te mārama ki te nuinga o ngā kupu e hakahia nei e rātau. Engari he huarahi tērā kei te kite au e tahuri mai ai te rangatahi Māori ki te ako i te reo. Kei te pōhēhē te hunga o waho rā he māmā te tito kupu. He nui ngā tono mai ki a māua ko tēnei e noho nei, tēnā homai he kupu mō tēnei, homai he kupu mō tērā, ā, ko te waimaria ko au i tīmata nā runga i ngā kipakipatanga mai a taku tuahine a Wena Rangihau, ā, kei te kī mai ki ahau, 'Homai he kupu, kei a au te rangi.'

Nā, i tīmata i ngā mahi hui ahurei a Tūhoe, te tito waiata mā te kapa haka o Tūhoe ki Waikato. Ka haere ngā tau, ka haere ngā tau ka rata au ki tērā āhua o te whakatakoto i ōku whakaaro ki te haka, ki te ngeri, ki te waiata rānei, ā, ko te mea kāore e pahawa i a au ko te kimi rangi, engari autaia ana te whakatakoto kupu, engari ko te tāpiri i te rangi e tino kore, kore nei e pahawa i a Tīmoti. Nā reira, ka oti i a au aku kupu ka hoatu ki ngā mea mōhio ki te tito rangi, ki te kore e whānakohia mai he rangi Pākehā. Koirā hoki te āhua o ngā waiata o ngā tau ki muri, tiki noa atu i te rangi Pākehā ka tāpirihia atu he kupu Māori, ā, koirā, kua oti mai he waiata. Katoa ngā waiata a Ngoi mā i pērā, he rangi Pākehā katoa ngā rangi o ngā waiata a Ngoi mā. Tae noa mai i roto i ēnei tau tata nei, ko te whai a Te Matatini tonu tētahi, i runga anō i ngā whakahau a Te Matatini, me rangi nāu ake i tito, ā, nā reira kei te huri pērā.

He mea nui ki a au te tito kupu, ngahau ana au i tērā āhua, he pai ki a au te titiro atu ki ngā whakatakoranga o roto i te kohinga waiata a Apirana o *Ngā Mōteatea*, ka tiki atu i tētahi rārangi, ā, ka waiho mā tērā au e āwhina mai ki te kimi whakaaro. E whakapono ana au, āe, ko te tito waiata tētahi huarahi e tahuri mai ai te rangatahi ki te reo Māori. Ko tā rātau hoki kei te whai noa i te otinga o te whakaaro, ehara ko te waiata kua oti, ko te haka rānei kua oti, te aha rānei. Kei te tino kite au kei te riro mā reira ētahi o te rangatahi e tahuri mai ai ki te reo. I tua atu i tērā, he tino mahi tēnei nā ō tātau tīpuna, te tito waiata. Ka noho ko ngā waiata hei whakaatu i ngā āhuatanga o te wā i titoa ai te waiata.

Ka hoki au ki taku waiata tangi mō Te Rangihau, me taku kī, 'Hua au ka hoki koe ki Panekire, engari takoto mai nei koe i iwi kē, i whenua kē.' I āhua pērā taku whakatakoto. Nā, he tangi tērā ki a ia, engari me te mōhio ki te whakahokia ake ki Waikaremoana e kore e taea e reira te nui o te tāngata ka haramai ki a ia. Ko tērā waiata me te tangi anō hoki mō Hamuera Mitchell, nā te mea he koroua pai tērā ki a au, ahakoa kāore i pīrangitia e te tangata. Tēnā, ko māua tahi pea nā te mea he pakē nō ō māua waha ki ngā kaihaka, engari āe, he tino ngahau ki a au te tito. Ko te kimi whakaaro hou kē te mate i ēnei wā, engari ka noho, ana kei te pai, ko ngā tamariki nei, kei te pai, kei te waimarie māua i tā māua apataki nā te mea kua uru rāua ki tērā mahi o te tito, me te pai o ā rāua kupu e titohia nei e rāua. Ki a au nei he tino taonga te tito waiata, haka, ngeri, ahakoa rānei he aha, engari ko te tito te mea nui.

Te Wharehuia Kāore he kōrero i tua atu i ā Tīmoti e whakatakoto nei. E mōhio ana au ki ētahi i uru mai ki roto i ngā kapa haka nei, ā, kāore he reo, engari e hiahia ana ki te tū ki te haka, engari nā te noho tonu ki te haratau, nāwai rā kua tīmata ngā kupu ki te noho ki roto i te hinengaro me te poho o te hunga e tū ana ki te whakamātautau i ngā mahi haka. I reira, nā te mea he tokomaha koutou e ōrite katoa ana ā koutou mahi, he māmā ki te hunga kei roto i taua rōpū rā, te noho tahi me rātau anō ki te akoako i ngā kupu. E taea ana te ako katoa ngā kupu ahakoa kāore i te mārama ngā kupu ki ētahi, ki ētahi anō e mārama ana. Ko te painga, i te mutunga atu hoki, ngā mea pēnei i a Tīmoti nei, ka ako ana me te āta mōhio anō o ngā kaihaka he aha te tikanga o ngā kupu rā. Kāore hoki he take o te mea noa iho i ngā ngutu rā, e hāmama ana te waha, ā, ko ngā kupu e rere ana kāore he wairua o roto ki te kore e mōhio he aha te wairua kei roto i ngā kupu rā.

Nā reira, e kī ana au he huarahi pai tērā hei whāngai i te hunga kāore i te mōhio, kei te hiahia ki te tū ki te haka. Ko te hiahia ki te tū ki te haka he rerekē tērā i te āhua o te whai atu i te reo, engari nā te hiahia ki te tū ki te haka ka uru mai te reo ki roto i aua mahi rā. Kāore hoki he take o te haka mehemea kāore he kupu. Nā reira, te ako i ngā kupu, te rārangi haere o ngā kupu, te rere o ngā kupu, kua tīmata te noho ki roto i te hinengaro o te kaihaka, i ētahi whakaaro, me tāku whakaae i taua wā rā, ehara i te mea kua ngau, engari kua tīmata te titi haere, titi kaha haere o te reo ki roto i ā rātau mahi.

Ka mutu he huarahi ērā, ka hoatu ētahi kupu, ngā titonga a Tīmoti nei, ana waiata kei reira ētahi rerenga he momo kīwaha nei, kīrehu rānei, ka uru atu ki roto i ngā mahi rā, i ngā waiata rā, kua mau i te hunga kāore i te mōhio i te wā i a rātau e haratau ana. Mutu rawa ake tā rātau tū, ā, e hia rā ngā tūnga e mahi ana i ngā mea nei kua āhua tangata whenua ērā whakaaro ki roto i a rātau. He huarahi tērā hei wherawhera ake i te hinengaro me te wairua o te tangata, kia aro nui atu ki ngā kupu. Āe, kei reira ngā ringa, te tinana e kori ana, engari kua mōhio rātau kei te haere ngātahi ngā kupu me ngā ringaringa, me ngā waewae, te kori o tinana, me ngā karu hoki.

Tīmoti Mēnā tāua ka whakaaro, ehara au i te tangata whakapapa, engari hei whakatauira i tāku e kōrero nei. Ka haere mai te rōpū o Te Maungārongo i Ruapehu, ka haere mai ki te Koroneihana. Ka poi i tā rātau poi, ko ngā whakapapa mai i ngā waka katoa ki a Tūheitia, tēnā waka me ōna tātai, tēnā me ōna. Nā, ko ērā tamariki i poi rā i tērā poi he mōhio noa ake ki ngā whakapapa i ētahi atu nā te poia mai hoki e rātau, ka mutu e hāngai ana hoki ki a Tūheitia. Koirā pea tētahi huarahi, koirā pea te tikanga o te haka i te wā i a rātau, he whakaako i ngā kōrero, i ngā aha, i ngā aha kia kore ai e wareware i ngā reanga. Nā, kei te āhua pērā tonu.

E rua aku waiata tino aroha nei au, ko te tangi ki te hoa o Te Wharehuia, me te tangi ki a Wiha. Ko Wiha te mea tuatahi i mate, nā reira i te tangi tonu mātau ki a Wiha, ā, māmā noa iho te maringi mai o te kupu. Ka hinga mai ko te hoa o Te Wharehuia, ko tērā i āhua roa ake nā te mea i tāwāhi kē au, hoki rawa mai kua āhua mahea ake, engari me taku mōhio ko Te Wharehuia e kore e wawe te mahea ake. Ka oti ngā kupu, ka whakatau mātau me waiata mātau ki a Te Wharehuia, kia rongo ai ia, ā, nā Ānaru ngā whakamārama ki a Te Wharehuia. Ka tangi a koroua me tō mātau mōhio ka pērā. Nā, e rua ngā āhuatanga, nā te titi pea o ngā kupu ki te ngākau o Te Wharehuia, me ō mātau, ko mātau katoa hoki i reira e ngunguru ana i te taha o Te Wharehuia.

Nā reira, menā ka titi te wairua o te kupu ki te tangata kua mōhio koe kua eke tō tito. I āhua pērā i aku kupu ki a Mate Kaiwai, nā te mea, ko tētahi kuia ngāwari tērā, ā, me tā tāua waiata ki a Ngoi, ka puta ngā whakaaro i roto i te tangata e hoki ai te mahara ki taua tangata rā, e kore ai hoki e wareware taua tangata rā i a tātau. Nā reira, he waka pai ki a au te tito, ka mutu e hoea ana nei e huhua mā, e ngā kapa haka katoa. Ko ētahi, ki a au nei, kei te eke, ko ētahi kāore i te eke, ko ētahi he maroke, he aha noa iho, engari ko te mea nui kei te kitea, pēnei i a Te Wharehuia e kī nei, nā te haka i tahuri mai ai. Ko tēnei reanga nei ka pīrangi mōhio ki tua atu i tā rātau i whakaputa ā-kākā noa iho nei, nāwai rā, nāwai rā kua pākiki haere, kua pākiki haere, 'He aha rā te tikanga o tērā, he aha te tikanga o tērā?'

He waiata tangi mō Ngoingoi Pēwhairangi
Nā Tīmoti Kāretu

Whakaipuipu mai rā te moana kei waho e
E āki kau ana ki Te Toka-namu-ā-Mihi-marino
Ki uta rā, ki Pākirikiri e
Ko te rite o te wai kei aku kamo!
Tīneia mai te whetū mārama o te ao Māori
Kia pōuri, kia tūohu noa, kia mamae au e
Kei hea rā tōu ritenga hei whakamau atu mā te iwi e
E koe, e te ngākau māhaki, e te ngākau aroha,
Te tohunga whakairo kupu, te manu tīoriori o te motu
Mū ana i te rā nei e
Ngaro atu koe i te kitenga kanohi e
Ō taonga ia, ka mahue mai
Anō he toka whatiwhati ngaru
E kore e ngaro, e kore e wareware e
Kāti, e hika, haere i tō tira mokemoke e
Ko au e kapo atu ki te rehu o te tai
E pā mai nei ki ahau e.

Ki a au nei he tino taonga te tito, ahakoa waiata, ahakoa haka, ahakoa ngeri, ahakoa pātere, aha rānei, aha rānei. Ki a au nei, me pupuri, engari e ekea ai ngā taumata, me tika hoki ko te reo o te kaitito. Me mōhio ki ngā kōrero, me āhua whakatewhatewha anō ngā kōrero i mua i te titonga i ētahi wā. He aha ngā whakaaro o mea, o mea, o mea kia pai ai te whakauru mai ki roto i te waiata. Ehara i te mahi māmā, engari he mahi ngahau ki a au, he pai ki a au tērā mahi.

Te Wharehuia Inātata nei, ehara i te mea ko ngā waiata, engari hei ētahi wā kei te noho au i roto i taku whare ka uru mai ētahi whakaaro ki roto i a au. Inātata nei, ka titoa e au ētahi kōrero, tētahi ruri. I haere Māori mai ki a au, ka hoatu au ki a Tīmoti hei whakapākehā mai [tirohia te Wāhanga 18]. He pai kē atu mā tētahi kē atu e titiro,

Ko Hirini Melbourne (1949–2003) me tana pūtōrino. Nō Ngāi Tūhoe me Ngāti Kahungunu a Hirini. He kaitito waiata, he kaiwaiata a Hirini, ā, ko ia anō hoki tētahi i whakahaumanu i te whakatangitangi i ngā taonga puoro a te iwi Māori. *Nā Te Whare Wānanga o Waikato*

me pēhea te whakapākehā mai i te whakaaro kei roto i ngā kupu, ana, ka tono atu au i a Tīmoti, ka tuhia mai e Tīmoti te whakapākehātanga, e pā ana ki te reo, ā, he pērā anō i tērā rā, ki te waiata e waiatahia nei mō Hirini. Nā te aroha ki taku taina ka whakaaro ake au me tito e au ētahi kupu. Anei taku waiata tangi mō Hirini.

Ko koe tēnā, e Hī

Ko koe tēnā, e Hī
E tō e te rā, e rehu ki te rua
Ringiringi ā-wai te roimata i aku kamo
He mea mahue ahau i te hīkoinga wae

Nōu, e Hī, whakangaro atu ana,
Ngā kūrae koe o maumahara

Whakaahu ana te tara ki miti tai
Kei raro koe, e taku atua
E aroha nei au
Kāti tō wairua te mahi nei, te haramai

Tēnei mātau ka kimi, e Hī
koutou ko ō tīpuna
kua ruia nei ki raro, ki Paerau
Me pēhea e mutu ai
te rangikanetanga
kia mauru ake ai te aroha
Auē, auē
Ko koe tēnā, e Hī

Kei a Tīmoti ētahi o āna haka, e kōrero nei tātau mō te haka a Te Whānau-a-Apanui, ā, ko Tīmoti hoki ka tuhi ana i ētahi whakaaro, haere hāngai tonu atu ki te rae te kupu, ngā kupu rānei. He tohu tērā nō te hōhonu o te whakaaro o te tangata ki te kaupapa i tuhia ai e ia, he nui ana waiata, ana haka. He waiata mō ētahi o ō tātau hoa kua mate, ērā āhuatanga. He wairua anō mō te wero i te Kāwanatanga, i a wai ake rānei, i a wai ake rānei. Nā reira, ko Tīmoti te tangata kei te whakatauira i tēnei āhua o te tito waiata.

Tīmoti Ko te haka a Ngā Tūmanako i tēnei o ngā Matatini nei, i tīkina atu e au te whakaaro i te kōrero a te koroua rā, i tana whakamīharo he mōhio ake te ao Pākehā i a ia, kei hea te painga mō te ao Māori? Nā Te Rangihau tērā wero. Ka tīkina atu e au, ā, ka waiho ērā hei tāhū mō ngā kōrero i te whai mai. I pērā hoki ngā kaumātua o mua rā, kotahi atu, ē! Kāore he tirotiro, kotahi atu ki te rae o te tangata. Mēnā he pātere ka puta katoa ngā kino, ngā aha, ngā aha i roto i te titonga.

I āhua pērā taku titonga mō Hēkia, engari kāore he kapa haka i pīrangi mai i taku haka, heoi anō, kei ahau tonu e puehutia ana. Mēnā pea i hakahia kua haria mātau ki te ture, pērā i a Pāora Maxwell, i kore nei i rata ki te haka a Kīngi Kiriona. He whakaaro Pākehā tērā, ko tā te Māori, ki te karawhiua mai koe, a kāti, e kimi koe i tō whakautu, ā, ka haka anō nei, ana kua whakahokia te kōrero. Nā reira, koirā pea te āhuatanga kei te ngaro i roto i ēnei wā nei. Ko te uaua kē, ko te whakatutuki i te tono a tētahi atu mēnā kāore koe i te tino mōhio he aha tā rātau e tino whai ana. Kua kī noa iho mai, 'Tēnā titoa he haka māku, mā taku kapa.' Ka titiro, ka whakaaro, me te kore e homai i tētahi whakaaro i te taha. Ki te homai he whakaaro ka taea te kōrero, ā, hei reira ka tīmata te kimi i ngā kupu, engari ko māua tahi ko Te Wharehuia, ngahau ki a māua te taha tito ahakoa kāore a Te Wharehuia e kōrero. Ko tēnei āna e kōrero nei, he rawe, engari ka tirohia mai pea e te mea kore mōhio ki ngā whakaaro o Te Wharehuia, ka whakaaro ai he aha i kōrero ai mō te whānau a te hōiho, mō te haunga, te aha, te aha, ērā mea katoa. Koirā katoa hoki ngā kupu kei roto i te ruri i titoa nei e Te Wharehuia, he ātaahua nā te mea he Māori nō te whakaaro.

Te Wharehuia Tīkina atu e au ēnei e whakaataata ana i ēnei mea nei, pēnei i te whānautanga mai o te punua hōiho, ka mutu koirā hoki tētahi o ngā mea i kite au e whānau mai ana te punua hōiho i te kātua. Nā, ka kimi koe i ētahi kupu hei whakaahua i te mea e kite atu rā koe, arā, te kahu o te punua hōiho rā kei runga i a ia, ka taka mai ana ki waho kei reira te hōiho, te kātua rā e tū ana, tuku iho ana. Ko ērā mea katoa he kōrero katoa nō te ao Māori, engari ko au tēnei e titiro ana i roto i aku mahara, i taku hinengaro e kite atu ana i te hōiho rā e whānau mai ana, he aha rā ētahi atu o aku kōrero? He punua tuna, he nīoreore, e kau ana i roto i te wai. Kua kite koe i te nīoreore nei, ka tūhuratia te kōhatu, ā, kua kitea e koe te nīoreore e takoto ana i roto i te wai rā, kua kau ki wāhi kē. Ko ngā kōrero ka puta mai, te whakaahua rānei mā roto atu i ō kupu i taua mea i kite rā koe.

Tīmoti He mea nui te tito, he mea nui te tito. Ka hoki au ki tāku i kī rā ko tōku whakapono kei te riro mā te haka, mā te waiata, mā te aha rānei e tahuri mai ai tēnei reanga nei, he pīrangi nō rātau ki tua atu i te kupu noa iho, nā reira me te kī atu ki tēnei hanga, pēnei i a Pānia mā nei, e pai nei ki te tito, kia kaha tonu te tito, kia kaha tonu te tito. Ko tō rātau waimarie ka kitea anō hoki e rātau he rangi e kore nei e kitea e māua, ko te kupu noa iho ā māua ka pahawa, ko tua atu i tērā, ā heoi anō. Hei tāpiri atu ki te kaupapa mō te tito waiata, arā, mō te whakaora mai i ngā kupu o tētahi waiata kua ngaro te rangi. Tērā te whakaaro kia whakaritea anō pea he rangi hou hei whakaora mai i ngā kupu.

Te Wharehuia Ehara tēnā i te whakaaro hou. Kua tīkina atu e ētahi ngā kupu o ētahi o ngā waiata, engari ka hoatu he rangi kē, kua rongo au i ērā waiata e waiatatia ana. Ka mutu ko ētahi o ngā kupu he mea tiki kē atu nō roto i ngā mōteatea kātahi ka mahia mai i runga i te atamira. Nō muri, nā te mea i a au e whakawā ana ko tētahi o aku mahi he whakawā i te āhua o te reo o te kapa e mahi mai ana i ā rātau mahi. Ka whakarongo atu au ki ētahi o ngā mea nei kua mōhio au kei roto i ngā rārangi pātai, me ngā kōrero o ngā ture e pā ana ki ngā titonga, āe rānei he titonga motuhake tēnei nā koutou, nā koutou rānei i tiki atu i tētahi wāhi kē. E mōhio ana au ki ētahi he mea tango tonu mai, he mea tango puku tonu mai ngā kupu, kātahi ka haria mai ki roto i ā rātau mahi hei mahi mā rātau i runga i te atamira. Nā reira, mō te pātai mēnā e taea ana te whakahāngai ki te āhua o te ahurea o tēnei wā, kāore he raruraru ki a au. Me whakamōhio anō te katoa ko ngā kupu nei he mea nanao kē atu i tētahi waiata tawhito. Koirā te wāhi ki a au.

Atu i tērā, tērā pea he pai kē atu kia whakamātauria te reo e te tangata, e te kaitito kia kitea tōna tohungatanga ki te whakatakoto whakaaro. Ahakoa ko te rangi nā tētahi i whiriwhiri, engari ko te āhua o te rere o ngā whakaaro i roto i ngā kupu, koirā pea te mea nui ki a au i roto i tēnei wā. Mehemea ka taea e koe te whakahāngai ngā whakaaro i roto i tētahi mōteatea, ko ētahi kupu o tētahi waiata tawhito ki te horopaki e hiahia ana koe ki te whai atu, kāore pea e hē ana tērā. E mōhio ana au kua tīkina atu ngā kupu o ētahi atu waiata, Pākehā nei, kua puritia te rangi, kua hoatu ko ngā kupu Māori ki roto. Koirā ōku whakaaro.

Tīmoti Mēnā he waiata kua roa e takoto ana, kua kore kē i mōhiotia te rangi, mēnā ko te katoa o taua waiata rā me whakaora mai, engari me rangi kē, ko ahau kei te whakaae ki tēnā whakaaro, kia ora mai ai ngā whakaaro o roto i taua waiata rā, me ngā kupu anō hoki. Mō te taha ki te tiki atu i te kupu, pērā ai au i ētahi wā, ka haere, ka titiro, anei te rārangi ātaahua. Ka noho ko taua rārangi rā hei tūāpapa mō taku titonga, me te whakaora mai anō hoki i ngā kupu o roto o taua rārangi, o taua rerenga kōrero rānei. Ki a au nei, me kaha ake ngā kaitito ki te pērā. Tirohia ngā waiata o te ao tahito, ka tiki atu i ngā kupu ka taea e koe te whakamahi i runga i te tika me te pono. Tīkina rānei ko te whakaaro o roto i te rerenga kōrero, ka haria mai ko tērā ki te ao hou, ana ka tīmata ai ki te whakanikoniko, ki te whakanakonako ki ngā kupu o tēnei wā rānei, o taua wā anō rā rānei. Mō te tiki atu i te waiata kua roa e takoto ana me tō titiro atu ki te ātaahua o te kupu e moumou noa iho ana, ki a au nei, āe, tīkina atu, hoatu he rangi hou. Me noho ki te rangi Māori mō ērā waiata, ki a au nei. Tērā pea ā tōna wā, ki te wā ki ō mokopuna tuarua rānei, hei reira pea ka tīkina atu he rangi Pākehā ki aua kupu rā. Aua, kāore tāua i te mōhio, engari i a au e noho nei, he whakaaro pai tērā kia ora mai ai ngā kupu a te hunga mate.

Te Wharehuia Ko te wāhi ka āhua māharahara ahau i roto i ngā rerenga kupu rā, tērā pea ka hoatu he whakaaro kē, he wairua kē ki ētahi o ngā kupu o ngā waiata, o ngā kupu rā. Ahakoa kei reira pea ngā whakamārama o te waiata i titoa e ia, inā noa atu te roa o te wā i titoa ai, engari arā kē te kaupapa, arā kē te horopaki, ka mutu e whakahāngaitia ana ngā kupu rā ki taua kaupapa rā e ā rātau horopaki rā. Hei ētahi wā kua naomia atu ngā kupu o roto o ngā waiata tawhito, o tētahi waiata tawhito rānei, ā, i titoa rānei i mua, engari kāore e taea ana e te hunga te whakahāngai ngā kupu o te ao tawhito, o te wā rānei i titoa ai taua waiata rā ki te horopaki o te ao e whakamahia ana e rātau. He rangi hou mō aua kupu rā, nō te mea ahakoa kei te whakamahia e rātau ngā kupu kia rongo kē au i ngā whakamārama, kua mōhio ahau kāore i te hāngai te whakamārama ki te takoto o ngā kupu. Koirā pea tētahi māharahara ōku ki tērā mahi. Kāore he raruraru o te tiki atu i ngā kupu, engari me whai anō pea te whakaaro e takoto ana i roto i ngā kupu rā kia kaua e tawhiti te whakaaro mai i ngā kupu i titoa ai e te kaitito i tōna wā.

Tīmoti E whai noa ake ana ahau i tā Te Wharehuia me taku whakaae ki tāna e māharahara nei ki te tiki noa atu i te kupu, ka mutu ka whakahāngai mai, ahakoa pea kāore i te pērā rawa te tika ki roto i tērā horopaki. Ko te whakaora mai i ētahi kupu tāku i tino whai ai i te tīmatanga, te ātaahua o tēnā kupu, te ātaahua o tēnei kupu. Ko te mate kē i ētahi wā, ka whāia ko tā te whakapākehātanga i whakatauira mai ai. Nā, he wā tōna, mēnā ka āta tirohia, ka whakaaro koe, ehara kē pea tērā i te whakapākehātanga mō tēnei rerenga. Ana, kia tae te tangata ki tērā wā e taea ai e ia te āta tirotiro, te āta hōmiromiro tāna i tiki atu ai, ana ki a au nei, kāore he raru. Ko te mea nui kia rongo tētahi reanga hou i ngā kupu a ō rātau tīpuna o ia rautau nei ki muri, ā, e whakamahia ana i roto i te ao ki a rātau. Kei te tika tā Te Wharehuia, ko te tūpato pea tētahi mea nui, me maumahara te tangata tikitiki noa atu i aua kupu rā, i aua whiti rā rānei, ka whakauru mai ki ngā waiata o te wā nei.

He pai kia waiho tonu mā te iwi nō rātau taua kaitito rā ērā mahi te āta titiro mēnā rā he tāngata o roto i taua iwi kei te taea e ia tērā mahi te mahi. Kei te mōhio tāua he nui ngā waiata kua titoa e tēnā iwi, e tēnā iwi, engari kua kore kē te reo e ora i roto i taua iwi rā. Nā reira e kore pea e taea, engari kāore au i te kī kāore e taea e ōna reanga. Mēnā ka tahuri ērā ki te ako i te reo me ōna āhuatanga katoa, ka taea. Ko te mea hoki me uaua ka tiki atu koe i ngā waiata a iwi kē ka whakahāngai mai. Kia tahuri anō ki āu ake i te tuatahi, mēnā kāore i reira te whakaaro e hiahia ana koe, a kāti, hei reira ka tahuri ki ā ētahi atu ka whakahāngai mai.

Kua rongo i ētahi o ngā waiata tawhito kua tīkina atu tētahi wāhanga nui o te waiata, kua kōrero a Te Wharehuia ka whakahāngaihia, ka whakauru atu ki tētahi waiata, rangi Pākehā nei, engari kei te ora tonu tērā waiata. Kua rongo au i te waiata nei 'E pā tō hau' kua tangohia mai tētahi wāhanga nui kua waiatahia mai i roto i tētahi waiata me te rakuraku. Kei te ora tonu te waiata tawhito me ngā kupu.

Te Wharehuia Ka tika ki tā Tīmoti e kōrero ake nei. Ko tēnei e kōrero ake nei ia i ara ake i te hui ahurei a Tūhoe, i Ruatāhuna. Ko te waiata nei 'E Kui Kūmara', ka whakaaro ake koe ki te wā i titoa ai me te mōhio hoki ki ngā kōrero o taua waiata rā, mō te kuia rā, mō Kūmara. Nō te mea he kuia tipuna tērā nōku tonu. Ka mutu ko ngā kōrero e pā ana ki taua kuia rā me tōna matenga, ehara i te kōrero pai kia kōrerotia. He waiata aroha tērā ki te mahi a tētahi o ngā hapū, a tētahi o ngā iwi rānei ki tētahi atu. Nā, kātahi ka titoa te waiata nei e hoki ana ngā mahara, me ngā whakaaro ki te hunga i matemate, i kōhurutia – me pērā taku kōrero. Heoi anō, ka taka te wā ka tū te hui ahurei ki Ruatāhuna, ā, ka heria ake te waiata nei. Nā, i reira ka kawa ngā wairua me ngā whakaaro o ngā kaumātua i te mahi o te tiki atu i ngā kupu o te waiata rā kātahi ka haria mai ka hoatu he rangi hou, he rangi Pākehā kē nei, me kī he rangi nō ēnei rā nei, engari ehara i te rangi e whakamahia ana mō ngā mōteatea. Nā, ka riri ngā koroua me ngā kuia i te mahi pērā a te rangatahi nō te mea ko ngā kōrero o roto i tērā waiata he kōrero mō te kōhurutanga o te tangata, o te iwi e ētahi atu.

Tīmoti Ko te raru hoki, ko ngā mea o muri mai nei ka whakaaro koirā kē te rangi. Ko te rangi e rongo ai rātau, e waiatatia mai ana e tēnei e kōrero nei ia, ka pōhēhētia koirā kē te rangi ake o taua waiata rā. Koirā noa iho, ākene kia ngaro nei māua, kua kore te ao Māori e aro nui ki ērā āhuatanga. Ko te mea nui e waiatatia ana, ākene pea, wai ka hua, wai ka tohu ka aha rā te ao Māori i muri iho i a māua? Engari ko tā māua i a māua e ora nei, i āwangawanga māua ki ērā waiata nā te mea he rangi katoa ō ērā waiata.

Te Wharehuia Ka mutu, ko tētahi o ngā mea āhua pakeke, kua mate rā te tangata nei, engari ka haramai te rōpū, nō Tūhoe te rōpū nei, kātahi ka waiata i te waiata 'Taku rākau'. Kātahi ka haria mai he rangi Pākehā, te rangi hou nei, āe. Koirā anō tētahi o ngā mea, ka tangohia e koe te wairua o ngā whakaaro katoa o roto i ngā kupu rā. Ki te hurihia e koe te rangi ki tētahi rangi Pākehā kua ngaro te āhua o te whakatakoto i te kupu hei nanao atu ki roto i te whatumanawa tonu o te tangata, tākirikiri ai.

Tīmoti Ka warea kē ki te rangi kua mahue ngā kupu. Ka mutu ki a rātau mā, ko te kupu kē te mea nui. Ka whakarongo ngā koroua ki ngā kupu, ā, kua riro mā te kupu e whakatangi. Ka hoki ngā mahara ki tērā rerenga, ka hoki ngā mahara ki tērā rerenga.

Te Wharehuia Ki te kore ētahi, pēnei i a māua tonu nei e whakahē, ka ngāwari noa iho ki ētahi atu ki te whai atu i te tauira i whakatakotoria ai mō ērā nā rātau i whakatahuri te rangi o te waiata kia rangi Pākehā te tangi mai o te waiata rā. Ko ngā aroha, ko ngā roimata, ko ngā mamae, ko ngā pōuri katoa o roto i ngā kupu kua whakarērea ki waho. Kua mau kē atu ngā taringa ki te rangi, kāore e whakamau ki ngā whakaaro kei roto.

Tīmoti Kei te whakarongo au ki ngā waiata ahakoa ko tēhea iwi, kei te kaha te whakaaweawetia e te rangi Pākehā kia tere mau pea i te rangatahi, koirā pea te whāinga. Ki a au nei, mēnā te rangatahi ki te whakaakona ki te rangi ake ka rata tonu te rangatahi. Ehara i te mea me whakangāwari i ngā rangi, engari kei te pērā, kei te rongo au kei te pērā haere. Ahakoa i a mātau tonu nei, ko ahau hoki te mea i huri i roto i ngā kura, waiata i te taha o ngā kaumātua, ana ka rongo au i ngā rangi o ētahi o ā mātau waiata, ana kua rerekē hoki ngā rangi, kua māmā ake, ka mutu kua whakarekahia kia pai ai ki te taringa, ki ō nāianei taringa. Ākene he tohu pea tērā ka pērā ngā waiata i roto i te wā, kia tere mau ai i te rangatahi, kia tahuri mai ai te rangatahi ki ngā waiata. I a māua nei i Te Ahurei, ko Te Ahurei kei te tohu, 'Anei tō waiata', ka waiatatia e wai rā. Ka noho ko tērā te tauira hei whai mā ngā kapa katoa, engari ahakoa tērā, kia noho mai ki Te Ahurei, hā, tū mai tēnā rōpū kua rerekē!

Te Wharehuia Kei a rātau anō tā rātau rangi!

Tīmoti Āe, he Māori rā hoki!

Te Wharehuia Kāore e ōrite katoa te kawe. Ngā rohenga o roto i a Ngāi Tūhoe, ahakoa ngā ope kei Pōneke ētahi e noho ana, kei Tāmaki nei ētahi e noho ana, kei Waikato, kei hea rānei, te huinga mai ki Te Hui Ahurei ka tū mai i runga i te atamira, āe, āhua rongo tonu. Ka rongo tonu koe i te rerekē o ētahi o ngā kawenga o taua waiata rā. Nā reira, āe rānei he mea pai tērā, e whakaahua ana rānei i te wairua, i ngā whakaaro o te rōpū, o te hunga nā rātau i akoako ki taua rōpū rā, aua, kāore mātau e mōhio ana.

Tīmoti Koirā kē hoki te kaupapa matua, i tīkina e Te Ahurei he waiata kotahi kia waiatatia e ngā kapa katoa, kia kotahi ai te kawe i tērā waiata ahakoa haere a Tūhoe ki hea, hikitia mai te waiata e mōhio ana te katoa ki taua waiata kua pai te hiki. Mēnā kei te mōhio koe ki te waiata e tū koe, ka hari i tāu rangi kia rongo rā anō koe he aha te rangi kei te kawea e te nuinga, ana ka whai atu i tērā. Ko te kaupapa i tīkina atu ai e ngā koroua rā kia kotahi ai te waiata, koirā te kaupapa.

Te Wharehuia Ki taku mōhio ko te waiata kua āhua ōrite katoa te kawe a te nuinga, ko te waiata nei ko 'Taku rākau', nā te mea kua rerekē tērā waiata, kua hōrapa ki te motu. He nui ngā rōpū e kawe ana i tērā waiata. Ki te whakaaro ake ngā mea e mōhio ana ki ngā kōrero o taua waiata rā, tērā pea ka whakarerekētia e rātau te āhua – kua rerekē ināianei 'Taku rākau' mai i te wā i rongo ai au i ngā koroua me ngā kuia e waiata ana. He rerekē te hari ināianei, kua heria mai ki te ao hou e ēnei reanga, ka mutu i te mea kei te waiatahia i roto i ngā huihuinga iti noa iho nei, ahakoa e toru, e whā ngā tāngata kei te hui, ka haramai tētahi ki roto i te taha i a rātau, kua tū tētahi ki te whaikōrero, koirā te waiata 'Taku rākau e, tau rawa ki te whare!' Kua ngaro ngā whakaaro.

Timoti Ahakoa ngā manawa wera e kawea ana e Tūhoe, i ngā kura reo i ngā wā i whakaakona ai ērā, kāore hoki ngā koroua rā e aro ki te taki, karawhiua ana e rātau kia pau rā anō te hau, ka hiki mai anō ai. Ka uaua tērā ki te tamariki o ēnei wā, nā te mea kua waia rātau ki tā te Pākehā taki, i pērā hoki ki a mātau, i tino kore nei i mau i a mātau te hari o tētahi o ngā manawa wera i tētahi o ngā kuia rongonui o Tūhoe ki te kawe i ngā manawa wera, i a Irihāpeti. Nāna anō tāna hari, ana waiho ai e mātau māna, mā tōna kotahi, i te mea, he pērā hoki. Ka karawhiu ia, ā, kia pau rā anō tana hau kua tiki atu anō. Ko ngā tamariki o ēnei wā, ka taea te whakaako ahakoa he aha te hari, engari me tino taki haka nei i te nuinga o te wā. Kua waia rawa tēnei reanga ki tērā kawe.

I te whakarongo au ki te haka, 'Kī mai nei koe', i te rōpū rā, i te pō rā. Ki a mātau o Te Wai Kaukau, 'Kī mai nei koe Toiroa kei a koe tonu te pito o te aroha, i āhāhā! Kia hiko au!' Kāore au e mōhio ana mēnā kei te mārama rātau ki tērā rārangi, 'Te okaoka o tāku pū!' Ahakoa te mārama, te kore rānei i mārama, ki te tikanga o te kupu, e kawea ana. 'Kei hinga au! Kei mate au! Kei takoto tonu' – koirā kē! 'Kei takoto tonu' – Kei te kupu 'takoto' te rerekētanga o te hari a Te Wai Kaukau i tā Rūātoki – 'Kei takoto tonu, auē hā!' Koirā noa te paku rerekē, ā, heoi anō, ka taea e koe te whai atu tētahi. Ko mātau ko Te Rangihau mā kei tēnei kawe. Kei 'takoto tonu auē hā!' Kia pai ai hoki te rere o te ringa, engari ahakoa pēhea, pēhea, ka taea te whakakotahi i roto i te wā poto. Ko ngā manawa wera hoki mēnā kei te uru mai ki roto i tēnei kōrero a tātau, e kawea tonutia nei e Tūhoe, kua tīmata ētahi atu iwi ki te pērā, me taku mihi nā te mea he ātaahua ki a au te eke ki te marae me te haka haere. Kei te haere ngā karanga, kei te haere ngā tangi, kei te haka tētahi wāhanga o te ope whakaeke, he tino tikanga ātaahua tērā kia kaua e ngaro. Ka māmā tērā ki te whakaara mai nā te mea kei te noho haka katoa hoki ngā tamariki o ēnei wā. Ka taea te kī atu, 'Anei tā tātau haka i a tātau ka eke ki te marae.'

TE WĀHANGA TEKAU MĀ RIMA

He ao hou, he reo hou

Nā Tīmoti rāua ko Te Wharehuia

Tīmoti E kore tētahi reo o te ao nei e kore e panoni, ka whakaaweawetia mai taua reo rā e te reo e ponitaka ana i taua reo rā, pēnei i a tātau me te reo Pākehā, pērā i ētahi iwi taketake o ētahi atu whenua kei te riro mā te reo i tae atu ki ō rātau whenua, tō rātau reo e panoni ai, ana kāore hoki tātau i rerekē ake i tērā. He nui ngā āhuatanga o te ao i kawea mai e ngā tāngata haramai ki tō tātau whenua, ka mutu ko ngā kupu hei whakaahua i taua ao i noho ō tātau tīpuna ki te kimi me pēhea rā te whakaahua i aua āhuatanga rā. Nā reira, ka titongia e rātau he kupu, he rerenga kōrero rānei hei whakaahua i aua āhuatanga hou rā.

Ā, nāwai rā, nāwai rā, i roto i te wā ka noho mai ētahi o ērā rerenga kōrero, ka tangata whenua ki roto i te reo, ka noho tonu atu hei wāhanga mō te reo, ehara tērā i te raru. Ko te tohu o te reo ora, e taea ana e taua reo ngā āhuatanga o reo kē atu te whakauru mai ki te reo, engari me te mau tonu o te takoto o te kupu ki tā te Māori whakatakoto i te kupu. Nā reira, ko tā tātau kē he titiro me pēhea rā, atu i ēnei wā haere ake nei. I te wā i tīmata ai te Taura Whiri, he mahi nui tā te Taura Whiri ki te noho i konā kimi kupu ai i runga anō i te tono mai a te kura kaupapa. Kua tīmata kē ngā kura kaupapa i taua wā rā nā reira ko te mahi nui he kimi i ngā kupu e taea ai e ngā kaiwhakaako ngā kaupapa o roto i te kura te whakaako. Ana, e taea ai tērā me kimi ngā kupu, koirā tā mātau mahi mō ngā tau e toru, e kimi kupu hou ana, e kimi kupu hou ana. Ana, i tēnei wā nei ko aua kupu kua tangata whenua ki roto i te reo. E pōhēhē ana ētahi, mai mai ērā kupu engari nō tēnei rua tekau tau, rua tekau mā rima noa iho nei ētahi o ngā kupu rā, pēnei i te 'tōrangapū', i te 'pakipūmeka', he nui tonu ngā kupu, engari ko ērā kupu nō ēnei tau noa iho nei, engari e kaha ana te whakamahia e te ao Māori o ēnei wā nei.

E kore e taea tētahi reo te kore e whakaaweawe mai e tētahi atu. Mēnā koirā te reo matua o taua whenua rā kua riro te mana o te reo tangata whenua i te reo e nui ake ana ngā kaikōrero, pēnei i a tātau nei, ko te reo Pākehā kei te kaha te whakaaweawe mai i a tātau. Ko te mate pea, ko ētahi kaikōrero Māori kei te whai i te reo Pākehā, hei tauira, pēnei i 'te tangata tahito o Tīpene'. Ērā momo kōrero kei te whai kē i te whakaaro Pākehā, ā, ka whakamāori kurī noa iho i te kōrero, me te taringa Māori, Māori nei, ka whakarongo atu ka whakaaro, te hē noa iho o tērā rerenga. Koirā katoa ngā āhuatanga o tēnei mea, o te whakaaweawe mai a reo kē i tō tātau.

Nā reira, i roto i tēnei wā nei, kei te nui ngā kupu i ahu mai i reo kē noa atu, ka mutu kei te kaha māua, otirā mātau o roto i ēnei tau nei, ki te whakahoki mai ki tā te Māori whakatakoto ahakoa te kupu i ahu mai i wāhi kē noa atu. Ko te whakamahi i roto i te reo kia Māori te whakatakoto. E āhua taea ana tērā i tēnei wā, ko te mate kē i rongo au i tētahi hōtaka tamariki nei i runga i te pouaka whakaata kei te kī atu te kaiwhakaako ki te tamaiti, 'Mō te aha tēnei?' E tohu ana i te ihu, 'Mō te aha tēnei?' Koinei te pātai ki te tamaiti. Ko te whakautu a te tamaiti, 'Mō te haunga', ka whakaaro au, a kāti hā, koirā te tauira mō te reo, ki te kore tātau e kaha ināianei ki te whakatika i ērā momo rerenga ka noho nei hei rerenga mā ā tātau tamariki i ngā tau kei te tū mai, i te korenga hoki o rātau e mōhio ki tētahi rerenga kē atu. Nō reira, kaua tātau e tangiweto mō te katoa o te wā, ko tā tātau kē he tākiri i ā tātau wepu ki te hunga e hē nei te whakatakoto i te kupu. Ā, heoi anō, he paku whakaaro ērā i tēnei wā.

Te Wharehuia E whakaae katoa ana au ki ā Tīmoti e kōrero ake nei me taku āwangawanga ki te hunga e haere atu ana ki roto i ngā whare takiura kia akona mai rātau ki te ako i ngā tamariki, he aha rā te kaupapa. I te wāhi ki a tātau i a tātau e kōrero nei mō te reo Māori, koirā tētahi o ngā kaupapa e hoatu ana ki a rātau hei whāinga mā rātau kia noho ko rātau ngā mea hei tohutohu i ngā tamariki o roto i ngā kura nei. Ko te anipā o roto i a au ko tēnei nā – ko ngā kaiako tonu i a rātau kāore anō kia pakari noa ngā reo, me te aha nā runga i te kore i pakari o te reo o te kaiako i ngā mea e haere atu ana ki a rātau, ka hauā ngā reo o ngā kaiako e haere atu ana ki roto i ngā kura, mai i reira, ka haere atu ngā mea kua puta mai i ngā kura takiura ka haere ki roto i ngā kura ki te ako i ngā tamariki kei te heria atu te hauātanga rā ki roto i ngā kura, mau tonu atu i roto i ngā reo o ngā tamariki. E rangona ana tērā ia rā, ia rā, ahakoa haere koe ki hea. Hāunga ētahi kura e kaha ana ki te whaiwhai haere i te reo ki tōna kounga e rite ana, e pai ana rānei. E mōhio ana au he nui ētahi kei te whakatutuki i ā rātau mahi, ngā kaiako tāku e kōrero nei, whakatutuki i ā rātau mahi i runga i te whāwhai, kāore i runga i te tūpato. Ka mutu he kore pea e mōhio i te hapa kei roto i ō rātau reo.

Nā, ka tae mai ki ngā whare wānanga ka whakarongo atu koe ki ētahi e kōrero ana kei te rongo tonu koe i te hauātanga o roto i ngā reo. E whakapae ana au, nō ngā kaiako te hē. Kāore au e kī nō te kāinga te hē nō te mea he nui ngā tamariki kei te haere kē mai i te kāinga ki te kura ki te ako i te reo. Nā reira, he mahi nui tā ngā kaiako ki te whakatō i ngā purapura o te reo ki roto i ā tātau tamariki mokopuna kia tika, kia tika te āhua o te whakatakoto i te reo, nā te mea ka tae mai ki tēnei taumata o te whare wānanga nei kei konā ngā mea e wānanga ana i ngā reo o te hunga e whakauru mai ana, e rangona ana ngā hapa. Ko te tikanga kia tae mai ki tēnei taumata, ki te whare wānanga nei, e taea ana te tuku atu ngā ākonga kia haere ki te wherawhera pukapuka, ki te kohikohi i ngā kōrero, kāore he māharahara atu ki ō rātau reo. Ko te mahi nui ināianei e haere mai ana ngā mea ki roto i ngā whare wānanga, ki roto i ngā kura, he whakatikatika i ngā hapa o roto i ngā reo o ngā tamariki.

Nā reira, ko te panoni haere o tō tātau reo Māori nei, he nui ngā panonitanga kāore i tika kia pērā te panoni. Ko te tikanga kē pea me titiro anō tātau ki te āhua o te kounga o te reo e kawea ana e tātau i roto i ēnei rā. Ka aroha au ki te reo i whakarērea mai ai e ō tātau koroua, e ō tātau kuia ki a tātau, nā te mea kei te kōhurutia, kei te whakarērea rānei. Kua kaha, e ai ki tā Tīmoti nei, ka mutu me taku tautoko i tērā, kua kaha te whai i te takoto o te reo Pākehā. Ko ngā kupu, āe e tika ana ngā kupu Māori, engari kāore i te tika te rārangi haere i roto i te whakaaro, i te whakatakoto hoki, i te wairua, kei te ngaro katoa ērā. Mātaotao ana, mātaotao ana te whakarongo atu, ā, ongaonga ana hoki ki ngā taringa.

Tīmoti He whakaaro noa iho tēnei kia whakaterea e au. Terā pea, kei te rongo tātau ko tōna ono rau neke atu pea miriona tāra e whakapaua ana ki te reo Māori i te katoa o te motu nei mai i ngā kōhanga, i ngā kura, i nga whare wānanga, i hea noa iho, i hea noa iho, i hea noa iho. Kua hau kē te whakaaro, terā pea kia whatia tētahi wāhanga o tērā moni, ka whakapau ki ngā kaiwhakaako ki te whakatika, ki te whakawhānui, ki te whakahōhonu i ō rātau reo, kia pai ai hoki te whāngai atu ki ngā tamariki. I wā rātau nei, ko rātau tonu kei te kuhu i a rātau. I te nuinga o te wā ko ngā kaiwhakaako, piki, heke, kotiti, ko rātau ēnā e mahi ana i te mahi. Nā, mēnā ki te āta whakapaua tētahi pūtea ki te āwhina, ki te whakatika i ērā kōrero katoa, terā pea, ka pai ake te reo i roto i ngā kura, ka pai hoki te reo o ngā tamariki.

Me tīmata mai i te kōhanga reo. Kei te mōhio māua ko Te Wharehuia koirā tētahi ara e kīia ana e ora ai te reo, engari ki te kore e tika te whāngai mai i tērā taumata piki ake, piki ake, piki ake, e kore e pai ake. Nā reira, koirā tāku e kī atu nei ki ngā mana o te motu nei mēnā tētahi pūtea ki te whatia mai i te nui o te moni e whakapaua nei ki te reo, hei āwhina i ngā kaiwhakaako kia pai ake ai rātau, kia matatau ake ai rātau, kia whānui ake ai te mōhio ki te reo, kātahi pea tātau ka kite i ngā hua o te whāngai i te reo ki ēnei reanga, ki ngā reanga kāore anō kia whānau mai.

Ki te kore hoki, ana kua tika tā Te Wharehuia. Kua mate tēnei reo kua pātai ngā kaumātua kua ngaro nei, ā te wā ka tae atu ki a rātau kua pātai mai ki a māua, 'Ei, e kōrua, he aha kē tā kōrua mahi i a kōrua i raro rā?' Ana, ko tērā pātai, tērā pātai. Me mihi anō hoki māua ki te hunga e kaha nei, ahakoa te tokoiti o tērā hunga e kaha nei, ko rātau kei te hopu i ngā tauira tika, i ngā tauira pai hei whāngai atu mā rātau ki ngā mea hiakai, engari he tokoiti rawa. Ko tā tātau kē, ki a au nei, he whakaako, he āwhina nui i ngā kaiwhakaako o roto i ngā kura, o roto i ngā whare wānanga, o hea noa iho, o hea noa iho. Mēnā he tangata kei te whāngai i te reo ki tētahi atu, tēnā tātau ka hari mai ki tētahi wāhi kotahi ki reira whakatika atu ai, āwhina atu ai, aha atu ai, engari me pērā. Ki te kore ka kotiti tonu, ka kotiti tonu, ka kotiti tonu.

Te Wharehuia Āmine. E whakaae ana au ki ērā kōrero nā te mea koirā pea tētahi huarahi. Ehara i te mea kei te tino pari o te rua te reo e tū ana. Ka taea te tiki atu anō te reo ka whakahoki mai ki runga i tōna tūāpapa, ki uta ake, kia kaua ia e taka ki roto i te rua, engari e whakaae ana au ki tēnei whakaaro e whakaarahia ake nei e Tīmoti. Taea noatia ana te whakatikatika ngā reo o ngā kaiako, mehemea rātau e whakapono ana ki te reo Māori, me te ora o te reo Māori, me te tikanga, me te wairua kei roto i te reo e kōrerotia nei, kia kaua e waiho hei mahi ako noa iho, kāore he wairua o roto i te akoako. Koirā tētahi o ngā mea kei te ngaro, ki a au, o roto o te mea nei, kua noho noa iho hei mahi, tuhia atu i runga i te papa, kua tuhia ki roto i ngā pukapuka, engari kāore i te whakamau atu te ngākau me te hinengaro, me te wairua ki te āhua o te reo nei i takea mai i te tūāuriuri, whāioio, haere ake ki tēnei wā, ā, kei wīwī, kei wāwā kē e rere ana te āhua o ngā kōrero nei.

Nā reira, he tino tika tā Tīmoti nei, mehemea e taea ana te whiriwhiri tētahi wāhi hei tōtō mai i ngā kaiako katoa. Tuatahi, hei whakahuihui i a rātau ki te kōrero i ngā mate o roto i te reo, ki te kōrero i ngā huarahi whakaora i te reo. Kāore he take o te tohe mai ki a māua nei kāore te reo i te mate, kei te mate te reo, kei te mate rawa atu te reo. Kāore ēnei kōrero e puta mēnā kāore i te mate te reo, nā reira, koinei tētahi o ngā huarahi e kōrero ake nei a Tīmoti e taea ai te whakahoki mai ā tātau kaiako, kaua ngā kaiako e noho mai rā i waho ka rongo i ēnei kōrero, ka kite i ēnei kōrero, ka pāmamae. Kei te kōrero kē i te pono o ngā mea e kitea ana i tēnei wā, tuatahi, engari tuarua, kaua e tukuna ngā mate kia taka iho ki runga i ngā tamariki, me ngā mokopuna kāore anō kia whānau mai, kaua e tukuna ēnā mate kia taka ki runga i a rātau, he mate nui tēnā.

I te wā i a Tīmoti i roto i te Taura Whiri koinei anō te whakaaro i kōrero ai māua, i kōrero māua tērā pea he pai mehemea e taea ana te whakatū tētahi whare kura motuhake, ko tāna mahi he whakanoho i ngā mea e haere ana ki roto i ngā whare takiura, kura takiura, ki reira ki te ako hei kaiako i roto i ngā kura, engari me hari mai rātau ki te wāhanga Māori kia noho he ono marama, e hia rānei te roa, koirā noa iho te mahi he kai i te reo Māori i te ao, i te pō, i te ao, i te pō, engari e kainga ana ko ngā kai tika, kaua ko ngā kai pirau. Nā reira, koinei tō māua nā whakaaro i taua wā rā, ā, kei te pērā tonu.

Tīmoti He tika tēnā. Ki te waiho tonu tātau ki tēnei huarahi e takahi nei tātau i tēnei wā e kore te reo e pai ake, i te mea he nui rawa ngā mea kei waho rā e kotiti kē ana ngā reo. Hei āwhina i a rātau ka tahi, hei kaupare atu i te hē o te reo e whāngaihia atu ana ki ā tātau tamariki, ka rua. Tērā pea ko tēnei huarahi tētahi, ka mutu ka kitea te hua o te whakapaungā o ērā moni e kīia nei hoki e ētahi, te nui o te moni kei te whakapaua kāore he hua i te kitea. Mā tēnei āhua, ki a au nei, ka tino pai ake ngā kaiwhakaako, ka pai ake hoki te reo o ngā tamariki, ana, kua rangona taua reo e rere ana, me te tika, me te wairua Māori o roto, ā, nā runga i te kaha o te āwhina i ngā kaiwhakaako. Ki te kore ngā kaiwhakaako e āwhinatia kaua tātau e whakapae nō rātau te hē. Ka taea e tātau te āwhina atu, tēnā tirohia e tātau te huarahi e taea ai tērā whakaaro te whakatutuki. He māmā te perepere kōhatu, engari he aha te rongoā mō te korenga i pere?

Te Wharehuia Nā, koinā tā māua e kī nei, a kāti, anei tētahi huarahi me te nui o ngā moni a Hēkia e whakapauhia nei, e whakapauhia nei. Ko ngā Pākehā kei te kī mai, 'Te nui o te moni kei te pau i te ao Māori ki tōna reo, kāore tonu i te mōhio ki te kōrero Māori.' Nā reira, koinei tētahi huarahi matua, e taea ai tērā whakaaro te patu, nō reira me whītiki taua.

Tērā ētahi kupu i takea mai i te ao Pākehā, arā, ērā kupu kāore i roto i te ao Māori i ngā rā o mua pēnei i te 'tereina', i te 'tānapu' ērā momo kupu. Nā, ki te kore ērā, kua kore tonu i kōrero Māori. Kua whakaurua mai a reo Pākehā nei ki roto i te reo Māori – i āhua pērā anō hoki tō māua iwi nei. Kei te whakaaro ki taku tuahine, mō te whaka*on* me te whaka*off* me te aha noa iho, tērā momo, ā, ko tāna hoki, 'Whaka*on*ngia mai te wai.' He tohu tērā ko te kaikōrero he matatau ki te reo Māori, nā te mea hoki ahakoa i tīkina atu te kupu i te reo Pākehā ko tana whakatakoto mai e Māori ana. Kāore he reo o te ao nei, kāore i tiki kupu atu i reo kē, anā he aha te reo Māori kāore e whakaaetia kia pērā? Mēnā kāore i uru mai te 'tereina', te 'eropereina' i te wā i a māua e tamariki ana, kua kore tērā. He kupu ka uru mai, he kupu ka ngaro nā te mea kua kore i pai ki tētahi reanga kē atu.

Tīmoti Ana i tino 'eropereina' i a māua e tamariki ana, engari kua kore tērā kua 'waka rererangi' kua aha noa iho, ā, ko te tereina, i a mātau i te Taura Whiri, kāore a Katarina i pai ki tērā kupu ki te 'tereina', ka 'rerewhenua', ana e 'rerewhenua' nei ki ētahi. He tohu tērā kei te ora tētahi reo mēnā ka kaha te tikitiki atu i reo kē. E kore te reo Pākehā e rite ki tōna ora e ora nei, mēnā kāore i whānako kupu i reo kē atu.

Tērā anō ētahi rerenga e mōhio ana tātau kei te kaha haria i roto i ngā iwi, pēnei i a Ngāti Porou. Hei tauira, 'Kei te whanga ia *mō* te tereina', kaua '. . . *i* te tereina'. Tae atu anō hoki ki ngā rere hāngū e whai ana i te kupu 'me', arā, 'me mahi*a*', 'me tīki*na*' rānei. Ko ahau ka whakahē i ērā rerenga ahakoa pēhea, ahakoa, mēnā ko te reo tērā o Ngāti Porou, a kāti, kōrero mai. E maumahara ana au, i te mea, i pērā hoki a Te Kotahi ki te kōrero, ka pātai au ki a Te Uira, 'He āhuatanga tēnā nō te reo o Tainui?' Ka whakahoki mai, 'E, ko te reo tērā o Waahi.' He āhua whakahāwea pea tērā. Ko ahau e whakaako ana kei te hē tērā, katoa ā māua ākonga kei te whakaako i te hē o ērā rerenga, engari ko ētahi atu iwi, ka mutu ko te hunga matatau, kei te kōrero pērā, ehara i ngā kore mōhio kei te kōrero pērā. Ko māua e kore e pērā.

Te Wharehuia Ko ngā hapa ēnei o roto i te wā e tamariki ana ērā tāngata, ka hapa mai i reira, ā, mau tonu iho, ka tangata whenua ērā hapa i roto i a rātau. Kāore rātau i te mōhio he hapa. He whakapae tēnā nāku.

Timoti Nā tō Atua [e kōrero ana ki Te Murumāra], ērā i whakatakoto ki roto i tana pukapuka. Tō atua o Tīpene [Hoani Waititi], i te wā i a koe, ā, nāna ērā tauira i whakapukapuka, ka mau tonu atu. Uaua ana tērā te whakahē, i te mea, kei roto i te pukapuka. Me mihi tātau ki a ia, mōnā i para i te huarahi o te whakatakoto i te reo kōrero. Ki te hoki ake ki taua rerenga kōrero rā, 'Kei te whanga ia mō. . . .', ākene ko te reo Pākehā tērā e whāia rā. I te mea hoki, ahakoa ki ā māua ākonga o Te Panekiretanga, ki reira tohe atu ai e rua noa iho ngā kupu o te ao Māori e tūhono ai te kōrero ki tētahi atu, arā, ko te 'i' me te 'ki', nō muri noa mai te 'mō'.

Te Wharehuia 'Kei te whanga atu i a. . .', 'Kei te whanga atu ki a. . . .'

Timoti I āhua tohetohe hoki māua ko Te Wharehuia ki tētahi rerenga pērā, arā, 'He aha *ai* i pērā ai?' Arā ētahi wā kua puta tērā momo rerenga i te waha o te tangata.

Te Wharehuia I ētahi wā kei ngā wāhi e rua te 'ai', ka mutu ki a au kei te whakaaro Pākehā te tangata i tērā wā, '*Why?*' 'He aha ai?', 'He aha *ai* i pēnā ai?'

Timoti Āe, kei te hē. Koirā au e mea nei, karangatia. Kāore māua e kī ko māua hei kaiwhakaako mō te rōpū ka karangatia nei, engari i te wā i whakaaro tuatahitia ai te whakaaro, ko ngā matatau o te reo ahakoa nō tēhea iwi, kūmea mai ki taua wāhi rā hei whakaako, arā, ngā tohunga o te reo mai i tēnā iwi, i tēnā iwi, ko te mea nui, ko te matatau ki te reo. Nā reira me ū ki ngā whakatakotoranga kōrero o ngā wā o mua, me te mōhio anō he kaha nō te reo Pākehā, kāore e kore i roto i te wā, ko tā te Pākehā i kōrero ai ka noho koirā te tauira tika, ka hē ko māua ko Te Wharehuia. I roto i te wā, ko tērā reo ka ora, kei te āhua pērā haere, ko te reo pōhēhē noa iho kei te tika, ko te reo tika kei te pōhēhētia mai e ōna hunga pōhēhē anō.

Te Wharehuia Ko mātau ngā Hītara e kōrerohia nei, ngā 'Hītara o te reo' e kōrerohia ake nei.

Timoti Kua whiua tērā kōrero ki a au me taku whakahīhī hoki, kāore he Hītara i tua atu i a au.

Ka whakawhiwhia a Tīmoti rāua ko Te Wharehuia e Te Whare Wānanga o Waikato ki ngā Tohu Kairangi Hōnore. Anei a Tīmoti i te wā i ūhia ia ki te tākutatanga hōnore nei i te tau 2008. *Kei a Tīmoti te mea tūturu o te whakaahua nei*

TE WĀHANGA TEKAU MĀ ONO

Ko te reo kia tika

Nā Timoti

Hei whaiwhai noa ake i ngā kōrero mō te 'a' me te 'o', ko ēnei kupu pēnei i te 'kē', i te 'pea', i te 'koa', i te 'hoki', ērā kupu katoa, kāore he tohungatanga o te reo o te tangata mēnā ka hē i a ia ērā kupu. He nui ngā kaikōrero i ēnei rā, kei te rangi e haere ana ā-kupu nei, engari ko te whakamahi i ēnei e kitea ai te tika o te rere o te kōrero, kei te hē. Ki a au nei, ko tāku nā whakapae, i hē ai te whakamahi i ētahi o ngā kupu nei, kei te whai kē i te reo Pākehā, kei te kaha te whakaaweawetia mai e te reo Pākeha, nā reira ka whai i tā te reo Pākehā whakatakoto. Nā, kei te mārama tērā nā te mea ko te nuinga o ngā mea kei te ako i te reo i haramai i tērā reo i te tuatahi nā reira kāore e kore ka pērā, ka whai ko tā te reo Pākehā whakatakoto ahakoa te kore i tika ki te reo Māori.

Nā reira, ka pērā anō te āhuatanga ki ngā 'a' me ngā 'o'. Ki a au nei me tino noho tātau ki te whakatakoto i ngā tauira katoa ka taea, pērā i tā Pānia rāua ko Te Heketū e mahi nei. Kei te kī atu au ki a rāua, me noho tātau, ko ngā momo rerenga katoa ka taea, me whakatauira, ka toha haere ai ki ngā ākonga.

Ko te 'hoki', me te 'pea', me te 'koa'. Ko te 'koa' e whakamahia ana anō nei ko te kupu Pākehā *please*. Nā reira ka whai i te kupu Pākehā *please* i roto i te rerenga o te kōrero. Ko te 'hoki', e whakapae ana au kei te whai anō i te reo Pākehā, me te 'rānei', kei te whai i te reo Pākehā. Nā te mea hoki, ko te reo o Hawai'i, ko tā rātau whakamahi i te kupu mō te 'rānei' he rite ki te reo Pākehā, he 'o' te kupu.

Nā reira, ko ā tātau tāngata o konei e ako ana i te reo, ka pērā anō ka whai i te āhua o te reo e tino matatau ana rātau. Kāore e taea te kore e pērā ahakoa he aha te reo ka akona e te tangata ka pērā i te tīmatanga, ka riro mā tōna reo ake e whakaaweawe mai. Ko ēnei momo kupu ki a au he rite ki te 'a' me te 'o', tē whai tikanga ki roto i te ako a te tangata i te reo. Mā reira e mōhiotia atu ai, āe, he pai te reo o tēnei tangata nā te mea he mōhio nōna ki te whakamahi i ērā kupu, me te whakatakoto ki te wāhi tika. Nā reira he wāhanga nui me whakapau e tātau, kaiwhakaako mā, ki ērā kupu kia tino tangata whenua ai ki roto i ngā ākonga haramai ki mua i ō tātau aroaro.

I a au e whakaako ana i whakamahia e au pēnei i te tīma purei hōki pea nē. Ko tēnei kei runga, ka whai mai ko ēnei, ka whai mai ko ēnei, ko tērā i mua i ēnei nā, ka taea pea tērā momo mahere te mahi mai. Anā, heoi anō tā te ākonga he titiro, ko tēnei kei mua i tērā, kei mua i tēnei i roto i te rerenga kōrero kotahi. Ko te mate kē hoki pea o ngā ākonga, ki te rua, toru noa atu pea ērā momo kupu i roto i te rerenga kotahi, kua kore i mōhio ko tēhea kei mua i tēhea. Ana, me tāpiri atu ki te taha o ēnā, ko te kupu 'ai'. Ki hea te 'ai' whakamahia ai?

Ko te nuinga o te wā kei te mārama ngā ākonga ki te 'ai' nā te mea, 'he aha ai?' 'Mō āhea koe haramai ai?' Ko ngā āhuatanga e pā ana ki te wā, me te take ka uru te 'ai' ki ērā rerenga, engari anō ngā mea pēnei i te 'tokorua āku tamariki, tokowhā āu, ka tokoono ai te katoa'.

Tērā anō tētahi tauira, 'Māu e hari mai ngā kai ka hora ai ki te tēpu. . .'. He *and then* tērā momo rerenga kōrero, me te kī, koirā tā te Māori, *'and then'*, ka. . .ai, engari ko tērā 'ai' mō te 'tokorua āu, tokowhā āku, ka tokoono ai te katoa'. Kei te whai i tā taua ture, *'And then, that makes six.'* Kei te pai tonu.

Ko ngā momo 'ai' pea me āta whakarārangi. Koirā tētahi mahinga nui. Ki hea 'ai' ai? Me te wāhi kia kaua e 'ai'. Kei te kōrero tāua mō te rerenga o te kōrero. Ka mutu, kei te whakamahia mākūwaretia, kāore te tangata i te āta whakaaro mehemea e tika ana kia noho te 'ai' i konei, engari ka whakaurua atu. He tino kaha te pērā, ko ētahi iwi kei te kaha te pērā. Mēnā ka whakarongo tāua ki ngā iwi o Te Hauāuru, ki Taranaki me Whanganui, e whakaurua atu ana te 'ai' ki te wāhi e kore ai ētahi atu iwi e whakauru. Ka pātai ai tāua, he aha ai? Engari ki a au nei, ko te 'ai' tētahi āhuatanga me āta titiro e ngā kaiwhakaako, e tātau katoa. Me karanga tētahi rōpū, koirā tā tātau mahi, he whawhai, he tohe ki a tātau anō, kia puta ai he ture e kotahi ai te whakaako ki te motu.

Ko te 'kia' me te 'ki te' anō ētahi kupu e hē ana te whakatakoto i ētahi wā. Mēnā ko te tangata e mahi ana i ngā mea e rua kei roto i ngā wāhanga e rua o te kōrero, kua 'ki te', āhua pērā nei. Ko te hiahia o te hunga ako, anei te ture, kua māmā. Kei te pai tērā mō te hunga kei te ako, ko te hunga kua matatau noa atu, e kore rātau e ū ki ngā ture, he rerenga noa atu ka taea e te taringa Māori, Māori nei te reo.

Kia hoki ake ki ngā kōrero o mua, mehemea e toru pea ngā kupu pēnei i roto i te rerenga, kāore te tangata e mōhio ko tēhea te mea mātāmua. Hei tauira, 'E kōrero atu anō ai', arā, e toru ērā kupu, 'atu', 'anō', 'ai', ko ētahi e rangirua ana ko tēhea te mātāmua. Ki a au nei, me whakarite tētahi mahere. Koirā hoki te whakaaro o Pānia rāua ko Te Heketū. Ana i pēnei hoki au i a au i tīmata ai ki te whakaako kia māmā ai, ko tēnei rārangi o runga i mua i tēnei, i mua i tēnei, i mua i tēnei. Me whakarārangi katoa ngā kupu o tēnei rārangi, o tēnei, o tēnei, o tēnei. Ka whakaheke mai ai ko tēnei, tahi, rua, toru, whā. Mēnā e whai tonu mai ana tētahi i tētahi. Mēnā kei te wehe mai i roto i te kōrero, he māmā ake tērā. Engari mēnā e whai tonu mai ana tētahi i tētahi hei reira kua āhua uaua ki te hunga ako.

TE WĀHANGA TEKAU MĀ WHITU

Te oranga o te reo

Nā Tīmoti rāua ko Te Wharehuia

Tīmoti Kua roa au e kī ana kei tēnei reanga te oranga o te reo, te reanga kōrero Māori o tēnei wā. Ko te reanga āhua tekau mā waru ki te whā tekau, whā tekau mā rima pea, tērā reanga. Kei reira te reo e kaha ana te kōrerotia, kei reira te reo e kaha ana te whāia, kei reira hoki te reo e kaha ana te whakaputaina. Ko te reanga ki ō rātau mātua, kaumātua rānei, kua kore he take o ērā reanga. Ahakoa kōrero Māori ērā reanga, kua kore he take, nā te mea he kore e ū, he kore e whai kia mau tonu te reo.

Nā reira, e titiro ana au ki te reanga o tēnei wā o te tekau mā waru ki te whā tekau mā rima, ka mutu koirā te reanga kei te whāngai i ā rātau tamariki ki te reo. Ahakoa kāore i tokomaha tērā reanga, me kore e tūpono i roto i ngā tau kei te haramai, menā ki te kaha te whāngai atu ki ā rātau tamariki mokopuna, hei reira pea ka kaha mai i roto i ērā reanga. Ki te kore hoki e riro i tēnei reanga, a kāti, ko te mate ko te ngaro, ngaro atu nei.

Ko tētahi mea nui hoki o tēnei reanga, kei te kaha te hiahiatia, nā te mea he reanga haka, he reanga hiahia waiata Māori, aha noa iho, aha noa iho. Nā, i roto i tēnā hiahia, ko te hiahia tonu hoki ki te āta mōhio ki tā rātau e waiata ana. Ahakoa piki, heke ngā reo o ētahi o ngā titonga, tērā pea i roto i tōna wā mā ōna tohunga o roto anō i ēnei reanga ngā kupu hei titiro, hei whakatika, hei aha, hei aha, hei aha.

E whakapono rawa atu ana au kei tēnei reanga te oranga o te reo. Ki te kore hoki rātau e tahuri, rātau e uru nei ki ngā whare wānanga ki hea, ki hea, e puta mai rānei i ngā kura kaupapa, kāore hoki au i te kī mā te puta mai i te kura kaupapa e ora ai, engari mā reira tonu te kākano o te hiahia ki te ako i te reo. Kia riro mā tētahi atu e tanu ki te whenua, ā, ā tōna wā kua puāwai mai, nā reira e mihi rawa atu ana ki tēnei reanga e kaha nei, e kaha nei. Ka mutu ki te rongo koe i te reo e kōrerotia ana i tēnei wā, ana ko tēnei reanga ehara i te reanga kaumātua. Ahakoa kāore e kore kei te whakarongo mai ngā mea o waho me te kī mai ko Te Panekiretanga tāna e kōrero nei, āe, ko Te Panekiretanga tētahi, engari he nui ngā mea kāore i roto i Te Panekiretanga e kōrero Māori ana ki a rātau anō. Ko Te Panekiretanga pea te rōpū kei te kaha te whai i te tohutohu me kōrero Māori i ngā wā katoa, i ngā wāhi katoa. Nā reira, kua riro pea mā rātau e whakatauira atu ki ētahi atu ka taea mēnā ka hiahiatia. Nā reira, koirā tāku nā whakatau.

Tāku titiro whakamua ki ngā tau e heke mai nei, ngā tau e kore ai a Te Wharehuia rāua ko Tīmoti i konei, ko te reo kei te ora mai i tēnei reanga. Kei te ao o te kapa haka pea tētahi wāhi nui o te oranga tonutanga o te reo. Kei roto i te hunga o ngā kapa haka te hiahia, ka tipu mai te hiahia i reira, ka whāia tonutia e ngā mea pīrangi whai i te hōhonutanga o te kupu. Koirā pea te pārekereke o te hiahia – ko te kapa haka, ko te ao o te haka.

Nā, i a mātau i tāwāhi i kō tonu ake nei, koirā te mihi mai a tērā iwi, a te iwi Cherokee, nā te mea kāore ā rātau waiata o ēnei wā nei. Ka mutu kāore anō rātau kia puta mai ki tēnei ao, ā-waiata, ā-puoro, ā-aha nei, ā-aha nei rānei. Kei te noho tonu ki ngā waiata o te ao tahito, ki te hīmene rānei. Ki te kore e tahito, kua hīmene, engari waiata ngahau nei, pēnei i ā tātau haurangi nei, whaiāipo nei, haka nei, aha nei, aha nei, kore rawa atu i a rātau tērā āhua. Koirā tā rātau mihi mai. He āhua pērā anō ki te iwi Lakota. Ka mutu ko te kōrero mai a ngā Cherokee ki a au, ko ngā waiata e whakaoratia nei e rātau, e tēnei reanga, ko ngā waiata o te ao tahito kua kīia mai e ngā pakeke, 'E, waiho ēnā waiata he tapu, he aha, he aha, he aha.' Nā, ko tērā ao tērā kei te whakapōrearea mai i te kokenga o tēnei reanga, i roto i te reo, i roto i ngā āhuatanga whakaora waiata, aha, aha, aha. Ki a au nei, āe ko te ao haka te ao whakawai i ngā tamariki o tēnei wā ki te whai i te reo. Āmine.

Kei roto rānei te oranga o te reo i ngā kāinga, i ngā kura, i ngā whare wānanga, arā, ngā kāinga o tēnei reanga e kōrero Māori nei, kāore i tua atu i a rātau. Ahakoa kei te mōhiotia koirā kē te wāhi tika hei whāngai atu i te reo, kāore i te pērā. Ko te ao Māori tētahi iwi taringa mārō, taringa morimori, roro kore, aha nei, aha nei, i te korenga e kite mā te kōrero Māori i te kāinga ka mōhio ngā tamariki ki te kōrero Māori, ngā Māori rā e mōhio nei ki te kōrero Māori, kāore nei i te aro ki te tahuri mai ki ā rātau tamariki.

Ko tētahi o ngā kōrero i puta i a au i taku kauhau i Pōneke ko te tino tumeke ōku, ko te hunga matatau ki te reo Māori, matatau ki te ao o te mātauranga, matatau ki te ao Pākehā, kāore i whakaako i ā rātau tamariki. Ka pātai ai koe, mēnā kāore tērā reanga i te kite i te hua o te pupuri i te reo Māori me pēhea hoki te iwi whānui e kite ai i te hua? Te iwi e kī nei te kōrero, i kai rātau i te mātauranga nō rātau te ao – tōna tikanga, engari koirā rawa atu te whakatipuranga kore, kore rawa nei i whakaako i ā rātau tamariki. Ka pātai ai tāua, nā te aha?

Ko te reanga i a Te Wharehuia nei, katoa rātau he tino matatau ki te reo Māori, matatau ki te reo Pākehā, matatau ki ngā āhuatanga o te ao Pākehā, i haere ki ngā whare mātauranga. Ha! I te mutunga iho, i tukuna e rātau te reo kia mate. Āe, koirā taku heitara e whiu nei. Nā te warea o rātau ki te whaiwhai i ērā kaupapa, i ērā mahi, ka riro mā te hoa ngā tamariki e whāngai, engari kua tū mai ināianei ki te kauhau, 'Ko te reo kia mau, ko te aha kia aha, ko te aha kia aha.' Āe rānei me aro atu?

Nā reira, tōna tikanga, ko te wāhi ki ngā kaumātua he whakatauira mai i te rere o te reo, pēnei i te kaumātua nei o te hōtaka, o *Te Waka Huia*, i mātakitaki nei au. I kaha tana huri ki te reo Pākehā, engari kia kōrero Māori – te reka kē! Te reka o tana reo – tino Māori, Māori nei te wairua o tana reo! E 88 te pakeke o te kaumātua nei, kei te haere tonu ki te whakangau poaka, tōna kotahi. He āhua māwhitiwhiti nei te āhua o te kōrero. Me taku pātai, he aha i pērā ai? Ehara hoki i te mea kāore i te mōhio ki ngā kupu Māori i huri ai ki te reo Pākehā.

Koirā anō hoki taku wero ki ngā ākonga o Te Panekiretanga o tēnei wā nei, he kaha te whakauru kupu Pākehā me ngā kupu māmā nei pēnei i te 'so', 'and', 'well', ērā momo kupu – te hōhā mārika! Kei te kaha tēnei reanga ki te pērā. Ka pātai ai koe, he aha ai? Ehara hoki i te mea kāore i te mōhio ki ērā kupu i te reo Māori. Ha? Ana kōrero mai, he aha i pēnā ai? Ana me pere, me pere ngā taringa, kaua e tukuna tērā āhua. Ki roto hoki i ngā whare wānanga e rangona whānuitia ana ēnei momo kupu iti, ko te whakaaro kaua e tukuna kia puta. Kaua e tukuna te ihu kia puta kia tika rā anō te rere o te reo Māori.

Ko tētahi atu āhuatanga ko te tangi o te reo, kua kōrerohia kētia tēnei e ngā tari Māori, ko te Pākehā o te tangi o te reo. Nā reira, koirā te wāhi ki ngā kaumātua he whakatauira i te tangi o te reo – tōna tikanga, tuatahi. Tuarua, ko te rere tonu o te reo. E tika ana mā ngā kaumātua e whakatauira mai, pēnei i te kaumātua nei, mēnā i whakarongo te rangatahi ki te rere o te kupu me te maringi noa mai, me te maringi noa mai o te kupu tino ātaahua nei.

Ko tētahi mate pea o tēnei reanga, kei te kaha te whakaaweawetia e te reo Pākehā. Ka rongo anō au i *Te Waka Huia*, ko te kōtiro e kī ana, 'E haere ana, e taraiwa ana tō mātau pāpā i te waka, *ka taka mātau ki te moe*.' [Ka warea mātau e te moe.] Ka whakaaro ai koe! Ka mutu ko tērā kei te kī mai kei roto i te kōhanga reo, ka whakaaro au, me whaiwhai haere au i tērā kia kaua e pērā te kōrero, engari nā te kore pea i mōhio ka whai pea i te reo Pākehā, ā, ka whakamāoritia te kupu, ahakoa ehara tērā i te wairua o te reo Māori. Ka kaha pea te pērā i roto i ngā tau ki te kore te hunga whakaako i te reo e tākiri i ā rātau wepu, ka kī, 'Hei, anei kē, me pēnei kē.' Nā reira kaua e tūngoungou noa iho tō māhunga, whāia tāku i kī atu nei, tākirihia tō wepu!

Kia hoki ake nei au ki taku kauhau, kei te kī atu au ki a Hēkia, 'Tēnā Hēkia, kei te kī mai koe e ono rau miriona tāra e whakapaua ana ki te reo ia tau, ia tau, ki ngā āhuatanga katoa o te reo, ahakoa kei ngā whare wānanga, kura kaupapa, kei hea, kei hea, kei hea. Engari neke atu i te rua rau, rua tekau miriona e pau ana i te tau ki te reo. Pēhea te homai i tētahi kotahi rau miriona o taua moni rā ka whakapau ai ki ngā kaiwhakaako? Kia pai ake ai, kia whānui ake ai te mōhio ki te reo. Kia mōhio ake anō ai hoki ki te whakaako i te reo, nā te mea kāore hoki ngā kura kaupapa i te whakaae me whakaako te reo i roto i ngā kura kaupapa.'

E pōhēhē ana ētahi kei te tahua pūtea anake te oranga o te reo, kāore, ka mutu kei te kaupapa tonu o te kura. He aha rā ngā kura kaupapa e pōhēhē nei mā te whakarongo noa iho ki te reo ka mau i ngā tamariki te reo me te tika o te whakatakoto? Tērā pea koirā tētahi āhuatanga hei titiro. Katoa ngā kura kaupapa Māori, he aha e kore nei e whakaako i te reo, i ngā āhuatanga o te reo? Katoa ngā reo o te ao kei te pērā, atu i te reo Māori! Anei te reo Wīwī e kōrerotia nei e te katoa o Wīwī, engari e whakaakona ana te reo, waihoki ko te reo Pākehā. I āhua tumeke au ki runga i te waka rererangi mō te waiata nei 'Between me and you'. Kāore au e mōhio he aha te wai, engari koirā te rārangi i mau ki taku hinengaro, nā te mea i te tika tēnā whakatakoto. Ko te nuinga hoki o ngā Pākehā kei te kī, 'Between you and I', ana kei te hē tērā. Ana kua kaha hoki te kī a Air NZ, 'Ka kite anō. Kia ora. Ka kite anō.' Kua pērā haere ngā kaimahi. Mā te aha, he whakatau tērā. Ko ngā Māori – ko te nuinga o taku kauhau, ko ngā Māori tino kore nei i paku aro mai. Kāti te whakapau kaha ki ērā, moumou tāima. Ka mutu ko tōna waru tekau ōrau ērā, kātahi anō ka puta mai ngā tatauranga i a Te Manahau. Ki tā rātau, kei te piki haere, engari ko au hoki kei te whakapono, āe e piki ana, kāore i te heke. Nā reira kua whakatau nei te Taura Whiri, kia tukuna he rōpū kia huri haere i te motu pātai haere ai pērā i te wā i a Richard Benton mā, kaua ki te katoa o te motu.

Engari me pērā i a Richard Benton mā, me haere ki te katoa o ngā rohe, mā reira anake e tino mōhio ai, mā te whakarongo, mā ngā pātai atu kei te pēhea te rere o te reo. Kei noho noa iho ki te 'Kia ora' ka kīia kua kōrero Māori, engari e toru pea ngā wāhanga nui o te kōrero. Tuatahi, ko te kore i aro mai o te ao Māori, nā reira kaua tātau e

Ko Tame Kāretu tēnei, te tipuna me te matua whāngai o Tīmoti.
Kei a Tīmoti te mea tūturu o te whakaahua nei

whakapau kaha ki ērā. Kei tēnei reanga te oranga o te reo Māori me ngā tamariki e whakaakona ana e rātau ki te reo, ā, tuatoru, ko te ao haka pea tētahi pārekereke pai e tahuri mai ai ngā tamariki o te ao Māori ki te reo. He kupu Tūhoe tērā, te pārekereke. Ko taku māmā me taku pāpā ka tanu i ā rātau purapura ki tētahi wāhi kia tīmata rā te pihipihi mai, ana kua hikihia ki wāhi kē āta tanu ai. Koirā te pārekereke, pēnei i te '*seed bed*' nei. Āe, ko te ao haka ināianei te pārekereke o te reo Māori.

Ko te mea kē, mā ngā mea pēnei i Te Panekiretanga – me pērā taku kōrero, te hunga ka mōhio ki te tika, ki te hē o te rere o te kōrero, kaua te katoa o ngā mea i puta mai i Te Panekiretanga, engari kei reira tōna tōpūtanga ka taea tērā mahi te mahi i runga i te pono, i te tika – me mahi, kaua e tukuna kia kōhurutia atu anō kia hē kē atu, kia hē kē atu, kia hē kē atu.

Koirā hoki tāku e kī nei, he aha te hua o te whakatū kaumātua mēnā he pēnā tōna reo? Anei te mokopuna e pai noa ake ana te reo. I tīmatahia tērā whakaaro e Kahungunu ki te Koroneihana i tērā tau. Nā, ka pātai koe ki te kore e ū ki tērā whakaaro, ka mutu he tauira pai tērā ka pērā hoki ētahi atu o ngā iwi kua tīmata te titiro. Me tīmata ki te titiro ki ngā mea tamariki i te wā kei te āhua ora tonu ngā kaumātua mōhio hei whakatikatika, hei tohutohu, hei aha. Koirā kē te mahi mā ngā kaumātua ināianei. Tukuna te reo ki ngā mea tamariki, engari ko tāu he whakatika, he tohutohu, he kī atu, 'Me pēnei, anei te whakapapa tika, me pēnei koe i konei, arā kē te kōrero, māu ki kō' – ērā momo āhuatanga. Ana, ki te kore he kaumātua e taea ana e ia tērā āhua, waiho mā tēnei reanga e whakatau me pēhea tana whakaputa i ōna whakaaro, i ana kōrero. Āmine.

Te Wharehuia Mehemea au ki te tīmata ki te pūtake o tēnei mea, o te reo, ka hoki au ki te whakautu i te pātai nā, kei hea te oranga o te reo? Kei roto i ā tātau tamariki me ngā mokopuna o tēnei wā tonu tae atu ki ngā mea kua noho ki roto i ngā kōpū o ō rātau whaea tae atu anō ki te hunga o muri atu i ērā, arā, ko te hunga e whānau mai ai i roto i ngā tau e maha e heke mai ana i mua i ō tātau aroaro. Huri atu ki tērā rau tau kei roto i a rātau te ora o te reo. Kia whakamārama ake au he aha i pērā ai taku kōrero, ā, ko tēnei nā.

Ki te āta titiro tātau i roto i tēnei wā nei, he nui ake pea ngā mātua kāore e mōhio ana ki te reo, tēnā i ngā tamariki kua tīmata ki te kōrero, kua akongia rānei rātau ki te kōrero i te reo Māori me tōna momo kounga anō i roto i taua reo rā. Ko te mea nui, ko te mahi a te reo he kawe atu i tētahi whakaaro mai i tōku waha ki tō tētahi atu taringa, ki reira whakaaro ai te hunga whakarongo, te tangata whakarongo rānei, he aha te aronga o aku kōrero. Nā, i te mea kāore i te kōrerorero ngātahi ētahi o ngā mātua o ngā tamariki o ēnei rā ki te reo Māori, koinei au i kī ake ai kei ā tātau tamariki, kei ā tātau mokopuna, ngā mea kāore anō kia whānau mai te oranga o te reo. Heoi anō te mahi i tēnei wā he whakatikatika i ngā māra haumako kei roto i ngā poho o te hunga e noho ai hei māmā, hei pāpā mō ngā tamariki o āpōpō. Koirā tā tātau mahi i tēnei wā he whakanoho, he tiritiri i te whenua haumako o roto i ngā poho o ā tātau tamariki kia taea ai te whakatō ngā purapura o te reo ki roto i aua poho rā, e mau ai, e matomato ai te tipu o te reo ki roto i te tamariki. Koia au ka kī kei reira, kei ā tātau tamariki te oranga o tō tātau reo, kua kore te nuinga o ngā mātua e mōhio.

Kua whai tamariki te hunga i tipu ake i te kōhanga reo me te kura kaupapa, i te mea kua pakeke rātau, ka mutu kua hoatu e rātau tō rātau reo i ako ai rātau ki ā rātau tamariki, tērā pea ka whai mokopuna i muri atu i tērā. Kua oti kē te marotiritiri i roto i ngā poho o ērā tamariki te āhua o te reo nei me te oranga ki te tamaiti he oranga ngākau, he oranga wairua, he oranga tinana tonu nō te mea ko tētahi atu kaupapa o tēnei mea, o te mōhio ki te reo, e mōhio ana koe ko wai koe, i ahu mai koe i hea, kei hea koe e tū ana i tēnei wā, e haere ana koe ki hea ā kō kō ake nei. Koinei te āhua o ōku whakaaro ki tēnei mea, ki te reo. Nā reira ka hoki ki te pātai kei hea te oranga o te reo? Kei ā tātau tamariki, kei ā tātau mokopuna, engari ko te mahi nui kē ko te marotiritiri i ngā purapura o te reo i ngā whenua haumako kei roto i ō rātau poho.

Nā, anei koutou, anei koutou o tēnei o ngā whare wānanga. Ahakoa kua pakari kē te hunga e haere mai ana ki a koutou, kei te ngana koutou ki te whāngai i taua hunga rā ki ngā āhuatanga o te reo. He aha te mahi, he aha rānei ngā mahi e kore nei e whai ētahi o ā tātau tamariki ki te ako i te reo?

Tuatahi, ko ngā mātua kāore e kōrero ana i roto i ō rātau whare, kāore i te whāngai i te reo ki ā rātau tamariki, ki ā rātau mokopuna. Tuarua, ko te pouaka whakaata, ko te reo irirangi tētahi o ngā āhuatanga e whakararuraru ana i te whāngai o te reo, i te tipu o te reo ki roto i te whānau nā te mea ko te ao hurihuri tēnei me ōna āhuatanga katoa. Ka hoki mai ngā tamariki i te kura, he nui ngā mea haere hāngai atu ki te pouaka whakaata. I tērā wā, mehemea ka kōrero koe ki a rātau, kei te whakamau tonu atu, kotahi tonu te wāhi e whāia ana e rātau ko te pouaka whakaata rā. He pai mehemea i runga i te pouaka whakaata ko ngā mea e whakaarihia mai ana i reira kei te reo Māori. Mō ngā tamariki tāku e kōrero nei, e kapohia ai e rātau ērā momo whakaaro, ērā momo kōrero e rongo ai rātau i te reo e kōrerotia ana. Hei whakaū i tā ngā kōhanga nei, hei whakaū i tā ngā kura kaupapa e whāngai ana ki a rātau mō te āhua ki tō rātau reo.

Nā, anei taku pātai kua pātai au i roto i ngā rā, i ngā tau kua pahure ake nei, he aha te hua o te whakatū i te whare whakairo? Ka whakatūtū i ngā poupou i roto i te whare, he tīpuna katoa ngā poupou o roto i te whare rā, mehemea ka tū tērā whare, kāore kau he mea hei whakakōrero i ngā poupou, kāore he mea hei whakatakoto i ngā whakapapa o aua poupou rā, hei kōrero i te āhua o te whare kōrero kua whakatūria rā mō te iwi, mō te hapū rānei, mō te whānau rānei. He aha te hua o te whakatū i ērā momo whare me ngā whakairo katoa kei roto mehemea kāore he tangata i reira hei kōrero i ngā kōrero, hei whakakōrero i ngā whakairo rā. Koirā tētahi o ngā āhuatanga e pātai mai nei koutou kei hea te oranga o te reo. E kī ake nei au kāore he take o te whakairo i roto i te whare mehemea kāore he tangata i reira hei kōrero i ngā kōrero o te whare.

Nā reira, he mahi nui tā tātau ki te poapoa i ā tātau tamariki. He ngāwari te tamariki, he ngāwari noa iho te tamariki, ki te whāngaitia i te wā e nohinohi ana – pai noa iho. Kua pakeke haere, kua pakari haere, kua tangata, kua āhua uaua ake te whāngai i a rātau. Me noho tonu te mina kaha i roto i a rātau, i roto i ō rātau ngākau, i roto i ō rātau hinengaro ki te reo, ka mōhio koe ka mau i tērā, engari he tokoiti tērā hanga. Ki te tīmata mai i te wā e nohinohi tonu ana ngā tamariki rā, ka kōrero Māori ngā tamariki rā, ka mau, ka tangata whenua te reo ki roto i a rātau. Kaua au e kōrero nō hea, i hea rānei au e rongo ana i tēnei, engari i haere au ki ētahi kāinga. Ehara i te mea i pāpōuri au, engari i aroha ahau ki te reo nō te mea ko te kaupapa o aua wāhi rā he whakaora i te reo i roto i ngā tamariki, engari ko te reo e whakamahia ana i taua wāhi rā ko te reo Pākehā. Nō konā, ki te whakautua te pātai, 'Kei hea te oranga o tō tātau reo?' Kāti rā, kāore i roto i ērā momo huihuinga, kāore i roto i ērā momo kōhanga reo, wāhi rānei whāngai i te reo, nā te mea kāore ngā pakeke i te kōrero Māori, kei te kōrero Pākehā kē. Koirā te reo kei te rongo ngā tamariki.

Nā reira, ko te tuarua o aku kōrero whakautu ki tēnā pātai ko tēnei nā, ko te oranga o tō tātau reo kei roto tonu i a tātau, kei te Māori. Mehemea tātau kei te hiahia kia ora tonu tō tātau reo me ngana tātau ki te tautoko i te hunga e ako ana. Ka huri au ki te kaumātua nei, e hia ngā tau e mahi tahi ana au me ia, i roto i ngā mahi o te reo nei, ngā pukapuka kua tuhia e ia, ngā momo huarahi āwhina i a tātau tonu o te ao Māori ki te whāngai i te reo ki ā tātau tamariki, ki ā tātau mokopuna. Koinei ngā toa, koinei ngā kaipīkau i ngā mahi hangarau. Me mōhio kāore he raruraru o te hangarau. He pai te hangarau nā te mea ka taea e te hangarau te pupuri. Kāore he riri o te hangarau, kāore he whakahōhā o te hangarau, kāore he whakautu mai, kāore e tautohetohe mai ki a koe, engari ka mahi koe i te hangarau, nā, kua mau katoa i te hangarau.

Ko tā tātau, ko tā te tangata he mōhio me pēhea te tuku i ngā mea kua mau i te hangarau kia tipu ai te reo ki roto i ā tātau tamariki, i ā tātau mokopuna, me ngā reanga kei te haramai ā kō kō ake nei. Kei tae ki te tau rua mano tekau mā rima, kei tae ki te tau toru mano ka puta te pātai i ngā mea i mau i a rātau te reo, 'I ahatia e koutou tō mātau reo? He aha i mahue mai ai he iti noa iho mātau kei te kōrero i te reo?' Engari ko te āhua o tēnei whenua, ko te āhua o ō tātau marae, ko te āhua o tātau tonu, me ā tātau kōrero, ngā whakapapa, ngā whenua, ērā mea katoa, ō tātau maunga, ō tātau wai me ā rātau nā kōrero katoa, te ahurea o te ao Māori – 'I ahatia e koutou i kore ai e taea e mātau te kōrero tēnei reo?' Koirā te pātai ka uia e ngā tamariki ā tō rātau nā wā.

Nā reira, koinei taku whakautu, e hoa mā, kei hea te oranga o tō tātau reo? Kei roto tonu i a tātau, i te Māori i te tuatahi. Kaua e pōhēhē, kāore tātau e taea te āwhina mai e ngā mea kei waho kē rā, pēnei i a Te Murumāra e hia ngā tau, e hia ngā hunga Māori kua puta mai i roto i ōna ringaringa e kawe ana i te reo Māori. Nā reira, kei ō tātau hoa Pākehā, kei ō tātau hoa e whakapono ana ki te āhua o te ora o te reo o tēnā iwi, o tēnā iwi, o tēnā iwi tētahi wāhanga o te oranga o tō tātau reo. Mehemea ka hoki ki te tino tīmatanga o te pātai, anei tāku: kei roto i ā tātau tamariki, kei roto i ā tātau mokopuna. Heoi me pēhea te hoatu i te kai o te reo ki a rātau e mau pai ai i a rātau, e ora ai ō rātau hinengaro, e ora ai ō rātau wairua, hāunga te tinana? Ka taea te whakaora te tinana. Ko te hinengaro me te wairua, ā, he reo anō hei kawe i tērā. Ka kore he reo, kua noho ko tō parauri noa iho o waho, engari ko roto e rīwai mai ana.

Kia whakaarohia ake te kaupapa a te Kāwanatanga i tēnei wā, arā, me ako ngā tamariki katoa o roto i ngā kura i te reo Māori. He pai te whakaaro ki a au, nō te mea, nō tēnei whenua te reo Māori nei. Ko te raruraru ko te whiriwhiri i ētahi tāngata, ko te whiriwhiri i ētahi huarahi e taea ai te hāpai taua whakaaro rā kia tinana ai te whakaaro, e taea ai te ako te tokomaha o ngā tāngata ki te kōrero Māori i a rātau hei kaiako i ngā tamariki. He rautaki nui tēnei hei whāinga, nō te mea ehara i te mea ko ngā kaiako anake, engari kia taea e koe te whakatō ki roto i te hinengaro o ngā mātua, āe, koinei tētahi mea, me tuku te reo kia puta ki waho.

Tētahi raruraru o ētahi o tātau, o te Māori, ngā mea kei roto i ētahi tūranga whai mana, kāore i te pai ki a rātau kia whāngaihia ngā iwi o waho ki te reo Māori, ngā mea e hiahia ana ki te kōrero i te reo

Māori nā te mea ki a rātau me haramai kē ki ngā Māori tonu, engari ka haere ana ki ngā Māori tonu kua kī rātau, 'Kāore e pai mā koutou mātau e ako. Mā ō mātau mātua tīpuna tonu, mā ō mātau tāngata tonu o roto i ō mātau iwi, mātau e ako.' Koirā ngā taupatupatu o roto i tēnei whakaaro. Ki a au, kāore he take o te whakatūtū taiepa, he tūtukinga waewae tērā. Ki te whakatūtū taiepa koe hei whai i te oranga o te reo nei, i konā tonu ka raruraru, ka mate te reo nō te mea he upoko mārō ētahi ki te āhua o te ako i te reo ki te katoa. Ko ētahi ka mea, 'Ka pēhea tōku reo o Tūhoe? Ka pēhea tōku reo o Ngāpuhi? Me pēhea te ako ki te katoa?' Koinei ētahi o ngā taupatupatu o roto i tēnei whakaaro. Mōku tonu, ka māmā ake mehemea he reo rua tēnei whenua.

Ko te raruraru me pēhea te whakatipu i ngā kaiako e taea ai te whāngai. He uaua te whakatahuri i ngā whakaaro o te hunga pakeke o roto i ēnei reanga ināianei. Mehemea ka taea te tīmata mai i ngā tamariki, ki te morimori i ngā hinengaro me ngā whakaaro me ngā wairua o ngā tamariki rā ki te āhua me te mahi a te reo Māori, ā, i roto i tēnei hapori whānui o Aotearoa nei. Terā pea he mea mīharo ka ara ake i roto i tēnei, engari ki a au kaua e matapiko! Kaua e matapikotia te reo. Te reo Ingarihi, he mea tango kē mai te reo Ingarihi i ētahi reo kē, kātahi ka waihangatia. Ko ētahi tonu o ā tātau kupu Pākehā i roto i tēnei wā nō iwi kē – nō te reo Rātini rānei, nō te reo Itāriana, nō te reo Pāniora rānei, he aha kē rānei. Me pērā e ora ai te reo. Ki a au, kotahi noa iho te raruraru, he whiriwhiri i te kaiako. Tuarua, ko te whakatahuri i te kāwanatanga kia aro nui ki te tautoko i tēnei whakaaro e taea ai te whakatipu haere ngā kaiako o te reo, e taea ai te ako te reo ki te tokomaha. Ana, ka mea ētahi, 'Kei hea ngā *pinga*? Kei hea ngā pūtea?' Ērā tūtukinga waewae katoa kua whakaarahia ake e rātau. 'He aha te kaupapa? Kāore noa iho he take o tō koutou reo. Kei te hiahia koutou ki te ako i tō koutou reo? E mahi atu koutou i tā koutou mahi!' Kāore i te whakaarohia ake ngā tamariki, ngā mokopuna kāore anō kia whānau mai. Koirā tāku i whakaara ake ai i mua ake rā kei huri mai aua tamariki rā i tō rātau nā wā, ka kī, 'I ahatia e koutou tō mātau reo?' Koinei au e whakaae nei ki te pātai a Te Murumāra, mō te tuku i te reo ki te katoa. Kei te pai te reo Ingarihi, kei te akona te reo Ingarihi, te reo Wīwī. Tērā pea he nui ake ngā mea e ako ana i te reo Wīwī, i te reo Pāniora i roto o Aotearoa nei tēnā i ngā mea e ako ana i te reo Māori.

Mehemea ka titiro tātau ki Te Panekiretanga, kei te tino kite au i te hua o tēnā huarahi. Me kī hei tūāhōanga matarehu mā te toki kia pai ai te reo o ngā mea e matatau ana ki te reo, engari kia whāngaihia te reo e aua tāngata ki ngā tamariki, he aha tētahi huarahi mō tēnā?

Ko te kaupapa, me pēnei taku whakautu i te pātai, ko te kaupapa i toko ake ai i roto i a māua ko Tīmoti te kaupapa o Te Panekiretanga nei, nō te mea e kite ana māua i te iti o te hunga e puta mai ana hei kawe i ngā āhuatanga o roto i ngā huihuinga Māori, ahakoa kei runga i te marae, ahakoa kei roto i ngā tāone, kei hea rānei, he huihuinga Māori e kawea ai te reo Māori. Nā reira i te mōhio kei te tāmatemate haere te reo, ka mōhio anō kei te tāmatemate haere anō ngā tikanga.

Ka haere ngātahi hoki ngā tikanga me te reo. Nā runga i tērā āhuatanga ka whakaaro ake māua, ana ka tīkina atu nei a Pou Temara kia haere mai ki te kawe i ngā āhuatanga o roto i ngā tikanga. Ahakoa ko te katoa o tā mātau mahi kei te reo Māori ka tīkina atu, ana, koinei te pūtake, he kite nō mātou kua tāmatemate haere te āheinga o te hunga o tēnā iwi, o tēnā iwi ki te kawe i ngā mahi o runga i te marae, i roto i ōna tikanga, i roto hoki i tōna reo. Me te mōhio anō he maha ngā hunga kua hūnuku mai ki roto o ngā tāone nei. Koutou hoki o tēnei wānanga nā, ko koutou te hunga tae atu ki tēnei o ngā wānanga e tū ake nei, ko koutou te hunga kei te tautoko i te kaupapa o te whāngai i te reo ki te hunga e whakauru mai ana ki konei.

Otirā, ko tōku whakaaro, ka hoki ki tērā kōrero āku, ko te wāhi uaua ko te whiriwhiri i ngā tāngata hei ako i te reo, ka tahi. Tuarua, ka taka iho ki tēnei mea ki te pūtea. Nā, i runga ahau i ngā huihuinga o Te Taraipiunara o Waitangi. Kei te noho ahau i roto i ngā tau nei me taku pātai anō ki a au, ngā wāhi i haere ai au ki te whakarongo i ngā tangi, ki ngā auhi a te hunga mō ngā mate i whiua ki runga i a rātau nā runga i ngā mahi a te kāwanatanga, i roto katoa i aua rohe rā, he rite katoa tā rātau tono i tētahi wāhanga o roto i tā rātau kerēme mō tō rātau reo i patua, i whakakorengia, ērā āhuatanga katoa, e te kāwanatanga. Ko ngā mea kua whakawhiwhia, ko te nuinga i whakawhiwhia ki tētahi pūtea, engari kāore anō au kia kite i tētahi rautaki e whakatūria ai e tētahi o aua iwi rā, hei whakaora ake i te reo. I ahatia te moni i wehea ai ki te whakaara ake i tētahi whare mō rātau, he aha rānei mō rātau hei ako i te reo, hei whāngai i te reo?

Koinei, ki a au, tētahi o ngā pōuritanga, kāore au i te kite ake e whakapaungia ana ngā moni ki te ako i te reo. Kei te kī Te Tāhūhū o te Mātauranga, he nui ā rātau moni e whakapaungia ana ki te ako i te reo. Ka whakaae ahau ki tētahi wāhanga o taua kōrero, engari ko te mate, he iti rawa te hunga kei te whai i ngā tūranga whāngai, he iti rawa hoki ngā kura e whakawātea ana i tētahi wāhanga o roto i ō rātau rā ako ki te whāngai i te reo Māori ki te hunga e hiahia ana ki te ako i te reo Māori, nā reira koirā ahau ka tautoko nā te mea e mōhio ana au, ka aroha ahau ki tētahi tamaiti i Pōneke, i hea rānei? Te tamaiti i kōrero rā i ana kōrero mō te reo i Ōtaki. Ka aroha au ki taua tama, ehara i te mea e aroha ana ki a ia, e aroha ana au ki te whakaaro i whakaarahia ake ai e ia me taku hiahia ki te haere ki te awhi i taua tamaiti rā, nā te mea i pakari ia ki te whakapuaki i ana whakaaro mō te āhua o te reo. Kei te mōhio au he pēnā hoki koe [Te Murumāra] – i pau katoa tōu kaha ki te whakaora i te reo, ka mutu he nui ngā mea kei waho rā e hīkoikoi mai ana nō roto atu i ō pukapuka, i ō mahi ki te whakaora i te reo i taea ai e rātau te tū hei Māori i roto i tēnei ao.

Nā, koirā au ka kī, ahakoa iwi kē, Pākehā, he aha rānei, he aha rānei, he aha rānei, e wātea ana te reo Māori ki a rātau katoa, engari me te mōhio anō kei konā anō ngā tāngata e whakararuraru mai ana i tērā whakaaro. Nā reira āe, he pai ki a au mehemea ka kitea he kaiako kia taea ai te whāngai ngā kura katoa ki te reo Māori. Arā atu ngā kōrero i pēnei ai ahau mō tātau, ehara i te mea e rua noa iho ngā iwi kei tēnei whenua. He maha ngā iwi kei tēnei whenua ināianei, engari mō te tangata whenua ake, tērā pea he tānga manawa mō rātau, ka mutu he whakahau i a rātau, kia kaha rātau ki te ako i tō rātau reo kia kōrero katoa ai te katoa i te reo nei.

He ngeri mō te reo
Nā Tīmoti Kāretu

Kī mai nei a Te Wharehuia, 'Whakahokia mai! Whakahokia mai!'
Mai i te mata o te pene ki te mata o te arero
Kei noho kau noa hei reo mō te pepa, te pene
Tē titi kē ai ki te poho, ki te ngākau aroha
Inā moe ko te tipu ki te whenua
Ka kore ko te pūāwai, te manahua
Inā toua ki te one haumako, ki te ngākau o te tangata
Me pēhea e kore ai e tūperepere, e pāhautea
E rangona ai tō kakara, e tōku reo, e ō iwi puta noa
I Te Waka, i Te Ika a Māui-tikitiki-a-Taranga e takoto nei?
He aha te aha ka pahawa i te uapare? He kore! He kore! He kore!
He aha te aha ka pahawa i te hurikiko? He nui! He nui! He nui!
Tēnā kia whakatōrea ake kia whati mai ko te tai pari ki uta me pao
Waihoki kainga te kai kei ao ake te rā he tau nihoroa
Engari kē ia me tau hāwere, me tau pōike, tau atu, tau atu
Kei tōku reo auraki mai rā, waihape mai rā
Ki tōku poho, ki tōku ngākau, ki tōku arero, ki tōku katoa
Kia ora tonu ai koe i ngā tau tini, tau mano
Mō te ake, ake haere ake nei.
Hei!

A paean for the language

Te Wharehuia has issued the dictum, 'Return it to its rightful place!'
From the tip of the pen to the tip of the tongue
Lest it remain a language destined solely for pen and paper
Rather than finding its niche in the hearts and souls of us all
If a plant lies dormant in the ground
It will never effloresce or reach full bloom
If planted in fertile soil, the heart of a person
How could the growth not be vigorous and luxuriant
So that your bouquet, O my language, can be savoured by all your people
In both the South and North Islands?
What can accrue from forever pointing the finger of blame? Absolutely nothing!
What will aspiration and determination achieve? An incredible amount!
Let us, like the oyster catcher, take advantage of opportunity
And enjoy the feast for tomorrow there could well be a famine
Ours then is to ensure that the years to come will be nothing but years of plenty
With those sentiments, O my language, return to where you should be
To my bosom, to my heart, to my tongue, to my total being
That you might live on for many a year
In perpetuity.

TE WĀHANGA TEKAU MĀ WARU

Te ruri a Te Wharehuia

Nā Te Wharehuia (nā Tīmoti i whakapākehā)

Nā te manawa popore tēnei tangi kia kaua te reo Māori e ngaro, ko tōku mana motuhake tonu hoki tōku reo
Ko tō tātau reo Māori taku tīmatanga mai, taku tuakiri, taku rangatira, taku hoa tautohe, taku piki, taku taupua, taku manawa, taku taunaki, taku kirimoko, taku whānau, taku hapū, taku iwi, taku waka, taku awa, taku maunga, taku wai tuku kiri
Ko ia anō te rongo o te wai rēmana e whakakawakawa ana i roto i taku waha
Ko ia anō hoki te hā o tō tātau Atua e whakaihiihi ana i roto i taku ngākau
Ko te haukū rānei e taua ana i runga i te kiri āporo
Ko te puehu e rewa ake ana i ngā hihi o te rā ina rahurahua ngā kākahu
Āe rā, ko te rongo i te haunga mimi e tōrino ana mai i tō tuarā ina mīa e te mokopuna kope kore
Ko te kitenga i te kātua hōiho e whakawhānau ana i tana punua
Ko te mumura o te ahi, ko te koromamahu rānei o te hāngī
Ko te nīoreore e takaoreore ana ina tūhuraina te kōhatu i te awa
Ko te tāwara o te awa e rere ana
Ko te mamae o te ngākau i te aroha ko tōna pāwerawera rānei i te riri
Ko ngā pūngāwerewere o te whare mahue

Ko te haunga tou tiamu, ko te whengu o te hūpē ki te ringa o te
  hāte
Ko te pīhau e kōrewarewa ana i ngā ponga o te ihu
Ko te kenokeno, ko te haunga, ko te pirau
Ko te tangi a te ruru e koukou ana i te pō
Ko te tekekō a te tame heihei i te atatū
Ko te horu rānei a te whāereere poaka ki ana huauri
Te waiata a te pihareinga i te raumati
Te whakarapa a te ahi i te atapō
Ko te hikohiko o te uira e rarapa ana i te rangi
Mā wai tō tātau reo e whakapuaki e whakaeaea e whakaingoingo e
  nanu e tātaku e kōrero rānei
Otirā ko tō tātau reo ōku toto, tōku wairua, tōku mana
Kai tukua e tātau kia mate te reo i whakatōkia ai e te Atua ki roto i
  a tātau
Kāore kē he mutunga mai o te whakaoho, o te hahu, o te ketuketu
  a tō tātau reo Māori i ngā kare ā-roto, i ngā mahara, i ngā
  whakaaro
Mā ōna kupu rawa anō e whakamanahau, e whakatāwariwari
He aha te hua o ngā whakairo o ngā poupou o roto i ō tātau whare
  tipuna
Mēnā ka tukua e tātau te mana o te reo kia tāmōmō, kia tōririki,
  kia whakaero
Mā taku reo, mā tō koutou reo Māori anahe ērā whakairo, ērā
  kōwhaiwhai
Ērā tukutuku e whakakōrero
Ki te tukua te mana me te toiora o tō tātau reo kia memeha
He aha he mana motuhake mōu, mōku, mō tātau katoa?
E kore ahau e whakaae kia rerehu, kia tāromaroma te reo nei
Māna anake e taea ai te kī, ko te reo Māori tōku mana motuhake
E kare mā, e hika mā, koi wareware tātau he taonga tuku iho tēnei
Nā ō tātau mātua tīpuna ki a tātau
Kai hapa tātau ka rewa te pātai ā muri tata ake nei
'Nā koutou nā ō mātau tīpuna te kōrero, "Kai tukua te reo kia hane"'

Marotiritiria kia tinaku, kia whenua haumako ngā poho o ō tātau
    uri whakaheke
Ko te akeake te tohe, kāore i kō atu, kāore i kō mai
Ō whiti tūturu whakamaua tēnei reo kāmehameha kia tina, tina!
Hui ē, taiki ē!!!

The lament of a soul that cares deeply

Our Māori language is my inamorata, my true love, my noble
    friend, my sparring partner
It is also the bitter taste of lemon juice in my mouth
The breath of the Almighty, the power I feel in my soul
Or it is the moisture to be found on the skin of an apple
It is the dust rising in the rays of the sun when garments are ruffled
Indeed, it is the stench of urine dripping down one's back when a
    child without a diaper micturates
It is the sight of a mare giving birth to her foal
The flame of the fire, the steam rising from the hāngī
It is the baby eel slithering away when a rock in the river is
    upturned
It is the murmuring of the river as it flows by
It is the ache I feel in my heart or the heat engendered by a feeling
    of anger
It is the cobwebs in an abandoned house
The smell of unwashed feet or mucus wiped away on a shirt sleeve
It is a malodour that invades the nostrils
It is the stink, the stench, the miasma
The hooting of the owl at night
The crowing of the cock at dawn
Or the snorting of the sow at her piglets
It is the singing of crickets in the summer
The glow of the fire in the early morn
The flash of lighting streaking the heavens
Who will give voice, express and care deeply for our language
Articulate, recite or speak it?
Let it hereby be known, it is my blood, my spirit and my pride and
    joy
Let us never let this God-given language perish
The Māori language's awakening, arousing and assaulting of our
    emotions, thoughts and ideas is endless

Its words will be both stimulating and enervating
What function is served by the carved uprights in our ancestral houses if we permit the integrity of the language to languish, to dissipate and to disappear?
Only with my language and your Māori language will those carvings, those painted rafters and the decorative wall panels be given a voice
If we allow the integrity and the life force of our language to continue its decline
What will there be to indicate our collective linguistic uniqueness?
I will not assent to the evanescence and fragile state of our language
Only with the language will one be able to differentiate oneself from all other cultures of the world
All who hear, let it not be forgotten that this is a bequest to us from our parents, our ancestors
Should we be seriously remiss it would prompt those about to follow us to state
'It was you our ancestors who said, "Do not let the language languish"'
Plant it so that it will take root in fertile soil, the hearts of our descendants
It will be battle without end of that there is no doubt
So let us, with the utmost determination, take up cudgels on behalf of our language.

Index

Page numbers in **bold** refer to illustrations

ā-iwi. *Tirohia* te reo; ā-iwi
Ahurei. *Tirohia* Te Hui Ahurei
'ai', 186–87
Air NZ, 192
ao tawhito, te, 40, 86, 87
Aotearoa, te reo Pākehā o, 147–48;
  tirohia anō te reo; te reo Pākehā
  Aotearoa. *Tirohia* te reo Pākehā o
  Aotearoa
arearenga taringa, 125–27
Atairangikaahu, Te Arikinui
  Dame Te, 133
Awatere, Pita, 10

'Between me and you', 192
Blake, Leon Te Heketū, 137, 155,
  185, 187
Buenos Aires, te whare ki, 47–48

Cooper, Whina, 16, 99

'E Kui Kūmara', 170
'E pā tō hau', 170

Fox, Mārama, 16

haka, 6, 120, 159–67, 173–74,
  188–90, 194
hangarau, 150, 197;
  tirohia anō pouaka whakaata; te
  reo irirangi
Harawera, Waiārani, 80–81, 101

Harawira, Wena, 34, 35, 36
hau kāinga, 95
Haumate, Hāriata, 34–35
Hēmi, Tuhi Tāre, 21, 44
Hēnare, Ērima, 78–79
Hērangi, Te Kirihaehae Te Puea, 16
Heremia, Hou, 140
Hetet, Rangimārie, 96
Higgins, Te Ripowai, 80, 91
Holyoake, Oscar, 107
Hond, Pat, 157
Huata, Wī, 143
Hughes, Kino, 140

Irahāpeti, 173

Jones, Pei Te Hurinui, 58

Kaiwai, Mate, 76, 162
kaiwhakaako, ngā, 146, 151, 176,
  178–79, 180;
  me te tikanga o te reo, 129, 131,
  182–83, 186, 187, 192
kaporeihana, ngā, 71
Kāretu, Tame, **184**
Kāretu, Tīmoti, 130, **184**, xix;
  kaititotito, 6, 119, 159–60,
  161–63, 165–66, 168, 202
  Te Reo Rangatira, 82;
  te whānau o, 96–97, 100
Kāwanatanga o Aotearoa, Te, 6,
  166;

209

INDEX

Kāwanatanga o Aotearoa,
Te (*cont.*)
  ki Buenos Aires, 47–48;
  me te reo Māori, 198–201;
  te wero i te, 166
kawanga whare, te, 42–48
Kīngi, Pīhopa, 97
Kīngitanga, Te, 45–46;
  Te Koroneihana, 90, 161, 194;
  tirohia anō Hērangi; Paki
kīrehu, 115–17, 121, 124, 126–27, 151, 161
Kiriona, Kīngi, 166
kīwaha, 5–6, 115–17, 121, 126–27, 157, 161;
  ā-iwi, 143–44, 149, 151
'Ko koe tēnā, e Hī', 165
Kōhere, Reweti, 156
Kōkōhīnau, 98, **xx**
kōrero ōkawa, te, 112, 126–27, 140
kōrero ōpaki, te, 112, 120–21, 126–27, 139–40
kōrero whakangahau, 104–13;
  ngā mātāpono, 113–14
Kōti Whenua Māori. *Tirohia* Te Kōti Whenua Māori
Kōtukutuku, Mihi, 16
kounga. *Tirohia* te reo; te kounga o te
Kruger, Pāora, 91
Kruger, Te Hemopō, 81
Kūmara, Kui, 170
kupu whakarite, 76, 83, 118–24, 143
kupu whakawhiti, 115, 117, 118, 120–21, 146–47, 181
  ngā kupu Māori i te reo Pākehā, 191
kura kaupapa Māori, 189, 192, 195, 196;
  te reo o ngā, 145, 153, 175
kura reo, ngā, 76, 136, 153, 173
Kutarere, 57, 59, **xx**

MacLeod, Jeremy Tātere, 90, 94, 137
Māhinaarangi, 44–45
mana, 9–16, 48;
  i te whakapapa, 59–61, 62, 63;
  mana kōrero, 85, 88, 90, 92–94, 137;
  mana whenua, 65
Maniapoto. *Tirohia* Ngāti Maniapoto
manu, ngā, 63, 106, 123–24;
  manu tapu, 20–22, 29, 100
Mānuera, Eruera, 93
Māori. *Tirohia* te reo
marae, 23, 42, 75, 79;
  me ngā urupā, 50–51;
  o Tūmatauenga, 10–11;
  te kōrero o te, 80–83, 83, 87–88, 91, 97;
  te tohu o te, 14–15, 91–93, 95–99;
  te whakapapa me, 60, 72–73
marae, ngā, 42, 43–44, 50–51, 53, 56, 91, **96**, 101, **xx**;
  o Te Wharehuia, 73
Mason, Te Haumihiata, 115, 155, 157
Mataira, Kāterina Te Heikōkō, 158
mauri, 10, 35, 45–48, 67
McClutchie, Whaia, 93
McGarvey, Kūpai, 12, 34, 140
McGarvey, Te Uru, 34–35
Mei, Tiaki, 95, 97
Melbourne, Hirini, **164**;
  waiata tangi mō, 165
'Memories', 82

Milroy, James Te Wharehuia, **37**, **96**, **xviii**;
 Ngāti Tūmatauenga, 111–12;
 te kawa o te whare, 46–47;
 te ruri a, 204–08;
 te whānau o, 40, 50–51;
 tōna tamarikitanga, 17, **19**, 20–21, 29–32, 106–111, 125;
 tōna whakapapa, 72–73;
 waiata nā, 165
Milroy, Te Rongomaiāniwaniwa (Niwa), 36, **37**, 97
Mitchell, Hamuera, 149, 160
Moke, Ānita, 133
Moorfield, John (Te Murumāra), 182, 198, 200, 201
Morrison, Te Manahau (Scotty), 137, 192
mōteatea, ngā, 59, 118, 167–68, 171

Ngā Puhi, 42–43, 116, 146, 154, 199
Ngā Tamatoa, 138
Ngā Tūmanako, 166
Ngāhinatūrae, 116;
Ngāi Tūhoe, 51, 53, 57, 86, 100, 116, 199;
 me Te Panekiretanga, 154–55, 157–58;
 ngā tāngata o, 12, **13**, 21, 44, 73, **164**, 173;
 te Hui Ahurei a, 11, 170, 172–73;
 te kawa o, 53, 88, 98, 100;
 te Poari o, 86, 86–87;
 wānanga mā, 48;
 Whina Cooper me, 99
Ngāi Tūhoe, te reo o, 143, 145–46, 148, 152–54;
 ngā kīwaha o, 120, 131, 194;
 ngā waiata o, 159, 170, 171, 172–73
Ngata, Apirana, 44, 138, 148;
 Ngā Mōteatea, 160
Ngata, Hēnare, 148
Ngata, Wiremu, 148
Ngātaki, Rina, 150
Ngāti Awa, 146
Ngāti Hine, 79
Ngāti Kahungunu, 88, 90, 94, 97, 100, 131, 194;
 Milroy whakapapa, 72–73;
 ngā tāngata o, **164**;
 te reo o, 137, 143
Ngāti Kinohaku, 96
Ngāti Maniapoto, 58–59, 96, 133, 149
Ngāti Porou, 73;
 te reo o, 116, 143, 146, 148, 156, 181
Ngāti Tūmatauenga, 10–11, 53–54, 111–12

Ōhinemataroa, 30, **xx**
ōkawa. *Tirohia* kōrero ōkawa
ōpaki. *Tirohia* kōrero ōpaki
Oparure, te marae o, **96**
Ōrākei, 46
O'Regan, Hana, 143, 151
Ōruataupare, 93
Ōtautahi, 57, **xx**
Ōtenuku, 44, 53, **xx**

Pai Mārire, 44, 129
Pakanga Tuarua o te Ao, 10–11, 53–54
Pākehā. *Tirohia* te reo Pākehā
Paki, Kīngi Tūheitia, 46, 162
Papa, Pānia, 79, 137, 155, 167, 185, 187
Parata, Hēkia, 16, 166, 180, 181

Pēwhairangi, Ngoi, 76, 159–60, 162
Pōmare, Māui, 148
poroporoaki, 74–83
pouaka whakaata, 5, 89, 153, 196;
    te reo o te, 127, 144–45, 176

rangatahi, te, 55, 194–98, 201;
    me te haka, 159, 160, 172, 194;
    me te reo, 1, 5–6, 64, 137,
        191–92;
    te oranga wairua o, 72–73
Rangihau, Hoani Te
    Rangiāniwaniwa, **13**, 98, 140,
        141, 174;
    ngā whakaaro o, 17–18, 86,
        100–101, 166;
    waiata tangi mō, 160
Rangihau, Wena, 159
Rātana, Iriaka, 16
reo Māori. *Tirohia* te reo
Ringatū. *Tirohia* Te Hāhi Ringatū
ringawera, ngā, 82, 94, 100, 119
Rotorua, 34, 35, 46, 157, **xx**;
    tirohia anō Te Rotorua-nui-a-
        Kahumatamomoe
Ruatāhuna, 11–12, 53, 100, 126,
    140–41, 158, 170, **xx**;
    he waiata o, 170;
    te reo o, 140–41, 158;
    Te Wharehuia me, 51–52, 54, 73;
    Timoti me, 82;
    Tio Tākuta i, 102
Rūātoki, 24, 91, 158, 174, **xx**;
    he waipuke i, 30;
    ngā kaumātua o, 51, 86, 90;
    ngā kīwaha o, 117;
    ngā mahi o ngā tamariki, 109,
        111;
    ngā marae o, 44, 50–51, 100;
    ngā tāngata o, 34, 80, 126, 140;
    ngā urupā, 26, 50–51;

te kaitiaki o, 22;
te kawa o, 99;
Te Wharehuia kei, 17, 51, 73
Rūrūtao, Wiremu, 147

Sadler, Hone, 43

Taharoa, 116;
Tahi, Rāna, 158
Tāhuri, Hone (Rū), 11–12
tāinga, 21, 42–47, 48, 100–1;
    tirohia anō kawanga whare
Tainui, 58;
    ngā tikanga o, 25, 44–46, 82;
    te reo o, 116, 150, 155, 181
Taituha, Pumi, 34–36
Takamore, Timi, 57–58
'Taku Rākau', 124, 171, 173
Tākuta, Tio, 102
Tama-te-kapua, 97
Tamarau, Takurua, 12
tamarikitanga, ngā kōrero paki,
    24–25, 85–86
Tangatarua marae, 42
tangi apakura, 79–81
tangihanga, 14–15, 76–77, 94–95,
    114, 139–40;
    tirohia anō poroporoaki;
    tūpāpaku
taonga, 22–23, 45, 56, 66
tapu, 14, 15, 17–28;
    ngā pūmaharatanga, 20–22,
        24–25, 85–86;
    o te urupā, 23–24, 25, 26–27,
        33;
    o te whakapapa, 54–55, 62, 64;
    tamarikitanga me te, 85–86;
    te kōrero ōkawa, 112, 114;
    te whānau me te, 38, 40, 59;
    tirohia anō kawanga whare;
    tāinga

INDEX

Tapuwae, 50
Taranaki, te reo o, 148, 152, 156–57, 187
Taupiri, 25
Taura Whiri. *Tirohia* Te Taura Whiri
Tauranga Moana, 90–91
Tāwera, Tuiringa, 12, 140
Te Arawa, 42–43, 47, 57, 97;
ngā tāngata o, 72, 73;
te reo o, 149
Te Ata, 149, 155
Te Hāhi Ringatū, 24, 44, 52, 52–53, 86, 125
Te Hokowhitu-a-Tū, 10
Te Hui Ahurei, 11–12, 159, 170, 172–73
Te Kaituna, 36, xx
Te Kapua, 95
Te Kirikōwhai, 82
Te Kōhanga Reo, 145, 178, 195, 196, 197;
te reo o, 152, 153, 191
Te Kooti, 59
Te Kotahi, 181
Te Kōti Whenua Māori, 3, 54, 55, 67–68
Te Kūhā, 82, 100, xx
Te Kūiti, 57
Te Maro, Tame, 93
Te Mātāpunenga, 33, 45
Te Matatini, 160, 166
Te Maungarongo, 161
Te Moana-nui-a-Kiwa, 128, 150–51
Te Ope Rua Tekau Mā Waru, 11
Te Ōruakōrau, 21, xx
Te Panekiretanga o Te Reo, 2, 189, 194, 200;
me Tūhoe, 154–55, 157–58;
ngā wahine me, 93–94;

te tikanga ō te reo, 127, 135–36, 150, 191
Te Poho-o-Tūhoe Pōtiki marae, 100
Te Puia, 34, xx
te reo, 175–83;
ā-iwi, 116–17, 133, 140–41, 143–58, 181;
'a' me 'o', 128–34, 185–86;
arearenga taringa, 125–27;
he ngeri mō, 202–03;
me te tuakiri, 138–39;
mō te poroporoaki, 74–8, 79, 83;
ngā rangatira o, 139–42;
ngā tauira o, 151–58;
ngā taumata o, 135–39;
te kounga o te, 1–3, 177–78, 190–91, 195;
te oranga o te, 188–201;
tirohia anō kōrero ōkawa; kōrero ōpaki
te reo hou, 175–83;
ngā kupu hou, 4, 144, 147, 156–57, 175–77;
ngā kupu whakawhiti, 115, 117, 118, 120–21, 146–47, 181;
te whakapākehātanga o te, 157
te reo irirangi, 5, 96, 144, 145, 148, 153
Te Reo Māori Society, 138
te reo Pākehā, 133, 183, 185–86;
i te ao Māori, 89, 197;
me ngā kaikōrero Māori, 135–38;
te whakapākehātanga o te reo Māori, 157, 175
te reo Pākehā o Aotearoa, 147–48, 176, 178
Te Rewarewa, 51
'Te rongo o te tuna', 97
Te Rotoiti, 36, xx

Te Rotorua-nui-a-Kahumatamomoe, 42, xx
Te Tai Hauāuru, 152, 187
Te Tai Rāwhiti, 16, 59, 93, 112–13;
  te reo o, 133, 152;
Te Tai Tokerau, 42;
  ngā tāngata o, 16, 78–79, 99;
  te reo o, 116, 133, 146, 149, 151, 152
Te Taraipiunara o Waitangi, 200
Te Taura Whiri i te Reo Māori, 3, 78–79, 115, 158, 175, 180, 181, 192
Te Tokanga-nui-a-Noho, 57
Te Uira, 181
Te Upokorehe, 57, xx
Te Uru, 141
Te Uru Taumatua, 87
Te Wai Kaukau, 173–74;
  tirohia anō Waikaremoana
Te Waimana, 53, 117, 126, 141, xx
Te Waipounamu, 43–44, 57, 149, 150;
  ngā tāngata o, 16, 40;
  te reo o, 150, 151
Te Waka Huia, 190, 191
Te Whakarewarewa, 34, xx
Te Whānau-a-Apanui, 16, 42, 43–44, 101, 165
Te Wharekura, 130
Temara, Pou, 12, 36, 44, 76, 97, 133, 157, 200
Tihi, Te Kahu, 140
Tirikātene, Whetū, 16
Tomoana, Ngāhiwi, 137
Trainor, Pihitahi (Wharetuna), 140
Tūheitia. *Tirohia* Paki, Kīngi Tūheitia
Tūhoe. *Tirohia* Ngāi Tūhoe

Tūmatauenga, ngā marae o, 10, 11, 87
tūpāpaku
  te taukumekume mō te, 49–51, 51, 58–59, 101–2;
  te wairua o te, 27, 29–32;
  tirohia anō poroporoaki
Tūrangawaewae, 44, 149
ture, ngā, 67–68;
  o te reo, 115, 128–29, 131, 133, 186–87
Tūria, Tāriana, 16

urupā, 29, 49, 50–51, 59;
  me te whakapapa, 50–51, 57–58, 71;
  te tapu o te, 23–27, 33

wāhine, ngā, 16, 17–18, 86–87, 140;
  i te marae, 34, 44, 92–95, 97;
  kōrero whakangahau, 100, 104, 114;
  me te whakapapa, 58, 60, 64–65, 69–70, 72–73;
  tangi apakura o, 79–81
Waiariki, Te Whare Wānanga o, 42, 43, xx
waiata, 76, 82;
  tawhito, 120, 131, 168–70, 188, 189–90;
  te reo me te, 2, 3, 117–19, 120, 122, 159–174;
  whakarārangi, 82, 97, 171, 173, 192
waiata tangi, 160, 162, 163, 165;
  tirohia anō tangi apakura
Waikaremoana, 53, 100, 102, 160, xx;
  te reo o, 117, 126, 141;
  Te Wharehuia me, 51, 73

INDEX

Waikato, 82, 149, 159, 172
Waikato, Te Whare Wānanga o, 89, 96, **96**, **184**
Waimārama, 95, 100, 101
Waiohau, 126, 141, **xx**
wairua, 29–41;
  o te reo, 116, 121, 157, 161–62, 171, 179–80;
  o te tūpāpaku, 27, 29–32;
  te tukuna o te, 34–36, 48, 98
whakakata. *Tirohia* whakangahau
whakamomori, 77–78
whakangahau. *Tirohia* kōrero whakangahau
whakaohooho, 16, 48, 103
whakapapa, 39–41, 49–73, 74–75, 162, 194, 196, 198;
  me te mana, 9–14;
  whāwhārua, 65
whakatūpato, 18–19, 26, 27, 47;
  i te whakapapa, 50, 57–58, 70

whāngai, ngā, 66, 68–67
Whanganui, 152, 187, **xx**
whare wānanga, 71, 76, 93, 94, 189;
  i Tamaki, 101;
  me te reo, 177, 177–79, 189–92, 196;
  tirohia anō Te Panekiretanga; Waiariki; Waikato
wharekura, 47, 107
wharenui, ngā tipuna i ngā, 56–57, 95, 196
Wharetuna, Pihitahi, 140
Wharetuna, Te Hauwai, 140
whāwhārua, 65
whenua, 52, 58, 59, 62–63, 65–66, 67–70, 71
Wikiriwhi, Monty, 10
Wikiriwhi, Takutai, 46
Wiremu, Te, 6, 117, 155–56, 183